U0129381

思念在彼方

林明理 著

文 學 叢 刊
文史哲出版社印行

國家圖書館出版品預行編目資料

思念在彼方 / 林明理著. -- 初版 -- 臺北市：
文史哲,民 109.01
　　頁；公分 -- （文學叢刊；418）
　　ISBN 978-986-314-505-9（平裝）

863.4　　　　　　　　　　　　109000633

文 學 叢 刊 ₄₁₈

思 念 在 彼 方

著　　者：林　　　明　　　理
出 版 者：文 史 哲 出 版 社
　　　　　http://www.lapen.com.tw
　　　　　e-mail：lapen@ms74.hinet.net
登記證字號：行政院新聞局版臺業字五三三七號
發 行 人：彭　　　正　　　雄
發 行 所：文 史 哲 出 版 社
印 刷 者：文 史 哲 出 版 社
　　　　　臺北市羅斯福路一段七十二巷四號
　　　　　郵政劃撥帳號：一六一八○一七五
　　　　　電話886-2-23511028・傳真886-2-23965656

定價新臺幣五八○元 彩色版一五八○元

二○二○年（民國一○九）元月初版

夏   SUMMER

說妳的微笑　　　　　　To say that your smile
點亮了整座花園　　　　lights up the whole garden
自然有點誇張　　　　　is of course an exaggeration

但我明明看到　　　　　but I did indeed see
路邊一朵小花　　　　　a flower bloom
因妳的走近
而燦爛輝煌　　　　　　at your approach

*美國詩人非馬（馬為義博士）題詩祝
賀林明理此書的出版

國立台灣文學館
National Museum of Taiwan Literature

感謝函

林明理 老師：您好！

　　承蒙賜贈《原野之聲》，分享珍貴的文學著作，為臺灣
文學貢獻心力，高隆情誼，銘感肺腑。

　　特此致意，借表謝忱。敬祝

萬事如意

平安健康

蘇碩斌 敬上

2019 年 1 月 29 日

＊作者感謝臺灣的「國立臺灣文學館」館長的鼓勵。

思念在彼方

散文＆新詩

目　次

table of Contents

夏 1

SUMMER 1

圖書館信函 2

1. 寒風吹起 11

2. 魯花樹 13

3. 踏青尋梅記 14

4. 正月賞梅 16

4. Watching plum blossoms in January 17

5. 思念在彼方 18

5. Longing over the other side 19

6. 台東尋幽記 20

7. 棉花嶼之歌 23

8. 內灣夜景 25

9. 林田山林場之歌 26

10. 利稻，心中的桃花源 28

11.富源觀景台冥想 31

12. 大霸尖山之頌 33

13. 永不遺忘的歌聲 35

14. 新蘭漁港風情 37

15. 即便在遠方 38

15. Even in the distance 39

16. 獻給勝興車站 40

17. 月光小棧之讚 42

18. 知本濕地的美麗和哀愁 44

19. 我的書房 46

20. 向神農陳添麟致敬 48

21. 觀霧——雲的故鄉 49

22. 樂山的心影 51

23. 五分車的記憶 54

23. Memory ofthe Five-Pointer 55

24. 記憶中的麥芽糖 57

25. 緬懷金瓜石老街 58

26. 茂林紫蝶幽谷 60

27. 武陵農場風情林明理 61

28. 柴山自然公園遐思 62

29. 油桐花開時 63

30. 懷念焢土窯 64

31. 一棵開花的莿桐老樹 65

32. 舞鳳部落遊蹤 67

33. 東華大學校園印象 69

34. 雪落下的聲音 70

35. 北回歸線標誌公園遐想 71

36. 南庄油桐花開時 73

37. 良醫邱宏正的側影略傳 76

37. Dr. Qiu Hongzheng's silhouette 77

38. 緬懷音樂家馬水龍教授 78

38. In memory of Professor Ma Shuilong 79

39. 丁方教授和他的油畫 80

40. 黃永玉和他的名畫 82

40. For Artist Huang Yongyu 83

41. 金崙部落記遊 84

42. 向開闢中橫公路的榮民及罹難者致敬 87

43. 和風吹遍鯉魚潭 88

44. 泰源幽谷遊記 89

45. 向科爾沁草原的防護林英雄致敬 92

46. 緬懷瑞穗牧場 93

47. 電光部落之旅（電光旅情） 94

48. 西湖，你的名字在我聲音裡 97

49. 向建築大師貝聿銘致上最後的敬意 98

49. Paying Last Respect to Renowned 99

50. 當陽光照耀達娜伊谷 100

51. 崁頂部落遊（來崁頂遊部落） 101

52. 寫給我的老師 104

53. 夢回大學時代 106

54. 想當年 107

55. 自由廣場前冥想 109

56. 與詩人有約 110

56. Have a date with the poet 111

57. 夏遊武陵部落（武陵夏日亦桃源） 112

58. 我的朋友杜立中 115

59. 我的朋友許月芳社長 117

60. 長濱山海詠微露 119

61. 烏石鼻旅情 122

62. 時光裡的利嘉部落 124

63. 和風吹遍達魯瑪克 126

64. 下賓朗部落旅情 128

65. 在星空下閱讀南王部落 130

66. 卑南遺址公園記遊 132

67. 濁水溪上的星夜 134

68. 父親的愛 136

69. 阿里山寺之美 140

70. 美的印象 142

71. 史前館觀感 144

72. 鹿野鄉記遊 146

73. 花蓮觀光漁港風情 148

74. 噶瑪蘭之歌 149

75. 阿美族傳奇 151

76. 幸福的滋味 152

77. 夜讀《華痕碎影》 153

78. 二二八紀念公園冥想 154

79. 緬懷山寺之音 155

80. 湖畔冥想 156

80. Lakeside meditation 157

81. 富岡漁港掠影 158

82. 致巴爾札克（Honoré de Balzac，1799-1850） 160

82. To Balzac（Honoré de Balzac，1799-1850） 161

83. 小野柳漫步 162

84. 卑南大圳水利公園記遊 163

85. 高雄煉油廠的黃昏 165

86. 緬懷億載金城 166

87. 回眸恆春夕照 168

87. Looking back at Hengchun's Sunset 169

88. 山中冥想 170

89. 關山親水公園遊 171

90. 湖中的東美亭 173

91. 敘利亞內戰悲歌 175

92. 鳶尾花的邂逅 176

93. 映象史博館 178

94. 秋遊知本森林遊樂區 180

95. 觀想藝術 183

96. 古厝尋幽記 185

97. 時光的回眸：中山大學 187

98. 秋晨在鯉魚山公園 188

99. 讀你，在微雨的黃昏中 189

100. 感謝您，吾友 Tim Lyden 191

100. Thank you, my friend Tim Lyden. 191

101. 珍重，吾愛 192

102. 妝點秋天 193

103. 鐵花村之夜 194

104. 閱讀永康部落 195

105. 在恬靜的月光小徑上 197

106. 閱讀布農部落 199

107. 白鹿颱風下 201

108. 羅山村風情 202

109. 歲末憶師 204

110. 〈部落之歌〉拉勞蘭 206

111. 夜讀林豐明：〈荳蘭過去七腳川〉 208

112. 南田公園記遊 209

113. 在那恬靜的海灣 211

114. 多良村的心影 212

115. 寫給金樽海岸 214

116. 水往上流奇觀 216

117. 小野柳冥想 217

118. 在都歷的天空上 219

119. 遠方的綠島 221

120. 我願是隻小帆船 223

121. 時光裡的好茶村 224

122. 新馬蘭部落的記憶 226

123. 漫步金龍湖 228

124. 重回恆春古城 230

125. 初遊楓林村 232

126. 在瑪沙塔卡的深眸中 234

127. 讀醫師詩人葉宣哲的《瞳》 236

128. 池上風景一隅 237

129.〈部落之歌〉哈拉灣 238

130. 初識玉長公路 240

131. 閱讀魯蛟 242

132. 池上田野漫步中 244

133. 鐵份部落記遊 246

134. 遊成功鎮 247

135. 微風輕拂卡拉魯然 249

136. 漫步在林間小徑 251

137. 美在南竹湖部落 253

138. 雪景的遐思 255

139. 踏尋部落 257

140 布農部落遊蹤 259

141. 在日出的巴喜告 261

142. 詩人和寵物 263

143. 鐵花村，飄過我兒時的夢 265

144. 憶射馬干部落 267

145. 金鐏海岸迎黎明 269

146. 憶亡友 271

147. 初識南展館 273

148. 茶葉改良場記遊 275

149. 漫遊龍田村 277

150. 我在遠方眺望妳 279

附錄一　詩人評論家林明理博士文學作品記錄表 281

附錄二　義大利《INTERNATIONAL POETRY NEWS》主編暨
　　　　名詩人 Giovanni Campisi 給林明理的詩 368

附錄三　林明理詩作（愛的宣言）DECLARACIÓN DE AMOR LIN
　　　　　MING-LI–TAIWAN (R.O.C.) 371

附錄四　綠蒂詩歌的藝術成就試論 375

附錄五　鄭愁予詩中的自然意象與美學思維 388

附錄六　《呦呦鹿鳴》──我的朋友 108 家精品詩辭典 395

附錄七　臺灣，文訊雜誌社，「2019 文藝雅集」 397

附錄八　林明理文學著作 22 本書影（2008-2020）........................ 398

附錄九　博士林明理攝影作品被收錄攝影學會，GOOGLE＋
　　　　　BTP PRO FLOWER FEATURED COLLECTION 401

後　記 403

1. 寒風吹起

鬱鬱的，冬在怯怯萌芽
遠處犬號，擊破四周靜默
請聽，風的狂野曲調
草原都迷失在初雪中
在清曠的夜色
我想吟哦

浮光底下
多少尋尋覓覓的憧憬
恍然清醒
無聲的落入大海
波瀾也不起了...
這鴻飛如旅人的，那裡來的
江南之雪喲

你或已忘記？請聽風在舞踴
當一切都靜止下來
如一片雪花
落進我的詩裡，那無數的

瞬間，織就成綿密的鄉愁
向一牙彎月，群山紛紛白頭

—2019.1.03

—刊美國《亞特蘭大新聞》，
亞城園地版， 2019.2.8，
及油畫 1 幅。

林明理畫

2. 魯花樹

一棵百歲魯花樹
　蓬勃地長著
金晃晃的葉縫間
那闇影，多麼安靜
　使人愉悅

鮮麗的漿果
由綠　而黃　而紅
織就了無數個童年
而我視線之下
天頂的白雲冉冉翻飛

每當風神前來糾纏
枝上歌雀齊鳴
它便伸長脖頸
將往來的面孔或光陰的
故事，都一一收藏

林明理畫

註.魯花樹據說是花東地區原住民語的音譯，原住民取其樹幹為搗小
米用的杵，排灣族以其根莖做黑褐色的染料，閩南俗名「牛公刺」，別
名為「臺灣刺柊」，果實為白頭翁等野鳥冬、春的食物。　-2019.1.3
　　－刊臺灣《臺灣時報》，台灣文學版，2019.01.11，圖文。
　　－刊臺灣《笠詩刊》，第 329 期，2019/02，頁 84。
　　－美國，《亞特蘭大新聞》，亞城園地版，2019.02.08，圖文。

3. 踏青尋梅記

　　如果不是熱愛山林的冬天，我便無法去領略「梅花密處藏嬌鶯」之樂。

　　也只有在正月中旬至二月初是一年之中最珍貴、最美麗的賞梅季節。這乍暖還寒的早晨，罕見的溫暖的陽光包圍著中央山脈山及海岸山脈南端的谷地。友人帶著我乘著機車，路過美農村高台、臥佛山產業道路，經路橋，再轉進岔路，終於來到台東延平鄉的茂林自然生態農場。

　　我很難想像大自然在這裡到處是生機盎然。停車時，霧氣早已散漫溜走，這裡是中低海拔，離地面約末四百公尺高。

　　一轉身突然發現腳下是滿山雪白的花海，鋪滿了我視野之內。我只能在原地，享受澄新的空氣或者聆聽喧鬧的鳥兒經過上空。那流動的風中淡香，蝴蝶翩飛⋯連綿起伏的山巒，林木蒼莽鬱密，白雲冉冉，不分遠近和層次，所帶給我的廣闊視野，是一種至上的幸福。我就整個兒沉醉在這片山林之中。

　　太陽出來了。廣闊的梅園全無一丁點塵世的氣息，而藍天顯得更高更藍。據說，鶯山村去年因沒有颱風入境，山坡上沿途散落著幾處梅園，都崇尚讓梅樹自然生長的風格。而旅人除了賞梅，更可到鶯山部落兼做深度生態旅遊，平添生活的逸趣。

　　啊，那難以形容的靜逸，發自於梅樹林梢。歸途前，六十七歲的農場經營人請我們喝杯溫熱的酵素梅，好喝又舒

暢。臨走前，還親自到菜園為我們採了兩棵高麗菜和生薑，盛情難卻。據說，這片二十公頃的土地是向林務局承租，吳銘昌先生投入農業已長達五十餘年，他為土地永續而努力，堅持提供給人們健康無污染的食物，也讓我讚嘆不已。

　　正午，在彎彎小路上，迎風香氣來。我瞇眼仰望，陽光正好暖和。鳥雀聲順著風勢時而清晰，時而模糊。我的心就在這無盡的景色中蕩漾。

　　2019.01.10 夜

　　　　　　　　－刊美國，《亞特蘭大新聞》，亞城園地，
　　　　　　　　　2019.01.18，水彩畫 1 幅，攝影 1 張，照片 1 張。
　　　　　　　　－刊《臺灣時報》，台灣文學版，2019.01.30，水
　　　　　　　　　彩畫 1 幅。

林明理畫　　　　　　林明理攝

4．正月賞梅

在都蘭山南麓鷺山村
沙沙枯葉聲和

正月沃野的白梅香味
　把所有煩囂都盡拋腦後
雨後的五葉松　更綠了
雖然眾鳥寂靜
　倘若你願意
坐落在溪谷和部落之間
　輕輕閉上眼
而微風輕挑　梅雪皚皚
大自然　就是苦吟詩人。

林明理攝

－刊臺灣，《臺灣時報》，台灣文學版，
　2019.01.25，及攝影 1 張。
－刊美國，《亞特蘭大新聞》亞城園地，
　2019.02.02，中英譯，非馬英譯，及攝影 1 張。
－刊臺灣，《秋水詩刊》第 182 期，2020.01，
　頁 79，及非馬英譯。

4. Watching plum blossoms in January

Dr.Lin Ming-Li

In Nanshan Village on the south side of Dulan Mountain

Among the whistling sound of dried leaves
And the fragrance of white plums in January
    Leaving all the worries behind
The pines after the rain seem to be getting greener.
Though the birds are silent
    If you like
You can sit between the valley and the tribe
    Close your eyes
In the midst of gentle breeze and white snow
Nature becomes a deliberate poet.

（Translator：Dr. William Marr〉

Prof. Ernesto Kahan mail 2019 年 1 月 18 日　於　下午 1:19 Yes, I sit, close my eyes and see you in recitation this lovely poem

5. 思念在彼方

每走一步
　像回到古老的時光。
即使陽光施予魔法，
讓雪的反射
從大海的地平線
　到金色老城的冷色。
風　似乎在追尋什麼？
　狂野地
吹遍岩床和河谷。
夜，是淒冷的…
相思如雪，濛濛落絮。

　　　　-2019.1.28

—刊美國，《亞特蘭大新聞》，2019.2.15.
—刊臺灣《大海洋詩雜誌》，第 99 期，
　2019.07，頁 141，非馬英譯。
—刊臺灣《秋水詩刊》，第 181 期，2019.10，
　頁 77。

5. Longing over the other side

Dr. Lin Ming-Li

Every step
　Is like going back to an ancient time.
Even if the sun exerts magic,
To make the reflection of the snow
From the horizon of the sea
　To the frigid color of the golden old town.
What is the wind pursuing?
　It sweeps wildly
　through the rock sill and river valleys.
The night is cold...
The longing is like snow, falling ceaselessly.
（Translator：Dr. William Marr〉

*2019.1 月 28 日　於上午 9:56
Wow!! This is so deep and great
in few words!
CONGRATULATIONS!!
Ernesto

林明理畫

6. 台東尋幽記

詩人林明理和岩上夫婦，於台東都蘭
山和卑南溪前合影。2019.1.26。

在漫長的冬季結束前，正巧。

與友人驅車，在岩灣路山上走了兩三公里，翻過一處高地，停歇在都蘭山與卑南溪谷之間。——當陽光微露，微笑便在我們的嘴角牽動著。

沿著台九線，路經一座農莊用餐。多麼美麗的山谷呀！在利吉惡地山巒和中央山脈交匯之地，是一大片肥沃的田野，錯落著農屋、樹林和果園。

天空展開雙臂擁抱著我，而蓮池裡的黑水雞似乎一聽見陌生人闖進的響動便跳躍在蓮葉上躲避。

幾隻蜜蜂從蓮花中啜吸，風狂野地在樹林間徘徊。我們

很快地來到池上鄉大坡池。我吃驚地發現，水波之上，幾隻白鷺翩然飛起，映襯著青山，與今年剛播種的青禾和一小片金黃的油菜花田形成了鮮明的對比。

波上的小舟閒置著，旅客三三兩兩，綠草如茵。

冬風無語。當我們都坐下來，等待音樂館放映出古典交響曲的薰陶。

我真的知道了為什麼停下腳步，便能感受心靈的片刻寧靜，為什麼靜聽著音樂，便能將愉悅注滿心的原因了。當我們遠離俗世煙火裡的時候。

行行停停，來到鹿野鄉二層坪水橋。眼前突然空闊，再沒有任何煩囂來打破這裡的靜默。

在這種寧靜有風的日子裡，為一探幽境，我們漫步小徑上。水橋的右岸，水源清澈見底，水流奔騰。撲鼻而來的桂花香、早開艷紅的杜鵑花、凋謝的洛神花田、釋迦園、魚池…，各種大自然的美姿竟相躍出：一座磚紅的水橋，橫臥山底，橋下飄動著叢叢波斯菊，隨風起伏如浪，是無與倫比的美。

遠望山凹處，霧裊裊而升……一輛普悠瑪美麗的身影匆促而過，周圍很快又恢復了平靜。

近處，在金黃和黛綠之間，在橄欖綠和粉紅色相間，有野鳥靜立在電線桿上。大地借助於這一片綠野，與那挺立在中央山脈下的奇顏異彩，就讓尋幽人在旅程上，心如蓮般澄淨。

沿來路而回，抵達市區鐵花藝術村時，暮色已濃。當盞盞手繪彩色燈籠亮起，卸去夜的面紗之際，也為我們這趟東岸之旅，像是作一回告別的儀式。

臨行，友人問我。台東的現代與傳統最具代表的是什麼？

啊，台東，我的故鄉。這個有著豐富的南島文化，語言，

多種族群集聚的土地，正顯出它自己的樸真好客。

　　它有著目前台灣所發現最大的史前聚落——卑南遺址，也有著利吉惡地，在萬年以上板塊推擠的歲月中，正訴說著島嶼的變遷史。

　　它三面環山與太平洋相連的美麗與滄桑，正企盼透射出現代科技的力量與傳統技藝與文化的結合，讓世界看見它的傳統與現代的風貌。

　　此刻，夜寂無聲，冷風迎面吹來。而點點滴滴的旅遊趣事，留在我腦海裡的，必然不會忘記。

　　　　－2019.01.27

　　　　　　　　　　－刊美國，《亞特蘭大新聞》，亞城園
　　　　　　　　　　　地，2019.03.08，合照。
　　　　　　　　　　－刊臺灣《臺灣時報》，台灣文學版，
　　　　　　　　　　　2019.03.13，合照 1 張。

7. 棉花嶼之歌

在浪潮的夾縫間，
眾鳥疾行；
海芙蓉，似棉花般綻放。
我凝望，
那矗立不搖的燈塔，
心中揣測濤聲的奧妙。
若是春天
大水薙的巢洞裡，———
幼鳥已茁壯吧。
牠會在風頭浪尖上
開始低空飛翔或
水上漂浮著？
而我也想 藉著月光，
輕輕繞過岩石和斷崖……
越過山峰的最遠處，
看清北方三島的容貌。

註.棉花嶼 Mianhua，位於基隆外海，是一座由灰黑色
橄欖石 Peridot、古輝銅石 bronzite、玄武岩 basalt 所組成的
由火山島。其名稱取自海鳥眾多，宛如棉絮飛揚而名之。
與花瓶嶼 Huaping Islet、彭佳嶼 Pengjia Islet 合稱北方三島；

島上有珍貴的保育類鳥種玄燕鷗 Brown Noddy、白眉燕鷗 Bridled Tern、遊隼 Peregrine 和稀珍大水薙鳥 Streaked Shearwater，也有一種生長在海岸線邊緣的岩石上的珍貴植物「海芙蓉」Seremban，生態很豐富。 -2019.2.11

―刊美國，《亞特蘭大新聞》，亞城園地，2019.4.5，及水彩畫 1 幅。
―刊臺灣《大海洋詩雜誌》，第 99 期，2019.07，頁 140。

林明理畫

8. 內灣夜景

每年初夏
　在一片螢光中，我願
站在山坳處，像朵小白花
　親吻，星子
和內灣大橋所有怡人的秀色。
那裡
有千萬隻火金姑照路……
　朝古道　吊橋　山壁　石階
　　姑婆芋　蛇根草，
兜著旋舞，點亮浩瀚的太空。
因為喚回我心頭的
　　小山村的記憶，
透過老樹　溪水和遠方曲調，
　處處訴說部落的熱情。
啊，那冉冉升起的白晝
　為老街塗上了顏彩——
而山歌
　仍在雲霧之間迴盪著。

　－2019.2.10

林明理畫

－刊美國，《亞特蘭大新聞》，亞城園
地，2019.02..22，及水彩畫 1 幅。

9. 林田山林場之歌

林明理攝 / 中山堂前

　　二月踏青花蓮鳳林，時節正好，杜鵑花開，空氣中散發出淡香和特有的芬多精。

　　雨水浴洗過後，四周景物愈見分明，鬱鬱蔥蔥的樹林和盛開的火焰花，都借著清風，將這座曾經繁華的小山城一起傳唱起來。

　　漫步在荒廢的鐵道，啁啾的鳥鳴和草葉的細語，穿過茂密的森林傳入我耳際，就像來自上個世紀的大提琴美聲。

　　偌大的園區，失去了遊客如織，卻打開我對聚落建築群的另類想像。

　　重返林田山的時光走廊。啊，有多少林場記事，已隨風而逝……只有在歌中感受到種種情緒，感受到歌中的山林水秀而沉默。

　　那遠逝的韶華，鐵道邊的步道，有光在林間穿梭。朵朵

櫻花，點綴山野，昔日聚落間歡笑的絮語，在我的想像中延展。

　　我小心翼翼，拾起串串落寞的孤寂。我仔細聽，漸漸才明白。

　　那些曾經遠去的歌，先從林道飄揚過來。漫過山坡，漫過老鎮，漫過山巒和溪流……

　　悠揚的歌聲在中央山脈東側的暮色中瀰漫開來。

　　而我行將遠去，乘著歌聲，喚起我許許多多遐想，疲憊的身體得以舒緩。喜悅的心，更為真切。

　　我看見雲霧在山間聚散變幻，我看見摩里薩卡頻頻揮手，讓我止不住的思念。

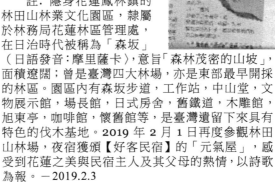

　　註．隱身花蓮鳳林鎮的林田山林業文化園區，隸屬於林務局花蓮林區管理處，在日治時代被稱為「森坂」（日語發音：摩里薩卡），意旨「森林茂密的山坡」，面積遼闊；曾是臺灣四大林場，亦是東部最早開採的林區。園區內有森坂步道，工作站，中山堂，文物展示館，場長館，日式房舍，舊鐵道，木雕館，旭東亭，咖啡館，懷舊館等，是臺灣遺留下來具有特色的伐木基地。2019 年 2 月 1 日再度參觀林田山林場，夜宿獲頒【好客民宿】的「元氣屋」，感受到花蓮之美與民宿主人及其父母的熱情，以詩歌為報。－2019.2.3

　　－刊臺灣《青年日報》副刊，2019.03.24，攝影 1 張。
　　－刊美國，《亞特蘭大新聞》，亞城園地，2019.4.5，攝影 2 張。

10. 利稻，心中的桃花源

林明理攝

選擇年假的最後一天，遠離塵囂。

我來到一個充滿溫情的村莊。利稻，從此有了牽掛，在時光裡穿梭。

每座山都向我投以親切的目光，每朵雲都眷戀著這片桃花源。

被綠繡眼親吻過的櫻花泛著光澤的唇瓣，不動聲色地側耳傾聽牠的鳴叫。

　　涼風吹拂著紅白相間的杜鵑花叢，飄渺的蝶影落在校園裡，就像一朵雲停止了飄流。

　　我愛上了這樣的部落，行經入口處，有布農族原住民味道。一整排美麗的櫻花樹，一個離天空最近的天堂。

　　周遭是靜寂的。時間的皺紋和部落經歷的風雨春秋，彷彿凝固，又似柔和的月光，一絲清風。處處是傳奇，處處都祥和...

　　走在一個接一個隧道前，青巒夾峙，溪谷狹長。涓涓溪水，滿色翡翠。有諾大大岩壁圍繞著，又如聳立的屏風。

　　那硫磺礦色的溪床上，燕子成群在山間。新武橋畔，有兩隻鷹遨翔天際。落入溪中的天空，藍得超凡脫俗。

　　一旁銹色的峭壁，隱隱約約的溪流，水的呼吸悅耳動聽，讓我忘卻一切煩惱。

　　在校園的黃昏，輕啜一口烏龍茶，讓風吹動旅者，也把我的心吹動。

　　六口溫泉對面，有一塊岩壁，是最美的一幅畫。數隻紅嘴黑鵯淘氣地在梅樹枝上跳躍，還不時地展現牠的龐克頭。

　　今夜，那沿途古老的部落，迂迴的路，高大的樹木，還有綿延不絕的山峰，旅程的幕後全是驚嘆號。

　　啊，利稻！布農的古調永遠優美遼亮，在每一次回眸、每一縷陽光上。

　　我冀望這片土地，永遠袒露出純淨的風貌。

　　有一道很美的歌聲，像來自天上的聲音，從遠古來、從部落來，年年講述著族人與自然的故事...輕輕地，擁著我入夢。

　　註.利稻部落為台東縣海端鄉內海拔超過 1068 公尺的社區，大都是布農族人，整個部落座落在群山環繞的河階台地上。區內有迷你型利稻國小（十多位教職員工，二十多位學生）、派出所、教堂。每年二月櫻花、杜鵑花盛開，在藍天下，奇風異景，宛如世外桃源般靜美。傳說，紅嘴黑鵯在布農族受到洪水侵襲後急需火種，牠自告奮勇去啣回火種，卻因此把身體煙燻成木炭色，而嘴、腳也被火燒得通紅，從此被布農族視為「聖鳥」。

－2019.2.11 寫於台東。

－刊臺灣《人間福報》，2019.03.20，及攝影 2 張。

－刊美國，《亞特蘭大新聞》，2019.03.15，及攝影片 2 張。

－刊臺灣《臺灣時報》，〈利稻，桃花源〉，2019.05.22，及攝影 1 張。

－刊臺灣《更生日報》副刊，2019.07.13，及攝影 4 張。

11.富源觀景台冥想

一隻鷹啼叫　忽呦－忽呦
　　如蒼穹之子，
快要消失卻又躍升　在都蘭灣上。
牠飛入綠野：太陽給牠披上金光。
我東眺遠方島嶼，
　　山巒和海岸寂靜，
　　咸豐草和櫻花都開著。
被藍天和太平洋所圍繞的
　　深淺不一的山影之中，
卑南溪隨著山勢彎延流過。
還有越過青灰色泥岩的山峰的遠處，
我一邊聆聽著燕子和鷹聲，
　　一邊將喜悅對那平原大聲宣告。

　　註.富源觀景台位於台東海岸山脈最南端，海拔 200
至 350 公尺，是由花東縱管處等單位和民間協力完成。
冬春之際，常有大冠鷲或鳳頭蒼鷹在空中飛翔。觀景平
台有 360 度的環景視野，太平洋、都蘭山、卑南溪出海
口、小黃山、利吉惡地、綠島和蘭嶼、台東平原及市區。
　　　　　　　　　　　　　　　　　－2019/2/12

　　　　　　　　　　　　　－刊美國，《亞特蘭大新聞》，
　　　　　　　　　　　　　　2019/3/29，攝影 1 張。

－詩〈觀景冥想〉刊臺灣《青年日報》副刊，2019.4.8。
－刊臺灣《笠詩刊》，第 330 期，2019.04，頁 82。
－刊臺灣《大海洋詩雜誌》，第 99 期，2019.07，頁 140。

林明理攝

12. 大霸尖山之頌

坐在大霸尖山木屋中，
　高峰聚集。
　遼闊的聖稜線北端之地。
所有人都相信它
獨立挺拔；令人生畏的神——
最常引起我的冥想、我的翹望。
那唱給祖靈聽的泰雅族孩童，
　輕輕哼著古調　來到聖山。
歌聲越過山腳的碧綠叢林，
　越過福爾摩沙的屋脊，
在明媚的月光下。
大地沉沉地睡去，午夜響起的
　雙耳嶽語聲……
　一邊穿過大安溪，
　一邊穿過淡水河源頭，
正微妙展開傾聽上天的耳朵；
　直到可愛的黎明來到。

　　註.大霸尖山 Dabajian Mountain 是臺灣苗栗縣和新竹縣
之間的一座山峰，主脊高 3,492 公尺。因山的兩側，形似兩
片耳朵，泰雅族人稱它為「Papak Waqa」，意旨大霸尖山的

兩側如兩隻傾聽上天聲音的耳朵。被泰雅族和賽夏族人視
為聖山，有「世紀奇峰」之稱。與鄰近的小霸尖山 Xiaobajian
Mountain，為泰雅族稱 Babo Papak 即「雙耳嶽」之意。

　　　　　　　　　　　　　　　　　　　　　－2019/2/14

　　　　　　　　－刊臺灣《臺灣時報》，台灣文學版，
　　　　　　　　　2019/4/03，油畫 1 幅。
　　　　　　　　－刊臺灣《華文現代詩》，第 21 期，
　　　　　　　　　2019/05，頁 107。

林明理畫

13. 永不遺忘的歌聲

——鄭炯明的詩〈瓊花〉

我聽見歌聲響起
掠過時光的彼岸　看見
一個年輕和掛著朝氣的容顏。
在一個冬日，近午時分。
為了讓我們一聽就瞭然，
詩人解說了一小段旁白。
啊，那個純淨無缺的孩子，
使人想起瓊花的潔白無瑕...
而我在歌聲裡
通向光輝的詩句，再次感受到
永不遺忘的美麗。

附錄：高雄醫師詩人鄭炯明（1948-）的詩歌《瓊花》

銀色的月光恬恬照來
一蕊一蕊純白的瓊花
無聲無説開佇牆仔邊
隨風送來迷人的清香
親像即欲出嫁的姑娘

心內有話欲對你講
向望天光閣共伊看一擺
毋過無伴的花蕊已經謝去　已經謝去

為什麼美麗的形影遮呢緊就消失
為什麼燦爛的生命袂當永遠花開

為什麼美麗的形影遮呢緊就消失
為什麼燦爛的生命袂當永遠花開
　　袂當永遠花開
　　袂當永遠花開
啊　美麗的形影　燦爛的生命

註.鄭烱明說：「我寫詩，因為我關心這個社會，我不要做一個活在
　時代裂縫的人。」，他一生致力於推展台灣文學，在台語歌詞的
　創作上，曾與作曲家陳武雄合作，在演唱會中深獲好評。我第一
　次聽到這首〈瓊花〉，是在詩人非馬到高雄文學館演講前，由鄭
　烱明醫師在車內播放給我們聽的錄音帶，歌聲優美感人，詩句叩
　人心弦。讓我十分感佩，因而為詩紀念。　-2019.2.19 作

─刊美國，《亞特蘭大
　新聞》，2019.3.01，
　圖文，非馬譯。

詩人非馬、林明理、
鄭烱明於 2010 年 12
月 11 日高雄高雄文
學館公園合影。

14. 新蘭漁港風情

當我沿著防坡堤步向藍色大海港
膠筏小漁船還沒出航
紅色燈塔持續矗立著
只有陣陣波濤　忽遠忽近
寧靜的小村有母親的溫柔
三五釣客來去　瀟灑自若
風　穿越巨石遍布的淺灘
露出一道道浪紋
而都蘭山　像是晨曦中的勇士
凜然守護著　不畏且永久

－2019.3.12

－刊美國，《亞特
蘭大新聞》，
2019.4.12，攝影1
張。

林明理攝

15．即便在遠方

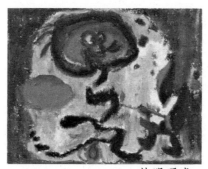

林明理畫

荒漠雖然孤絕，沙水相依。
　歲月如夢的漂泊裡
黑暗中我將繼續探索跋涉；
即便在遠方，越深入心的深谷
　越瞭解真實的自己。
且讓歌聲迴盪成亙古不變的記憶。

－2019.2.24

15. Even in the distance

*Dr. Lin Ming-Li

Though the desert is in solitary, the sand and water are interdependent.
Drifting about in time as if in a dream
I will continue to explore the trek in the dark;
Even in the distance, the deeper I walk into the valley of the heart
The better I understand my true self.
Let the song reverberate into a constant memory.

（Translator：Dr. William Marr）

－刊美國，《亞特蘭大新
聞》，2019.03.01，圖文，
非馬 英譯。

16. 獻給勝興車站

一條舊山線，滿眼翠色。
月台下閒坐，
　遙想當年風華。
喔，灰舊的石碑啊，
　歷經多少風霜？
客家的先民啊，
　歷經多少苦難？
陽光親吻的油桐樹，
　年年花開滿山野。
到了這兒，
　就像日據時代的悠靜自然，
各種小商販，在石階旁，
在擂茶店仔旁，細心招呼。
那難忘的古道和隧道，
　遊客的歡聲笑語……
這山城使人感到親切溫暖。

註.勝興車站 Shengxing Station，苗栗線三義鄉觀光景點，建於民國前五年，啟用於 1907 年，2010 年 6 月 5 日重新設站；是臺灣西部鐵道最高的火車站，月台立有一石造紀念碑標示出車站標高 402.326 公尺。勝興，舊名「十六份」，是客家先民集資

共十六股在這裡拓墾，設有十六座樟腦寮，在山林裡製造樟腦，後來也有木炭產業，挑夫往來挑柴以供應炭窯生產所需，所以在車站附近有一條挑柴古道，約長 1.5 公里 -2019.03.06 作

─刊臺灣《臺灣時報》，台灣文學版，
　2019.03.20，圖文。
─刊美國，《亞特蘭大新聞》，
　2019.03.22，水彩畫 1 幅。

林明理畫

17. 月光小棧之讚

三月的一個午後，到達月光小棧時，
我用雙臂擁抱大自然，閉目靜聽
圓柱狀的空間中水琴窟的妙音。
真想在都蘭山麓的鳥鳴蝶舞中歡呼，
翠綠叢林和太平洋的湛藍——
都交融成最美的景致。

你說：遠方的綠島
有著世界上最古老的活珊瑚群體，
正以極緩慢的速度移向福爾摩沙……
而我像大冠鷲留戀盤旋不去。
微風習習，天空澄靜，
那轉瞬淡去的暮色　覓得春神的蹤跡。

　　　　　　註.位於臺東縣都蘭山麓的月光小棧，前身是都蘭
林場行政中心，也是金馬影片《月光下我記得》的拍
攝場景。懷舊的日式木造建築內有藝廊，旁有咖啡
店；站在建築前可遠眺太平洋的湛藍及綠島，林木蔥
綠，甚為美麗。

　　　　　－2019.3.11 作

－刊美國，《亞特蘭大新聞》，
2019.03.22，攝影 1 張及照片。

林明理攝

18. 知本濕地的美麗和哀愁

曾經
在一片河口濕地上
雨一住，眾鳥齊飛
陽光依舊　映在湖之心
有環頸雉啼叫著

多麼安靜的草澤
多麼安靜的綠野
　還有牛羊和諸多生物群
甚至那些沒有消波塊的
海岸，漾在我心中

留鳥不停地飛翔
穿過溪流和部落
穿過高山和島嶼
閃入大海的一瞬……
貼近的風　是輕柔的

　　　　註.知本濕地是臺灣東岸唯一擁有濕地與草原共構
的自然濕地，位於知本溪北側出海口附近，原為知本溪
的舊河道形成的河口潟湖，承接射馬干溪水。這裡曾經

是卡大地布 Pakaruku 家族的聚落，其中一部分在當地人有夢幻湖之別稱。2014 年 11 月，知本濕地首度觀察到全球僅存約兩千多隻的東方白鸛蹤跡，但近年來是否將之開發為光電板聚集地，引起各界關注。因而為詩。

－2019.3.14

－刊美國，《亞特蘭大新聞》，2019/06/14，圖文。

林明理畫

19. 我的書房

深夜，書窗下
常亮著燈光
孤寂的鍵盤
伴隨我　默默書寫
遊歷的喜悅
對大自然的禮讚

我喜歡
坐看星辰起落
讓愛點綴人間淨土
在沉默中思悟
在寧靜中馳騁
一邊品茶
一邊醞釀著句——

就像在無邊的海面
眺望一幅幅山水畫卷
　用心諦聽
世界便有了歌聲
　細細體味

心靈便浸潤了美好

－2019.3.18

　　－刊臺灣，《臺灣時報》，台灣文學
　　版，2019.4.17，照片 1 張。
　　－刊美國，《亞特蘭大新聞》，
　　2019/4/26，照片 1 張。

20. 向神農陳添麟致敬

在群山環抱中
這片種滿了野菜薑黃田
有你邁向榮耀、老年的辛勞
赤牛和你一塊兒整地
一塊兒幹活
家人同心　做好人工除草的工作
也許，只有天知道
守護土地的永續　有多麼艱難
也許，風暴將使心血毀於一旦
但您仍堅持去奮鬥　去悉心耕種
啊　就是因為您
有同享健康和喜悅的心
所以才成為臺灣農業楷模

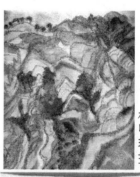

林明理畫

註.台東卑南鄉樂山原名為「藥山」，日據時代被日本政府指定為藥草栽種地區。從小在樂山長大的陳添麟是臺灣第一位研究薑黃並悉心栽種者；其產品「薑黃粉」曾榮獲農委會於2017 年頒發全台十大神農獎。這位七十多歲樂善好施的薑黃伯，常協助農友轉型為有機農法，活絡在地農業，其精神可嘉，實至名歸，因而為詩。　—2019.3.16

　　—刊美國，《亞特蘭大新聞》，2019.3.29，水彩畫 1 幅。

21. 觀霧──雲的故鄉

輕霧裊裊移動
　在峰谷，以那首古調
掠過天邊又掠過我的眼眸
　山雀在枝椏間倒懸著

哦，美麗的<u>觀霧</u>多寧靜
　夏季已經來臨
　巨木林一片綠意
　潺潺瀑布聲轟鳴

多嚮往你四季不同的百景
　純淨的花兒
鳳蝶和山椒魚，還有
　那點綴滿天的星

當月光鋪灑河灘地
　聽鳥獸在岩壁，在溪邊
　在屋宇部落的窗戶
而後，隨著我和那首古調

掠過夜空又掠過我的心頭
你是雲的故鄉
不變的身影，在風中縈繞
像是沉醉在落霞紅日中

註.位於中高海拔地區的觀霧 Guanwu 森林遊樂區，
在新竹縣五峰鄉與苗栗縣泰安鄉交界，因常有雲霧
繚繞，又稱為「雲的故鄉」。

－2019.3.22-刊美國，《亞特蘭大新聞》，
2019.5.24，及水彩畫 1 幅。

林明理畫

22. 樂山的心影

　　三月下旬，從台東一路往卑南樂山（原名藥山）的山路蜿蜒而上，途中經過白玉瀑布和多棵老榕，直入周波濤夫婦經營的農莊。

　　它座落在疊翠的山巒綠意之中，搭配院前的蓮花、山杜鵑、聖誕紅等花卉和翩翩飛鳥，是春郊休憩的好去處。

　　周先生出生在新竹新埔客家小鎮，是一個忠厚篤實的有機農場主人，他與太太、叔叔和小兒子胼手胝足開墾出這一大片四甲之地；多虧了山泉水，使得承租的國有地在細心的耕種下才保留至今。

　　他說小兒子在十九歲時發生重大車禍，一度變成植物人，與死神擦身而過；如今他的腦部組織一半毀損，但他說，小兒子哪裡也不去。就在這裡負責廳堂打掃和農務，平凡的日子就是好日子。

　　他說前幾年的大颱風，雖然重創了山裡的農作物，但他們還是不懈地種植。

　　讓土地出現莫氏樹蛙、布氏樹蛙的蹤跡。

　　讓蜜蜂蝴蝶飛舞在草叢和花果間，讓佛手瓜、薑黃和各種野菜、柑橘、芭樂、檸檬、番茄、南瓜、秋葵、羊角椒能快樂生長。

　　讓洛神花、黃金果、印加果、山蕉、高麗菜、山芹菜、

胭脂梅和咖啡樹等喝著山泉水長大。

　　與我同鄉的周太太說，她沒有唸過許多書，有個遮風避雨的屋舍，可以接待各地來的親友學者，做驗證也好，親手採摘蔬果也好。

　　她說很喜歡做檸檬醋和梅醋，要熱呼呼地喝著。同孫子夜觀北斗七星，巧遇穿山甲、彩色甲蟲時，知足就是幸福。

　　正午，我便同他們在樂山下，就素食和她泡製的熱飲談天說笑。

　　她說每星期六都在台東大學舊址有機農夫市集擺攤，只是盡到有機農的責任罷了。

　　她說山上清靜，每年長假，總是盼著孫兒同大兒子、媳婦回來……她總是笑嘻嘻的，充滿活力和熱情。

　　午後，我便同他們告別。如今不免懷想起，他們那簡單樸實的人生追求，那對夫婦在田中奮鬥的雙腳，那陽光般溫暖親切的笑容，還有那片幽靜之地，似乎覺得連呼吸都是那麼美好。

　　啊，樂山，我就像一隻高翔的鷹，又飛回淡金色陽光下，─ 那景物是那麼的熟悉，還有娓娓道來老農為生活打拼的故事。

　　我永遠也無法透徹老農生活的智慧。只能記得他們說，貼近佛心便會更豁達；生活越簡單，心靈越自由就越快樂。

　　－2019.3.26

　　　　　　　　　－刊美國,《亞特蘭大新聞》Atlanta Chinese
　　　　　　　　　　 News，2019.04.19，攝影 3 張。
　　　　　　　　　－刊臺灣《臺灣時報》，台灣文學版，
　　　　　　　　　　 2019.5.15，攝影 1 張。

林明理攝

23．五分車的記憶

我愛糖廠的五分車，
自由快樂地奔馳——
在田野，在山林。
我聽著鳴笛
由遠而近……

啊，好一個黃昏
平交道的柵欄緩緩落下
　鐵道守衛在吹著哨子……
兒時的舊事——依然清晰，
我仍奔跑著，做著夢。

夢見馳過無邊無際的白雲，
馳過我燦亮的眼睛。
哦，我知道——故鄉依舊
在風裡，在雨中
反覆推挪呼應。

夕陽躺在我臂彎，
五分車的背影，無限延伸。
那裡我曾坐在大樹下，
　眼前是一大片甘蔗田……
啊，回憶　也是一種幸福。

林明理畫

高雄橋頭糖廠

註.高雄橋頭糖廠興建於 1901 年，是臺灣第一座現代化機
械式製糖工廠，園區內保有多處的古蹟、日式木屋、五分車修
理室、糖業歷史館等，是休憩的好去處。　－2019.3.31

23. Memory ofthe Five-Pointer

*Dr. Lin Ming-Li   **Translator**：Dr. William Marr

I love the five-pointer operated by the Taiwan Sugar Company.
Running freely and happily -
On the fields, in the mountains.
I listen to the whistle
Approaching from the distance…

Oh, what a wonderful evening
The railroad gate comes down slowly
The guard is blowing a whistle...
Memories from my childhood remain vivid,
I am still running and dreaming.

Dreaming of the white clouds,
Continuously passing before my bright eyes.
Oh, I know - my hometown is still
Being pushed and pulled endlessly
By the wind and the rain.

The setting sun lies in my arms,
As the five-pointer pulls away further and further.
As usual, I sit under a big tree.
In front of me is a large sugarcane field...
Ah, what a happy memory!

Note: The Kaohsiung Ciaotou Sugar Refinery is Taiwan's first
modern mechanical sugar factory which was built in 1901. It now
consists of many historical sites, including Japanese-style wooden
houses, the five-pointer cars repair shop, and sugar historical
museums, etc. It is also a good touring and resting place. －2019.3.31

－刊臺灣《臺灣時報》，台灣文學版，
　2019/5/01，圖文。
－刊臺灣《華文現代詩》，第 21 期，
　2019.05，頁 107。
－刊美國，《亞特蘭大新聞》，2019.5.17，
　圖文，非馬（馬為義博士）英譯。

24. 記憶中的麥芽糖

昔日老村
挑著扁擔的賣糖師傅
長長吆喝聲
劃破黃昏的靜默
也有騎著老鐵馬
回收紙類或鐵罐
在街頭巷尾的老伯
總能吸引孩童們的駐足圍觀
啊，那歲月留香的
麥芽糖——多麼甜蜜溫潤
它用糯米、山泉水和小麥草
以柴火蒸米、醣化
精煉後收鍋
這是記憶中的甜品
古老傳承的美味

林明理/作畫

　　　　－2019.4.1
　－刊臺灣《臺灣時報》，
　　2019/4/10，台灣文學版，
　　圖文。
　－刊美國，《亞特蘭大新
　　聞》，2019.4.12，圖文。

25. 緬懷金瓜石老街

霧蒙住了遠方，老街靜滯黃昏裡。
　天色暗下來，街燈便亮了。
如果山城中沒有昔日的歡笑，
　沒有山脈的聲音在耳畔吟唱；
如果聚落不是那麼寧靜溫馨，
如果沒聽到你漸近的腳步聲……
我就不會在風中重覆呼喚你的名字，
　在離你最近的地方等待著，
像等待時間老人一樣。
啊，我愛你乍雨初晴的容顏，
　　眼裡閃爍著熾熱的光芒；
愛你殘留的廣場和石造牆基，
芒草花開的悵然。
愛你和海洋相輝映和礦山聚落的味道。
愛你的巷道小橋，水碧山青和古厝。
即便是雨霧瀰漫，在我心中，
　悅耳的山城小調響起來了。
啊，小河流啊，小河流，年年緩緩流過。
東海上漁光點點，你的背影依然熟悉，
　思念長長，我們的相會猶若夢中。

註.金瓜石在新北市瑞芳區，早期曾因開
採金礦而為重要礦區，但隨著礦產枯竭而迅
速沒落，如今朝向觀光休閒方向重新發展。
　　　　　　　　　　　　　－2019.4.4 作

－美國，《亞特蘭大新聞》，2019.7.5，水彩
　畫 1 幅。
－刊臺灣，《華文現代詩》，第 23 期，2019.11，
　頁 94，作者照片 1 張。

林明理畫

26.　茂林紫蝶幽谷

每年冬天
數十萬隻紫蝶遠渡重洋
如一群小精靈來到大武山腳下
溫暖靜謐的山谷。

當雲霧被第一道晨光喚醒，
枝椏密葉中鳥聲清脆。
牠們一圈圈旋舞、輕盈飄然，
採集蜜源食草。

林明理畫

牠們在陽光裡追逐，
高高低低地滑行，
時而停歇在花間草浪，
直到春天才陸續離開。

千百年來
每年冬天在這裡重複的演出，
構成了地球上最美麗的史詩。

註.高雄茂林紫蝶幽谷，和太平洋彼端的墨西哥「帝王斑蝶谷」，
併列為全世界僅有的兩處大規模的「越冬型蝶谷」。－2019.4.3
－刊美國，《亞特蘭大新聞》，2019.5.31，圖文。

27. 武陵農場風情

立春後，一大片粉紅，耀眼的櫻花
充盈在枝葉交錯的山谷中。
我像是迷了路般緩緩前行，
這些古老的神木群棧道，——
傳來風聲，鳥聲與流水聲。

哦，聳入雲霄的山頂，澄明的天空，
果樹和花卉全都浪漫而生氣勃勃。
在瞭望台下，在群山屏障下，
周遭都寂靜。只有瀑布聲
似遠又近地在我耳邊唱響。

林明理畫

哦，多清澈的七家灣溪呀，
從大甲溪上游，越過神聖的稜線…
…來到這狹長形山谷。
而我聽到櫻花鉤吻鮭來回游動的聲音，
多麼欣喜雀躍，又是多麼地令人動容。

－2019.4.4

－刊美國，《亞特蘭大新聞》，2019.5.24，圖文。

28．柴山自然公園遐思

春日美麗的柴山，
俯視西子灣多麼詩意：
鳥雀們的歌聲
從樹梢上傳來；
猴群在山林間跳躍。
我坐在綠林濃蔭下，
祠前古松如昔，
閃閃耀眼的港埠
暖暖入我心頭。
啊那是什麼在呼喚？
是渡輪的鳴笛聲，還是
港都頻頻在望？
是風　是雨
是熟悉的背影…輕輕拂過
山海交融的舊時光。

　　－2019.4.11

林明理攝

　　－刊美國，《亞特蘭大新聞》，2019.5.3，
　　　圖文，攝影。

29. 油桐花開時

我曾經有過一段美麗的邂逅，
潔白的油桐花長駐我心頭。
那是一條長滿綠樹的小山坡，
我們與藍調的風正經過：
它就像雪花般飄下來，
花瓣在青草中嘆息……
沒有黏上一點兒塵灰；
它就像鳥兒似的飛下來，
歌聲在雨中迴盪……
周圍是環繞茶園的層層山巒。
啊每當它在黑色的大地上展開，
不管是山林，還是幽僻的小徑，
五月的夜空星群羅列，
那風中花穗簇擁著我的繆斯
淡淡的花香，吻落在我的額頭上。

林明理攝

－2019.4.12

－刊美國，《亞特蘭大新聞》，2019.05.10，及攝影1張。
－刊臺灣《青年日報》，副刊，2019.5.31。

30. 懷念焢土窯

古早，稻田收割後，
油菜花開滿地黃，──
蜜蜂和彩蝶翩飛，鳥雀也繞林追逐。
我家周圍，
每當三月的風掠過大地，
便增添了田野繽紛的色彩。
農閒的時候，
我們在曠野裡，在休耕的遊樂園裡，
三五孩童 手舞足蹈，
將較硬的泥土曬乾，
挖洞。
然後堆疊成底寬上尖，
留有洞口的窯。
我便跟著撿些稻稈和樹枝或破磚頭，
一邊遊戲，一邊好奇地觀看；
先把蕃薯或玉米，雞蛋或芋頭，
包上報紙，再裹上一些濕泥土，
開始燒窯。
等到土塊變成焦黑色，再把窯敲破，
一鏟又一鏟地把土塊移開…
…空氣中早已飄來陣陣的香氣。
啊，兒時的記憶，像鳥兒般歡笑。
從燒窯、燜窯到開窯，──
大家紛紛探頭，找尋開懷的美好。

林明理畫

　　　　　　　　　　　　－2019.4.13

＊ 焢窯，客家話是「打窯」，閩南語是「爌土窯」。
　－刊美國，《亞特蘭大新聞》，2019.6.21，及水彩畫。

31．一棵開花的莿桐老樹

我知道，這棵樹爺爺多稀珍，
——專家已全力搶救多次！
但並不是所有的百年老樹
都能再度開花長出新葉。

今天，我邊思念著故鄉的樹
　邊在土地公廟旁漫步。
心卻像小鳥般
在您再生的枝葉間上下跳動。

林明理攝/鹿野鄉瑞和村
百年莿桐開花

若不是馨香的風
　吹落一地似雞冠的花瓣，
我便不會乘著一朵雲
滑過綠野　飛回故鄉的懷抱。

若不是樹葉沙沙……
　在我耳邊低語……
我便不會幸運地親近了，
眼眸裡流轉著一脈深情的您。

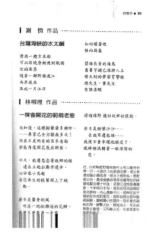

　　註.台東縣鹿野鄉瑞和村土地公廟旁有棵一百一十歲以
上的莿桐老樹，過去曾遭

　　到釉小蜂危害，經台大植物系、鹿野鄉公所、農委會農
改場等相關單位的持續追蹤治療十年後，老樹又逐恢復漸健
康。今年四月中旬，當我初見到這棵珍貴老樹時，內心激動
不已。莿桐花是平埔族原住民的聖花，我的故鄉在雲林縣莿
桐鄉，莿桐國小校園內，每年夏初莿桐花開，鮮艷火紅，樹
冠高大，花朵成簇像公雞冠，又叫雞公花，也是我童年最愛
的鄉花。

－2019.4.14 作

－詩〈一棵會開花的莿桐老樹〉
刊臺灣《笠詩刊》，第 331
期，2019.06，頁 89。
－刊臺灣《中華日報》副刊，
2019.6.11，及攝影。
－〈一棵會開花的莿桐老樹〉
刊臺灣《更生日報》副刊，
2019.8.16，及攝影。

32. 舞鳳部落遊蹤

傳說在鹿野鄉龍田村茶葉改良場台東分場的桐花大道極美。驅車在四月的風中尋尋覓覓，那片雪白的花朵卻已不復可見。

恰逢過路的族人指引，轉過豐年橋，即聞水聲潺潺，瑞源國小在望。

晨光暖暖的，幾株油桐花也正盛開著，引我一步步走入那靜謐的校園，也滅卻心頭俗塵。

繞過舞鳳部落，村舍彩繪的壁畫，有著直樸的童趣，每一幅都令人莞爾。

一座太原花市燈籠生活文化館就在綠樹、花朵、群山的懷抱之中。拐了一個彎，一畝畝鳳梨田，整理得整齊；幾戶農家，錯落在田野的盡頭。

側耳傾聽，橫空而來的風，迎來三五蝴蝶飛舞……

一條長長柏油路走出瑞源和瑞隆原住民部落的鄉野風光和田園景色。

一座木建築的瞭望台和大型鐵皮屋頂的活動中心，刻著象徵部落古老的圖騰，也象徵阿美族民的守望精神。

再驅步向前，台東農場鹿野分場的濃蔭遮蔽下，一座前總統蔣公銅像和涼亭，是場員及其眷屬得有休閒場所，交織著早期墾區的開發史和族民相處的融洽。

歸途前，前往鄰近的百年莿桐老樹觀瞻。樹是靜的，風

是靜的，而我的心頭卻澎湃洶湧。

　　車窗外，中央山脈一朵朵油桐花已悄悄地綴滿山頭。我尋覓的眸也瀰漫著淡淡的離愁。

　　啊，美麗的蒼穹，目視著舞鳳部落與大地。一種遺世獨立的孤獨，慢慢引我沉思。

　　遠處和近旁，訴說著部落的歷史和故事，訴說著農墾區記憶的痕跡。

　　我的心欣喜著。面對著百年老樹又顯現生機勃勃！我欲張開雙臂，擁抱這部

　　落保有原始的風光和綠意盎然的神采。

　　我欲一路歌著。願部落的春天永駐，一直與族民緊連。

－2019.4.15
－刊臺灣《人間福報》副刊，
　2019.05.02，及攝影2張。

台東鹿野唯一的百年
莿桐老樹/林明理攝

33. 東華大學校園印象

我漫步在偌大的校園
瞥見了藍天，三五野鴿
還有一片翠綠
在這一刻　寧靜的感覺裡
我偏愛草坪上的彩繪河流
景觀橋上　久久地佇立
我偏愛夢幻似的東湖
樹林群和多重魅力的建築
塵世的喧囂　遠遠離去
風舞山巒　陽光愜意

－2019.04.20

－刊美國，《亞特蘭大新聞》，
　2019.05.03，圖文。

林明理攝

34．雪落下的聲音

那感覺……
難以想像。
行走在
橘黃色的沙摻雜著
白雪的撒哈拉沙漠上。
幾世紀的風
吹過；沒有任何生物，
更沒有馨香如花朵。
雪花
如同經幡在風中飄盪
——無聲的祈禱；
又似六弦琴的撥動，
一遍又一遍
歌著，一首古老的歌。

註：據說，2018 年 1 月間，撒哈拉沙漠近四十年來出現第
　　四次下雪，形成罕見的獨特景致。因而為詩。

－2019.4.19 作
－刊美國，《亞特蘭大新聞》，2019.5.3。

35. 北回歸線標誌公園遐想

一隻鷹
掠過
白色八爪標誌碑
迴繞綠色的台地
迴繞大小的河流
遼闊的大地為之謳歌
疊翠的茶園綿延起伏
相傳數百年前
因為阿美族人前來開墾
舞鶴　才有咖啡、鳳梨
和茶葉的誕生
啊美麗的薄霧
寬闊的草原，——

攝於花蓮舞鶴村

牠　高高地翱翔
飛向太陽指引的方向
飛向四周環山的
加納納（Kalala）小村
部落是靜寂的
雲霧是朦朧的

牠飛到另外一邊
聽到秀姑巒溪和紅葉溪
還有勇士們歌聲
是多麼美好而歡慰！
然後　勇往向前
消失於遠山天邊。

－2019/4/18
－刊美國，《亞特蘭大新聞》，2019.5.17，
　照片 1 張。－詩〈北回遐想〉，刊臺灣，
　《臺灣時報》台灣文學版，2019.7.11，
　照片 1 張。

36. 南庄油桐花開時

每年春夏
清早
在親水步道上
露珠在草尖上滾滾
順著山稜線慢行
桐花簇簇綻放
五色鳥在林梢
溪魚躍出水面的波紋

在這兒
寧靜的山中小村──
世間一片芬芳
我感到
太陽從山丘的深處躍起
風在林間奔馳
在老街上掠過
在桂花巷尾穿梭著

就這樣
來回尋找歷史過往之中

林明理畫

林明理攝

我感到
客家庄的光華
和樸實的美德
如果
部落不曾存於我心頭
我又怎能在風中歇息片刻

如果
不去瞅瞅這美麗的山城
又怎能
重現兒時記憶中桐花飄落…
…最動聽的聲音
又怎能
讓老街的建築和美食
俘獲了無數旅人的心

　　　　註.苗栗縣南庄鄉是台灣四大慢城之一。

　　　　　　　　　　　　　－ 2019.4.24

－ 刊臺灣《華文現代詩》，第 22 期，
　2019.08，頁 60。
－ 刊美國，《亞特蘭大新聞》，
　2019.5.31，圖文。
－ 刊臺灣《人間福報》副刊，
　2019.6.5，油畫 1 幅，攝影 1 張。

37. 良醫邱宏正的側影略傳

我把你認真的神態
當成一幅美圖
你獻出赤子之心
彰顯生命的榮美
閃耀智性的光輝

註.台東市中正路邱宏正是著名的牙醫師，畢業於臺灣「國立臺
灣大學」牙醫學士、臺東大學碩士、美國密西根大學高階牙周
人工植牙手術研究，是國際牙醫學院（ICD）院士，國際植牙
專科醫師公會（ICOI）臺灣分會長、院士（Diplomate）。他
熱心公益，為人正直，曾為蘭嶼出現牙醫荒而發聲，在醫界廣
受好評與尊重。他是我在高雄的好友鄭琇月牙醫師的台大學
長，也是我們全家在台東的家庭牙醫師。特別感謝他的仁心仁
術，並拍攝他在診所為我先生治療的側影，向這位認真又慈善
的牙醫師致意。　－2019.4.20

37. Dr. Qiu Hongzheng's silhouette

*Dr. Lin Ming-Li

I take your sincere posture
As a beautiful picture
Your warm and innocent heart
Reveals the beauty of life
And shines with intellectual light

Translator：Dr. William Marr

－中英刊美國，《亞特蘭大新聞》，
2019.05.03，及照片，非馬譯。

38．緬懷音樂家馬水龍教授

他熱愛大地，用音樂歌頌生活——
是臺灣第一位
被全世界聽到的作曲家，
從樂器梆笛到管弦樂團的協奏曲，
從雨港素描到舞劇，
從臺灣出發到世界，
他為音樂史增添了獨有的藝術氣息。

　　註．馬水龍（1939-2015），
生於基隆，臺灣的音樂家，也是
第一位在美國紐約林肯藝術中心
以整場形式發表個人作品的作曲
家；《梆笛協奏曲》是其著名的
作曲，完成於 1981 年，以梆笛
主奏、管弦樂團協奏。我在網路
上聽到此曲由音樂教育家林克昌
指揮，陳中申先生的梆笛演奏
後，深感敬佩，因而為詩。

　　　　　　　　　　－2019.4.26

　　－刊臺灣《華文現代詩》，
　　　　第 22 期，2019.08，頁 60。

38. In memory of Professor Ma Shuilong

*Dr. Lin Ming-Li

He loves the earth and praises life with music,
The first world-renowned composer from Taiwan.
From flute music to concerto,
From sketch of the Rainy Port to dance drama,
He dispatches them to the whole world,
And adds a unique artistic atmosphere to the history of music.

Translator：*Dr. William Marr*

－刊美國，《亞特蘭大新聞》，
2019.5.17，非馬譯。
－刊臺灣《華文現代詩》，第22
期，2019.08，頁 60。

39. 丁方教授和他的油畫

你從高原和山脈中走出來
　為了每一道風景敘事
　　盡了畫家的責任
更為大地歌頌
　從陝北到絲路
　　從黃土高原到千溝萬壑
那些畫面
　　全納入心靈裡
也加注了藝術的深刻印象

　　註.丁方（1956-），陝西人，現任中國人民大學藝術學院院長、教授、博士生導師，義大利卡拉拉美術學院院士，曾負責國家課題《佛教藝術圖像學研究》，代表性作品《陝北風情組畫》、《悲劇的力量》、《山河系列》、《偉大的風景系列》、《元風景》、《文藝復興系列》等，是當代難得的學者畫家。其作品曾在高雄

佛光山寺美術館與其他中國知名
畫家聯合展出。筆者在兩岸畫家
研討會中發表有關蔡友教授的簡
短畫評時，適巧與丁方教授認
識，並獲其速寫李奇茂教授

手繪圖，甚為欣喜。在參觀
其油畫作品前與之合影後，深感
其作品交織著輝煌和堅韌的生命
意志，貫穿著審美的、發乎本原
的靈性為精神。最特別的是，此
油畫與宗教精神有觀，畫中的景
觀是高僧到西方取經跨過千山萬
水的必經地帶，而山峰的壯闊，
著實給人以精神上的啟悟，讓我
印象深刻。因而以詩致上敬意。

－2019.4.28 丁方的素描

－刊美國，《亞特蘭大新聞》，
　2019.05.10，圖文。

2009 年，作者和丁方教授於佛光山
美術館畫展中在其油畫前合影

40. 黃永玉和他的名畫

荷花開了
　開在你的筆下，一揮
便詩意盎然。我想像
　微風一拂
超脫瀟灑的你，──
便在洞庭湖光中顯現。

註.黃永玉（1924-　），湖南省鳳凰縣人，中國著名的畫家，中央美術學院教授，擅長版畫、彩墨畫。二○一三年元月十五日，筆者參加「海峽兩岸作家藝術家水墨丹青大展」活動中，獲贈《同根的文明 海峽兩岸作家藝術家水墨丹青大展作品選粹》，書中珍藏此幅精美絕綸的彩墨，令我讚嘆，因而為詩，致上敬意。湖南位於洞庭湖之南，故稱湖南，別稱「三湘四水」；因湘江貫穿全境，也簡稱「湘」，自古盛產湘蓮。據悉，湘水發源與水合流後稱灕湘，中游與瀟水合流後稱瀟湘，下游與蒸水合後稱蒸湘，灕故名「三湘」。每逢蓮花季，香聞數十里，常為騷人墨客歌流吟讚頌。而黃永玉被稱為「荷癡」，他畫的荷花神韻盎然，獨樹一格，值得細細品味。　　　　　　　　　　─2019.4.30

40. For Artist Huang Yongyu

by Dr. Lin Ming-Li　　Translator：Dr. William Marr

Lotuses bloom
Under your paintbrush.
With a simgle stroke,
And a poem appears.
I can imagine
A passing breeze
Brings your transcendent silhouette
To the surface of the Dongting Lake.

Note. Huang Yongyu (1924-), a native of Fenghuang County, Hunan Province, a famous Chinese artist.

—中英詩刊美國，《亞特蘭大新聞》亞
城園地，2019.05.10，圖文，非馬譯。
—中英詩刊臺灣，《秋水詩刊》，第 182
期，2020.01，頁 80，非馬英譯。

41.　金崙部落記遊

夏風吹散了雲頭雨。一顆投入大自然懷抱之心瞬間蕩漾起來，想去瞅瞅山水本色。

到金崙部落走一走，你會找回山中村落才有的寧靜和真正的心跳。細觀林蔭道路兩旁部落裡的彩繪壁畫，或打獵射箭，或營火舞，或色彩濃厚的圖騰，或陶壺，姿狀生動，目不暇給！

途經聖若瑟天主堂，這是座以排灣文化特色所建構的教堂，飾有木雕的屋頂及大門、彩繪窗等，極具獨特性。

這裡是鳥類的天堂，而溫泉藏於山林之間。

我沿著金崙溪往上游前往歷坵村，其舊名魯拉克斯Gulagus（Rulakes）部落，排灣族語中是「樟樹滿佈之地」之意。這是一座排灣族與魯凱族共融的聚落。入口處打造了一片美觀的牆面意像裝置，恍若走入一個藝術村。據說，部落裡保有大面積的原始森林，也有兩棵超過五百年歲數的老茄冬。

隨後進入「大武山生態教育館」，這棟建築外觀是用石板砌成，內部除了展示保留區內的人文及自然生態外，還能舒適地坐著觀賞大武山自然生態記錄片，體驗臺灣生態寶藏之美。

這一片大自然，無論是野山羊或水鹿、穿山甲、山羌或

鼯鼠，台灣藍鵲、五色鳥、大冠鷲、畫眉鳥或昆蟲等飛禽走獸，包羅萬象。還有山林的壯麗，天然的水脈，或是原生種的植物和那些連結山林資源的故事，又一次，讓我感動。

凝視山坡上的小米田，感悟到耕種或採收的辛苦，這裡的一切都是自然原始。族人多以務農為業，由於山區灌溉不易，只能栽種洛神花，芋頭，咖啡等粗放植物。但是每年深秋初冬，都能在大武山腳下的金峰鄉和太麻里鄉看到豔紅怒放的洛神花田，在林巒與湛藍的天空下相錯時，很是悅目。

歸途中，雖然下起濛濛雨，仍可流連舟影幢幢，以及灰藍智深的太平洋。

我想起歷坵小米學堂前紅嘴黑鵯呼叫聲，隨處可聞，還有操場上孩童們的嬉笑聲、「八八水災」重建後的紅橋，置身於山谷中，也在我腦海徘徊，久久不能驅散。

啊，魯拉克斯，彷彿隱居於山林中的一個高士。他不慕榮利，擺脫世俗羈絆，才能保有族民的純真。我來過，感受時光靜好。也不知道何時才能再見部落裡的歌聲唱得嘹亮又軒昂？

－2019.5.6

歷坵小米學堂　林明理攝

－刊臺灣《青年日報》副刊，2019.8.21，
及攝影 2 張。

42. 向開闢中橫公路的榮民及罹難者致敬

若時光能倒回
　便看得見
遠從千里外來的
一萬餘官兵
胼手胝足
　　無畏地勢險惡
　　用鐵鏟及炸藥
闢出一條中橫公路
冬去春來
這批開路榮民多已凋亡
遠去的年代
只留下經國先生多次視察
和築路者的身影
一部退輔會製作的黑白片
記錄了開山闢路的台灣心
這批榮民已盡了他們的責任
身後
應受到我們的懷念與尊榮

林明理/作畫

　　－2019.5.9

　　－刊美國，《亞特蘭大新聞》，2019.5.24，圖文。

43.和風吹遍鯉魚潭

從瞭望台看北碼頭
平靜的潭面，翠綠如瑪瑙
是遠方
那山巒之上的雲霧
使我思緒躍動翻騰——
凝望——藍對藍
遼闊的夏空。

花蓮鯉魚潭/林明理攝

當和風吹遍
濕地公園
思維在陽光中飄舞
順著曲橋延伸……
直到水鳥翩翩，飛入紅樹林
螢光點點，蛙鳴嘓嘓
夜幕也籠罩了鄉村

－2019.5.11

－刊美國，《亞特蘭大新聞》，亞城
　園地，2019.6.07，攝影1張。

44. 泰源幽谷遊記

飲著和風，去看看分別已久的泰源幽谷。

仔細瞧瞧。無論是拔地而起的陡峭，或是在山崖夾峙之谷，那東河橋下滿佈巨石，溪水終年不竭、清澈，讓夢幻般的「小天祥」美如其名。

還有那渾然天成的奇岩怪石遍佈馬武窟溪下游。「馬武窟」源於阿美族語中「Tafukod」（撒網）之音譯，族人以網捕撈溪流中的魚蝦。

幽谷中的水與綠，接連無際的蒼穹……徜徉在登仙橋時，但見獼猴三三兩兩，在樹間穿梭，如同樂園。一蹲一躍，模樣可愛。

之後蜿蜒而行，抵達台東海岸山脈南端的泰源盆地。因地形封閉，使泰源村彷若世外桃源般寧靜。聚落中，多是世居的阿美族人，也有外移來此墾殖的居民。

據悉，沿溪而上的谷地，有著最乾淨的原水引入田間。在平緩的山稜線上，果蔬豐富，還有棵百年茄冬老樹。這裡盛產文旦、臍橙、香丁、稻米…等。

在風中，細雨中，在四周環山的懷抱下，人煙罕至的泰源村，平日雲霧繚繞，猶如仙境。

車經北源橋，村內有多處河階地形，為阿美族人的美蘭部落、順那部落、北溪部落所組成的村落。因在泰源之北，

故稱之為「北源村」，村民多半務農，種植柑仔林。忽見一片向日葵花田，如同金色海洋般。我就這樣沉醉了，領受大自然的美好與馨香。

　　而北源國小的圍牆凸顯了北源村的風土民情和人文特色。我的心，將曠久的思念停泊在校園裡，來回走動，像一個快樂的小孩。在空蕩蕩的升旗台旁，我佇立在大樹下，凝神遠眺。不禁讚嘆，那山巒之間，如此靜謐，又如此美麗。

　　然後，將滿滿的愛與回歸自然的歡悅裝入行囊。

　　啊，在北溪的回音中，我依稀聽見了一首歌，在山谷間縈繞──那曲調，不知所云，卻充滿了部落的溫暖，甜美的歌聲吟唱著思鄉，讓我沉湎於自己的想像，在心靈深處，久久難忘！　　　－2019.5.14

東河鄉泰源幽谷

－刊臺灣《中華日報》副刊，2019.9.29，及攝影1張。
－刊臺灣《更生日報》副刊，2019.12.03，及攝影5張。

2019/12/02 更生日報副刊

泰源幽谷遊記

文、攝影／林明理

神祕的泰源幽谷

45. 向科爾沁草原的防護林英雄致敬

曾經，綠茵的草原
如親臨大海般，——
都是地沃之地的；
我無法想像：
那原始的泉河和植被，
無一為茫茫沙地所有。

松林已然消隱，
草場——嚴重退化，
土壤——逐漸鹽化；
屬於科爾沁的，
除了地域遼闊，
只有營造防護林的英雄
不願意離開。

他們無懼地凝視未來，
用雙手繼續造夢，
從春夏到秋冬，
只盼將來，
當水草豐茂時，
吹拂而過的還是那一清風。

2019.5.31

　　　　　—2019.5.16
　　　　　—刊美國，《亞特蘭大新聞》，2019.5.31。

46. 緬懷瑞穗牧場

當我閉上眼
就聞得到草原的芬芳，
大片金黃花田和
樹林連接著*山脈綠腳下*；

一座牧場，招來
各種野鳥棲在樹梢；
多種乳製品和鮮乳，
還有湛藍的天，詩意的步道。

瑞穗牧場一隅／林明理

那不時可見的山嵐
飄浮在青山的深處，
我看見陽光在凹谷
呈現出斑斕的顏色，

那一路拖邐的溪水潺潺——
滋潤心田又不絕於耳，
在舞鶴台地下方
不停地向前奔流，綿延如歌。

　　－2019.5.19

　　－刊美國《亞特蘭大新聞》
　　　2019.6.21，及照片。

47. 電光部落之旅（電光旅情）

出了城，從親水公園入口進，我們便來到「電光部落」Kaadaadaan。它位於台東關山鎮東側約四公里的卑南溪畔。

這裡，是個有故事的農村，融合了阿美族、近四成的客家人和閩南人居民。

信步走向鄉道，沿途看到靜謐的天主堂及聖母壇；古意的耕耘機，滲入大自然的風光，還有富足無爭的環境，像是走進純真的繪本世界。

據說，當地最著名的電光米，曾經被選為進貢日本天皇的「日初米」。而獲得十大經典特色的電光國小，校園的彩繪，畫得美麗非凡。沒有比這寂靜中的鳥聲，花落聲，遠方幾聲零落的犬吠更自然的了。

來回穿梭的風像在訴說著一個不朽的傳說，呢呢喃喃。我細心傾聽，風聲來自山巒，在部落和田野中馳騁。社區巷道到處都刻著圖騰的石板圍牆，蘊含著阿美族原民文化的特色。居民多以種植稻米、咖啡、梅子、甜橙等為主要產物。

靜靜地看著這片隱身在花東縱谷間人口僅止兩百餘人的小部落，在中央山脈和海岸山脈環抱中，純樸的土地上卻有著稻米梯田的富麗景觀，在我心裡也喚起了感動。

回程，在水色天光的混茫中，天空忽然變得灰暗。臨時改行 197 公路時，細雨霏霏。坐著緩緩前進的汽車在山路上顛簸，有置身在歐洲童話中迷霧黑森林的感覺。

　　也就在我這一路上，車輪輾過，響聲綿長。車經木溪橋，聽著雨點開始打在林葉上，眼前一切，變得有些煙雨濛濛。行經泥濘的彎道、坡路崎嶇好生蒼茫。

　　在雲霧覆蓋的山麓之間，像是眼見一幅潑墨畫，驟添幾分仙氣。我悄悄搖下一點兒車窗，雨珠雖滲透了些落到臉上，但也聞到了原始林清香氛多精的氣味。

　　察看我前後，空無一人。不一會，沿著鸞山村而下，連結台九線公路時，微露的陽光映在利吉惡地山脊的岩壁上，美得讓人心醉。

　　當回憶變成風掠過仲夏的時候，Kaadaadaan，像是萬星伴我。啊，還有那陣陣稻香……就融入到部落的音樂之中。

　　－2019.5.20

　　－〈電光部落之旅〉刊臺灣《金門日報》
　　　副刊，2019.5.27，圖文，攝影 1 張。
　　－〈電光旅情〉刊臺灣《臺灣時報》台灣
　　　文學版，2019.6.5，攝影 2 張。

電光梯田

48. 西湖，你的名字在我聲音裡

西湖，你的名字在我聲音裡
來得多麼可喜，轉得多麼光潔
就像秋月與星辰，
　　不為逝去的陽光哭泣
只跟雨說話，為大地而歌
我在風中，呼喚你，像新月一樣
升到山巔同白晝擦肩而過
四周是鳥語與花香的喜悅
而你宛若夢境，
　　湖光把我推向極遠處

西湖，你的名字在我聲音裡
來得多麼輕快，轉得多麼遼闊
就像飛鳥與狂雪，不為逝去的陽光哭泣
只跟風說話，為山谷而歌
我在風中，凝望你，像雲彩一樣
升到深邃的繁星世界，輕輕搖曳
開始唱歌，而你在夢境邊緣
——我是追逐白堤岸柳的風

—刊臺灣《大海洋詩雜誌》，第 99 期，
2019.07，頁 142。

49. 向建築大師貝聿銘致上
最後的敬意

你是不朽的巨匠
安居天庭裡──
是那麼自在
享受閱讀的樂趣
或，這就是你想要
帶給敬愛你的人的訊息
　　　　　　　－2019.5.23

註. 貝聿銘（Ieoh Ming Pei，
　　1917-2019.5.16.〉，華裔美籍
　　建築師，1983 年普利茲克獎得
　　主，被譽為「現代主義建築的
　　最後大師」（the last master of
　　high modernist architecture〉，
　　享壽 102 歲。

49. Paying Last Respect to Renowned Architect Ieoh Ming Pei

*Dr. Lin Ming-Li

You are an immortal master
Living peacefully in heaven--
Enjoying the pleasure of reading
Or, this is your message
To someone who loves you

Translator：*Dr. William Marr*

作者大學時代在貝聿銘大師所
建的東海大學教堂前留影

Note. Ieoh Ming Pei (May 16, 1917-2019), Chinese-American architect, winner of the Pritzker Prize in 1983, is known as the "last master of modernist architecture" (the last master of High modernist architecture), at the age of 102.

－刊美國，《亞特蘭大新聞》，亞城園地，2019.6.07，
照片 1 張，非馬（馬為義博士）英譯。

50. 當陽光照耀達娜伊谷

當陽光照耀達娜伊谷
群魚不慌不忙
從曾文溪上游
游經山泉和吊橋
在微風裡
蝶鳥飛舞
山美村的天空純藍
種種和諧的聲響
是我心靈的歡呼
啊，所有鄒族人
都曾那樣祈禱
每一條溪徑都純淨
鯝魚悠游
在可愛的黎明之中

註.「達娜伊谷」Tanayiku 是鄒族語，意指「忘記憂愁的地方」，
　　也是聖地。在阿里山鄉山美村 Saviki 族人的同心協力下，
　　全村對達娜伊谷進行封溪保育。最後高山鯝魚（俗稱苦花
　　魚）復育有成，因而成為鄒族人的驕傲。－2019.5.24

51. 崁頂部落遊（來崁頂遊部落）

　　傳說，布農族有「中央山脈守護者」之稱，而海端鄉「崁頂」，布農族名 Kamcing，指崁頂溪沖積扇上的布農部落，其聚落就在三面被山圍繞之中。

　　當夏風輕輕地吹，紅藜開遍田野時，我悄悄地前來拜望。入口處，一座勇士和忠犬的地標，引起了我用敬慕的目光久久凝視著。

　　有兩隻紅嘴黑鵯在枝上停棲跳躍，一條彩繪圍牆描出族人互動的情境和神話。那些美麗的圖式，手拉手牽拉成圓或記述下來小米開墾、播種和豐收的文字，也一直與族群的情感緊連。

　　突然，一隻白鷺從崁頂溪那邊飛過來，天空白雲飄浮。山巒靜靜地矗立，遠方的溪流依舊沿著鄉境緩緩地流動。

　　站在崁頂國小的懷抱裡，我聽到週日的上午從教會聲聲響起的歌聲，在我心的風景裡，顯得格外地歡愉。無論是在我漫遊的操場間，或是眼前的一片視野，——沒有俗世塵囂，沒有繽紛的店面。

　　從教堂到國小，我徒步走完了全程，太陽微笑著。這片古老的風景，鄉內幾乎是高山深谷，地勢起伏甚大，但仍透射著驕傲的亮光。

　　我所見的結穗的小米田，還有水蜜桃樹、洛神花、芋頭

等等農作物，都安靜生長。我所聽的八部合音是這裡布農族世代的傳唱，繚繞在山水間，嘹亮悅耳。

　　啊，這些鄉景，這些親切的族民！我依稀記得，那位扛著農具、騎著機車趕著上山工作的婦女，為我熱心地指引漫步的路徑。我曾愛那純淨的田野和部落小孩純真的笑靨。

　　我等候著，明年在這季節裡。盼水蜜桃渾圓飽滿，綴滿山林，再有相遇之時。

－2019.5.26

－〈來崁頂遊部落〉刊臺灣《臺灣時報》台灣文學版，2019.5.29，攝影 1 張，照片 1 張。
－〈崁頂部落遊〉，刊美國，《亞特蘭大新聞》，2019.6.07，攝影 1 張。

林明理攝

52. 寫給我的老師

年少時我洋溢著夢想
而今
那曩昔之夢變成海潮
微細的回憶
緩緩向我湧來
我記得您的容顏
也感覺到了您的慈悲
願您在天國聽得見
我呼喚您的名字

　　註.初中起，我北上就讀於崇光女中。我遇到了班導師許婉玲修女，擁有仁慈、寬厚的心的她，全心全意地投入教學英文。據說，她臨終前還記起我的名字來，談些小時候，我調皮的往事給我的表姐蘇富玉修女聽。如今那些片斷的生活點滴，隨著時光的流逝，歡笑留在記憶中，卻沒有跟著時間被遺忘。在她過世後的今天，許老師的歡顏與背影，回憶起來，一次比一次清晰，一次比一次感動更加強烈。

－2019.5.29

　　　　　　－刊美國，《亞特蘭大新聞》，2019.06.14，照片。
　　　　　　－刊臺灣《臺灣時報》，2019.6.12，照片。

　　林明理於照片中最右邊倒數第二位，台北市私立崇光女中初中畢業照/照片中前排的最左邊是作者的表姐蘇富玉修女，最右是英導師許婉玲修女，中間的修女是校長。

53. 夢回大學時代

穿越洶湧的大海
讓時光停駐——
回到那個青春歲月
校園的鐘聲靜寂
鳥雀在步道老榕樹上啼叫
啊，飛翔吧，我的心
請擦亮我的夢想
揮走蒙塵
讓我繼續在字裡行間
留下瀟灑自在的印記

作者大學照

註.1983-1985 年間，我經常
　獨自一人在大學圖書館
　專心讀書，也曾利用暑假
　協助石齊平教授校對手
稿，學習電腦課程。印象最深刻的是，感恩曾受業於我的
班導師宋健治教授兼所長，係美國科羅拉多州立大學經濟
學博士。驀然回首來時路，就像潛入記憶的海洋裡，感悟
到任歲月滄桑，曾經走過的路，必然留下痕跡。而今的我，
卸下教職，做一個作家很自在，未來，亦是如此。—2019.5.30

　　—刊美國，《亞特蘭大新聞》， 2019.06.14，照片 。

54. 想當年

想當年
學習是我的目標
讀書是我的至愛
偶而
也會想起那些日子裡
一些溫馨的往事
看著窗外細雨
一幕幕回憶……遂成了動畫
　有時候想，變老也挺不錯

*作者於民國 75 年（1986）參加北區大學院校研究生幹部冬令講習會，曾聆聽官員有關翡翠水庫興建工程的報告，該水庫完工於 1987 年 6 月，施工期間總共八年，工程浩大，因此印象深刻。就讀法學碩士期間，我曾同陳敬忠（後來官拜少將，副教授）、王肇隆（大學講師，已退休）、郭瑞華（現為調查局處長）等三位，利用下課後，一起搭車到台大選修英文寫作課程，如同兄妹般友好。而今已匆匆過了三十二載，凝視著照片中當年的我，誰也沒有料到我要寫下這懷念的詩行。

－2019/5/30 作

－刊美國，《亞特蘭大新聞》，
2019.06.14，照片。

於前列第二排右二與政大、台大研究生等合影

55．自由廣場前冥想

為了一個自我信念
讓這古蹟隨之更名
有人欣悅
有人懊惱
只有風　為了愛
折回廣場　鼓舞
這土地
合唱福爾摩沙之歌

作者於台北市中正紀念
堂園區內的的「自由廣
場」前留影→

註.台北市中正紀念堂園區內的的「自由廣場」的建築設計者楊卓成，
　　融合南京中山陵的構型表現，表現出莊嚴恢弘的氣度。1980 年，
　　「中正紀念堂」落成於先總統蔣中正先生逝世五週年紀念大會後對
　　外開放，2007 年，前總統陳水扁先生執政期間將之更名為「臺灣
　　民主紀念館」。2009 年，前總統馬英九先生就任期間公告，又變
　　更此古蹟名稱為「中正紀念堂」，將中正紀念堂匾額重新掛回，但
　　在大門口牌樓上的匾額題字仍維持「自由廣場」的名稱，後來都沒
　　有將原本的匾額題字「大中至正」掛回。　　－2019.5.31

－刊美國《亞特蘭大新聞》，亞城園地版，2019.09.06，及照片 1 張。

56. 與詩人有約

朋友，你是否看得見
福爾摩沙殷切的目光
　搜索著兒時的記憶
眷戀故鄉是多麼的美
朋友，你是否聽得見
這蟬鳴，這西子灣
這悄聲的落葉
月兒在故鄉　一度一度地圓
或許　你已然忘懷
　但我重覆的詩句——
是不變的關懷，永不忘卻

由左：李昌憲、鄭烱明、白萩、林明理、非馬於 2010 年 12 月 11 日在高雄日本料理餐廳合影。

註.當日，我們與多位笠詩人在日本
料理餐廳用餐，相談甚歡。而後，
也在高雄文學館合影，由鄭醫師
主持暨安排旅美詩人非馬（馬為
義博士）在館內演講，並約定下
次非馬回台灣再聚，留下難忘的
回憶。　　-2019.6.6

　—刊美國，《亞特蘭大新聞》，
　　2019/6/21，中英譯，非馬譯，
　　及合照。

56. Have a date with the poet

*Dr. Lin Ming-Li

My friend, can you see
Formosa's eager eyes
Are still groping for childhood memories?
How beautiful is the love of one's hometown
My friend, can you hear
The singing of cicadas, the Xizi Bay
The whispering leaves?
The hometown's moon has been full many times
Maybe you have forgotten
Yet my repeated poetic lines ──
Show constant loving care, always remember

Translator：*Dr. William Marr*

Note. On that December day, Dr. William Marr and I as well as several local poets had a good time chatting with each other in the Japanese restaurant. Later, Dr. Marr gave a lecture on poetry at the Kaohsiung Literature Museum and promised to meet us again next time when he returns to Taiwan. －2019.6.6

57. 夏遊武陵部落（武陵夏日亦桃源）

我相信這世上真有一座村，有著出塵灑脫之景。它在中央山脈的腳下，引我從遠方來，眼底滿是眷顧。

車過綠色隧道，兩旁矗立著綿延數公里的木麻黃和老樟樹。風吹過來，稻浪一望無際，也掃去了些微暑氣。

臺東縣延平鄉武陵社區前，有布農族勇士射箭的雕像，藏在山林稻谷中，週遭鳥聲啁啾。還有一條渠道源自武陵圳，是聚落的生命之水，橫貫部落全境。這裡的舊名叫「布谷拉夫」（Buklavu），意指寬廣平坦的原野；日治年代名稱為「明野」。

區內有座舊吊橋遺跡「明野橋」。因年久失修，只剩橋頭構造還保留著。而水利公園則參考日本愛知縣多摩川社區親水構思，營造出生態、環境兼具的風貌。

據說，秋冬季節，有磯鷸出現於溪澗。春夏之間，有短腹幽蟌（又稱臺灣蜻蛉）、大鳳蝶的蹤影。溪中偶有臺灣特有且罕見的菊池氏細鯽，田野則常有烏頭翁等鳥類棲息。這樣清幽的所在，讓我好似回到無憂無慮的孩提時代。

　　我想起在拉法怺早餐店用餐時，聽到布農族人交談愉快的嘻笑聲。有個小女孩機靈地瞧著我，用雙手把椅子迅速移過來給我坐。那位與我素不相識的布農阿嬤，也把熱情掛在了臉上，與我閒話家常。

　　啊，我的心靈沉浸在這片廣闊的、整潔寧靜的社區裡，悠閒地享受校園的靜謐，在時間裡迷路。我對著群山露出會心的微笑，好像早已熟悉似的。走著走著就會發現，隨著沿途的夏蟬聲、野百合、絲瓜架、木瓜樹，玉米田、鳳梨田……我慢慢拖著步伐，欣賞隨之而來的，曼陀羅花、月桃花、雞蛋花、扶桑花等等，還有一路溫暖的陽光。

　　最後，在美麗的紅吊橋旁停留片刻，舉目四望。從武陵溪直入白雲深處，有種返樸歸真的感受。當然，我必須選擇在明年三至五月再來。那時是布農族舉辦射耳祭祈求豐收的季節，再來這夢幻部落的祭祀廣場。看明晃晃的溪水，聽親切溫暖的招呼聲。

　　－2019.6.4 作

　　－〈夏遊武陵部落〉刊臺灣《青年日報》副
　　　刊，及攝影 1 張。

　　－〈武陵夏日亦桃源〉刊臺灣《臺灣時報》
　　　文學創作版，2019.7.25，及攝影 1 張，作
　　　者照片 1 張。

　　－〈夏日武陵部落〉刊美國《亞特蘭大新聞》，
　　　亞城園地版，2019.08.02，及攝影 1 張。

林明理攝

58．我的朋友杜立中

我為你所建立的典藏系統
感到驕傲
你用汗珠
讓好作品
永遠在歷史上閃耀
鼓舞每個作家的心

　　註.臺灣的「國圖」特藏文獻組杜立中是個做事認真、謙虛有為的朋友。多年來，他陪同前任館長顧敏及現任館長曾淑賢出席於海內外各大圖書館交流參訪，也榮獲「圖書館傑出人士貢獻獎」，特此祝賀。我們初識於台北市「中國文藝協會」高準教授的新書發表會。當時，我應邀於台上演說後，承蒙他的邀請，我將畢生的手稿及畫作等重要資料陸續寄存於特藏文獻組。當年，有他的鼓勵及館長、曾堃賢主任的支持，我深感榮幸。特地寫此詩向他致意，也感謝他和同仁為建立「當代名人手稿典藏系統」所付出的辛勞。　－2019.6.7

　　－刊美國，《亞特蘭大新聞》，2019.6.14，及杜立中照
　　　片，林明理應邀於台北「中國文藝協會」演說照片。
　　－刊臺灣，《華文現代詩》，第 23 期，2019.11，頁 94。

林明理於書房照片及作者照

59. 我的朋友許月芳社長

我的朋友
遠渡重洋
不倦地耕耘
靈魂崇高而純淨
儉樸地
走過二十多年艱辛歲月
我向妳敬禮
為妳所有的努力高歌
那是妳在亞城夏夜裡
散溢著文字的馨香
也是我胸中的一股暖流

註. 《亞特蘭大新聞》社長許月芳是一位積極堅強的旅美金門
人，從不向命運低頭，勇往直前，也將文學的芬芳散佈在
亞城每一角落。－2019.6.10

－刊臺灣《金門日報》副刊，2019.6.16。
－刊美國，《亞特蘭大新聞》，2019.7.5，
照片。

60. 長濱山海詠微露

沿著台 11 線往北走。我首次來到長濱鄉金剛大道，是在六月結穗的時節。在一片浩瀚稻浪裡，離我最喜愛的太平洋，僅兩公里遠——層層黃金稻田向海延伸。轉身回望，便已忘情，身歷其間。

當萬物領受著驕陽的炙熱，金剛山卻被雲霧遮掩著。看著那金燦燦的稻穗，由綠轉黃，真是令人欣慰。天空中的鳥雀，趕在我前面飛馳，雲朵也微笑了。

漫步在阿美族重安部落的巷弄，那是個怡人的早晨。有三五族人在閒話家常，有戴上眼鏡讀報的耆老。有一個老人提著農具正要出門，還有一個老婦與我們擦身而過、微笑著。

太陽升起在竹林上，溪水潺潺，蟬聲唧唧。我察覺到紅蜻蜓在溪畔飛舞，也傾聽到烏頭翁的啼鳴。

歸程，看到加走灣的海面上，漁夫正在小舟上忙著捕魚。我從高處看到湛藍的大海，忽然覺得，努力過生活的人是這樣可敬。而遠在天邊舒卷著一片片白雲，我的心就徜徉於山海之中。

當古老的長濱遺址穿越時空三萬年與我相會的時候，不但成為旅人的讚嘆，那些岩峭壁、數十個鬼斧神工的海蝕洞穴，也提供了美的感動。

在長濱鄉——一個舊稱「加走灣」，阿美族語：

Kakacawan，意指「瞭望」、「守望台」的地方，人間情味是如此濃厚。它也是東台灣的「米倉」之一，鄉內約七千餘人，居民多半是阿美族人。

　　雖然這裡的人口逐年遞減，但在月光微露的夜晚，我似乎聽到那原始的風，不停地在海岸山脈搜尋，有時也來到我窗邊不遠之處。

　　啊，是誰的心，在對這山海情說個不停？那金剛山的輪廓多麼令人嚮往！此刻，我聽不清風在呢喃些什麼，但我相信：那是你，直視我多情的眼睛。

－2019.6.11

－〈山海情‧長濱鄉〉刊美國《亞特蘭大新聞》，亞城園地，2019.8.16，及油畫 1 幅。
－〈長濱山海詠微露〉刊臺灣《臺灣時報》，台灣文學版，2019.9.12，及攝影 1 張。

林明理畫

61. 烏石鼻旅情

　　這是個純淨的天堂鄉居，一邊是山、一邊靠海。

　　一座老鷹雕塑矗立著，把遠方烏石鼻海岸的岬角全都掩蓋，但只要走上幾步，在一座涼亭前，那凸出於海中的黑岩體就會像脈絡般顯露出來。

　　車停在烏石鼻社區入口，有一整排彩繪圍牆，充滿童趣又色彩豐富。除了描繪阿美族人天性樂觀、環境的美麗，也訴說著早期群聚而居的故事。他們以七里香的阿美語cidatayay 為社名，所以又有七里香的故鄉之稱。

　　在這片純淨無瑕的風景裡 —— 後街牆角的狗兒、破舊的屋簷，幾乎家家戶戶由原民會補助裝設的小耳朵……都讓我有一種時空靜滯的感覺，觸動我的記憶。

　　在早市用餐的老街，充滿人情味。藥局、美髮廊、專營音響的……比比皆是。我看到婦人販賣自製的醃漬品，有最原民的味道，還有賣各式蔬果、辣椒、炸玉米、麵食、包子、小米粽子和各類商品的攤販，目不暇給。

　　逛了一圈社區後，停駐在公車站前的高處。此刻，天空絢爛，前方有海岸沙灘，舟影點點，浪花似飛揚的裙擺，構成一幅最美的圖案，那是東海岸最佳磯釣場之一。雖然沒有漁港建設，卻有深海的天然岬角港塢。

　　烏石鼻因遠看似鼻子向外突出而命名，也是台11縣上的

魅力漁港。它佈滿大大小小的潮池和海蝕溝，更是全台灣面積最大的柱狀火山岩；其四周有多樣化的潮間帶，也有許多動植物生存於此。因此，已被農委會列為海岸自然保留區。

　　此地是臺東市區的一部分，晚風反覆地吟唱著一首古老的曲調。海岸之緣是忘憂草。霎時間，我的心裡頓時發亮，原來，那岬角竟是如此親切！屹立的雄姿，讓我八方顧盼。

　　　　　－2019.6.13

　　　　　－刊臺灣《金門日報》副刊，
　　　　　　2019.7.5，圖文，攝影 1 張。

林明理攝

62. 時光裡的利嘉部落

　　我沒有忘記，在利嘉村的山間，在林道的入口旁，凌駕於週遭高山、樹林，天空和大海。我燦然地笑了，風卻在部落的沉思中馳向田野。

　　利嘉（Ligavon）源自卑南語，有「在肥沃的土地上長出茂盛的姑婆芋」之意。只要有了這部落的故事，就與卑南族沒有距離……它是僅次於知本和南王的卑南族第三大聚落。那主要道路兩旁的彩繪壁畫，以鮮明的紅、黃、綠為主體，勾勒出傳統祭儀的特色，也豐足地保存著小米祭、大獵祭的文化歷史。

　　漫步在美麗的國小校園，靜立在瞭望台的大樹下，像紅蜻蜓停在荷葉上，像隻椿象歇在木欄杆，像朵花泊在池水上。空氣裡的香味，山的顏色和啁啾的鳥鳴都互相呼應。

　　一輛小貨車嗖的一聲開過去，劃破了靜寂。動人的部落傳說，讓蒼老的時光慢慢甦醒過來。

　　日前部落族人上山到傳統領域巡視，發現林地遭受破壞，稀有瀕危的筆筒樹亦遭到砍伐，因而為權益而發聲，引人深思。

　　沿著泰安村和利嘉村交界的大巴六九山蜿蜒而上，自由又暢快！進入狹小的山路後，便可看到保留大片的原始混合林相，還可悠閒地觀賞彩蝶區、咖啡園、梅園、竹筍園，也

有藥用植物園、生態農場等自然景緻，更是臺灣特有品種橙
腹樹蛙的最佳棲息地。

　　利嘉林道長達三十九公里，原是卑南族大巴六九部落的
獵場和農墾地，後用做伐木古道。歲月如流，經過歷史的洗
禮，如今已不再砍伐森林，族民更是用心守護著茂密有歷史
的森林。

　　歸途，當我閉上眼，就看見展開的曠原和山林，陽光炫
照在一片藍色海洋上。啊，這些大自然的景物在我心頭的記
憶如歌，明燦如月華。　　－2019.6.14

林明理攝

－刊臺灣《馬祖日報》，鄉土文學版，
　2019.7.29，及攝影4張。

63. 和風吹遍達魯瑪克

　　和風吹遍達魯瑪克。利嘉溪左岸的河階地，群山環繞的溪流緩緩流瀉，升騰起一片巨大的雲霧，從天空的正中央慢慢往外擴散。

　　我沿著大南圳走來，夏蟬聲聲，是熱鬧，也是孤寂。一隻紅嘴黑鵯淘氣地躲入樹林，牠頂著黑色的龐克頭，在微露的太陽下低鳴，時而若隱若現，使我心歡暢片刻……大南國小下課鐘聲響起，孩童們掩不住的歡笑聲，此起彼落。

　　從任何角度看，達魯瑪克部落（魯凱語：Taromak）都是樸實無華卻勇敢地站著。

　　來自遠古的傳說，最初這裡的族人居住在臺灣東部，在雲豹和老鷹的指引之下，輾轉翻越了大武山到屏東縣好茶和霧臺等地定居，而其祖先最初居住的地方便是達魯瑪克。

　　一條桑樹溪，兩岸岩石錯落有致，是族人戲水的地方。一條大南溪，則潤澤著部落的滄桑。

　　是的，建於三百多年前的舊社，因一場大火，毀於一旦。一座紀念碑書寫著一段悲傷的往事，伴隨著大南山與水一起，走過部落的風風雨雨，起起伏伏。

　　現在，我看到一隻白鷺悠然飛過。院落牆壁上彩繪著一件件陶甕、百步蛇和太陽等魯凱族裝飾圖紋。我看到文化園區上的傳統建築，風和雲在嬉玩，有族人在小徑上走過……

邊點頭，邊微笑……好多蟲鳥啁啾，一片和諧……

啊，我願向達魯瑪克守護神祈禱，猶如我感動於部落的心跳。

我願每年七月，當頭目帶領族人舉行收穫祭會，點燃火把之時。我能隨風，來到祭會場上，觀看穿戴華麗的女子由男子以線牽引，來回於空中擺盪——而我的心歡唱著一支古老的歌。

－2019/06/15

－刊臺灣《中國時報》China Times 副刊，2019.09.10 及攝影 1 張。

達魯瑪克社區入口　/林明理攝

64.下賓朗部落旅情

今晨，雨方歇。在天空灰藍的雲層下，我來到一片綠意盎然的下賓朗部落（Pinaski）。公雞啼，有鴨、鵝在池面浮游，白鷺在檳榔樹梢飛飛落落……靜得出奇。

我開始舒緩地行走，走在這傳說中堅實土地的林道上，深深吸著清新的氣息。

讓我用眼觀賞，用手觸摸這地理的演變脈絡。這是卑南八社十部落之中規模較小的部落，它是由日治時期日本人所設計規劃的社區，迄今仍保留著呈現棋盤式的布局，族人純樸而保守。

我走到街的轉角，有兩個婦人溫柔地說著母語。雖然聽不懂說的什麼，聲音卻溫柔而有節奏。這裡，林木巍然，在曉風中無聲搖曳。

再往前去，便走進鳳凰木花開的山影，我越走進，鳳凰木花冠越大越鮮麗，那被雨打落的紅花瓣撒遍樹下。

還有幾十戶人家，有種植玉米、木瓜、釋迦、南瓜、芒果……等等，偶而傳來庭院的除草聲，打破了部落的寧靜。

我一面仰望著樹林後面陽光中蔥鬱的山體，與鳥同樂，也讓我禁不住一再捕捉鏡頭。回頭見一個族人騎車駛過，似乎在招呼我。

隨後也看到一棟古舊的日式木造驛站，它建於日治時期

一九二二年，稱為火車乘降場。如今，已是東部鐵路沿線遭廢除的車站中，碩果僅存的木造建築，仍在這裡散發出濃厚的古樸風情。

　　不久，我便走進賓朗國小校園裡去轉轉。操場上，一隻大黑狗閒晃著。陽光下草地鮮亮，一份閒適圍繞。這所賓朗國小創校已有七十二年，「賓朗」乃源於卑南族聖山「賓朗四格山」而名之。

　　歸途，我一直在回想，那舊站，那靜謐的部落，以及在和風中，族人隨風飄來的鄉音──都定格在卑南鄉的地圖上。

－2019.6.16

－刊臺灣《臺灣時報》，台灣文學版，2019.6.21，攝影1張。

林明理　攝/賓朗舊站

65.在星空下閱讀南王部落

　　六月，我終於在鳳凰花開的一個週日黃昏與你相遇了。這裡就在臺東市區台九線即將進入綠色隧道前。

　　這部落，用卑南族的古語 Sakuban，Puyuma「普悠瑪」，意味著集合團結，逐漸成了現在卑南族南王部落的名字，同時也是卑南文化保留最完整的部落之一。

　　有百年歷史的南王國小，從大門到司令台，從圍牆到廊柱，都彩繪上卑南族傳統的紋飾，還有大獵祭、少年年祭、婦女除草完工祭、小米收穫季等等美麗的壁畫。操場旁，還搭建幾間卑南族的傳統建築屋。這些都滿溢著純真之氣、熱情與活力。

　　學校旁邊，還有普悠瑪傳統文化活動中心。據說，每年七月的海祭和十二月的大獵祭，都會在這裡盛大舉行。雖然部落裡不到一千五百人，卻孕育了許多傑出的歌手。他們讓南王部落的歌聲躍上大銀幕，還唱出祖先的容顏，唱出知名的《很久沒有敬我了妳》安可曲的佳績，讓國家音樂廳的全場觀眾站立；奇妙的歌聲，讓他們感動久久，鼓掌久久。

　　當夜幕低垂，星月在天。我不禁想起這個部落。雖然，我只是個過客，但我深深被那些散發勇士的熱力所觸動，並融入那靜穆而雄偉的傳說故事中。

　　風吹在普悠瑪部落，也吹在我窗前。我的遐想匯聚成了

一條河，筆下也一點點生動起來。有熱力的地方才值得我一
生凝視，每一個部落孩童的天真，是一種心靈感受的幸福。
那首安可曲還縈迴在記憶裡——它也會一直陪伴我在未來的
人生之路。

－2019.6.17

－刊美國《亞特蘭大新聞》，亞城園地
　版，2019.07.26，及攝影 1 張。

－文〈在南王的星空下〉刊臺灣《臺灣
　時報》，台灣文學版，2019.08.07，
　及攝影 2 張。

林明理攝

66.卑南遺址公園記遊

　　此時細雨初歇。一隻歌雀飛上樟樹枝椏，又驟然飛落教育展示廳前。讓原生植物林不強的陽光都因牠的鳴叫而轉亮了。有隻藍蜻蜓與我同遊，造訪蓮花池！讓我愛慕又驚喜。

　　這座公園，是東南亞地區最大的墓葬群遺址。它讓沉睡數千年的卑南遺址甦醒，而其展示的古文化遺物中的月型石柱、人獸形玉玦、石板棺、器具等等，印證這裡曾是新石器時代繁盛的定居村落，也見證許多古老美麗的故事。這些古文物，都使我自覺渺小。

　　我端視遠古的文物，諦聽風訴說著。似乎是族人之祖先的故事，訴說著部落起源的神話。而這些故事迴響在寬廣遼闊的草坪……反覆吟詠，永不停息。

　　站上展望臺，整個臺東市區景觀盡在眼底。若不是雲層遮掩，即使是秋冬季節，也可能讓我遠眺看到太平洋上的綠島。園區的原生樹林有血桐、台灣欒樹等多種，也有五色鳥、蝴蝶等昆蟲穿梭其中。

　　雖然在考古現場的參觀，揭開了蘊藏豐富史前文物的卑南遺址神秘面紗，使人感到安靜肅穆！而後站在遊客服務中心廣場二樓，心情卻感覺十分舒暢雀躍。我看到蔥綠的山體，一叢叢白色帶點紅的海檬果。還有數棵開花的棋盤腳樹、結了果的稜果榕，葉邊葉脈都鑲著夕陽的金光。

　　一隻飛鳥，引我追上牠向著回家的路，讓目光回眸在茂盛樹林的深處。啊，古文物的美，穿越時空而來的故事，或近或遠；我樂在其中，垂聽著。當夜幕低垂，我靜靜地回顧這一天豐富的知性旅程，也為遠古祖先累積下來的智慧感到神奇。

　　　　　　　　　　　　　　　　　　－2019.6.18

　　　　　　　　　　－刊美國，《亞特蘭大新聞》，
　　　　　　　　　　2019.07.19，攝影1張。

林明理攝

67. 濁水溪上的星夜

深邃銀河，恰如汪洋大海，又如一個又一個巨大的白色漩渦。獨倚窗台，萬類俱在，故鄉的面容是那般貼近，慢慢清晰起來。

西螺，曾是祖母的故鄉。它是平埔族巴布薩族的稱呼「Soreau」，後來音譯為名。一條我最為熟悉，臺灣的母親之河——濁水溪（古稱螺溪），靜靜流聽著千百年福爾摩沙的歷史。它流經各鄉鎮，或急，或緩，最後注入了大海……

我的故鄉就在溪畔的小村，有眾多支流匯集在濁水溪中相遇。此刻，它發出好聽的潺潺聲，不久又歸於平靜，溪水依舊沿著夏日目眩絕美的紅橋流動著。

而我開始尋思：那座橫跨溪岸的灼紅色鐵橋，隨著歲月流逝，卻不曾遞減留在我心中深深的情感，使我禁不住一再去尋找它的影像。

橋畔景觀，是我童年生活中最好的回憶之一，卻又總是觸摸不到，儘管我熱切地目光仍關注著。它像春天的田野一樣美好，像夏蟬聲一樣溢滿了歡笑。

啊，飛去吧，我的心。飛去，跟著唱故鄉的歌的心已澎湃洶湧。因為韶華易逝，對濁水溪的思念，就像是母親的面孔映現在我的胸口，而那矗立的西螺大橋，它的雄姿，就足夠我一生的顧盼。

　　啊，飛去吧，我的心。飛去，看清紅橋沿線一些新的美色，諦聽橋面訴說了歷史的故事。因為我生命的脈搏裡，再也找不到如你一樣溫暖的面孔。因為你，而讓我依賴於你的懷抱。

　　故鄉的溪流，每一憶及，就是幸福，而這眷戀是和「濁水溪」分不開的。故鄉啊，故鄉，如何能把你的影像留住？每當深夜，我便像隻貓頭鷹從低空掠過……頻頻回首，是否在你厚實的胸膛裡也蘊藏了一支詩意的歌？

－2019.6.22
－刊臺灣《馬祖日報》鄉土文學版，2019.7.11。

68. 父親的愛

　　父親是位氣宇軒昂的士紳，他用深邃而溫柔的眸光凝視這個世界，直到臨終。

　　每當我靜靜聽著他那富有感情的聲音，對我叮囑的時候，彷彿春日和風將我吹向田野……便孕育了永恆相伴的思念。

　　他的慈暉，時時讓我擁有夢想，行走於人生大道。他是磨歷一場痛苦的肺癆之後，又重生在天宇下的勇者，亦是把溫暖傳遞給我的一濤濤陽光。

　　他對自己說：「在人生中，只要內心寧靜自由，失去所有財富又如何？我還是得靠自己的雙手，認真過活。做人要乾乾淨淨，失去信譽，還能奢望什麼？」

　　出嫁的那天，他為我蓋上頭紗時，雙目微濕，像從前我北上讀書闊別三年才見面一樣激動。那一刻，父親在我心靈注入的愛，猶如大地，擁抱海水的味道，交織出難以忘懷的樂章。

　　那年，在喪禮上，我聽到教堂的管風琴聲響起，感到悲傷莫名。出殯告別時，更強化我的苦痛，但也開始回顧起父親生前的種種。

　　父親對我，從未有過責備。每當我失意，他便用悅意的面容，鼓舞了我；也為我一路苦學有成，頗為自豪。

　　父親就像一棵雄踞一方的巨樹，守護著、期望著他在諸多孩子中的唯一女兒，時時懂得明白事理，勇往向上；而我在他的庇護下，枝葉萌發，生氣盎然。

　　父親啊，每一次追憶您，各種歡欣的、相處的點點滴滴，又回到我的心中。我要為您唱一首新歌，歡頌您，願神與您永遠同在……眷顧您，在喜樂的天國。

－2019.6.20
－刊臺灣《中華日報》副刊，
2019.7.26。

*我把父親留給我的文件及珍貴照片，存藏於此書，以茲留念。

　　*民國四十一年二月五日，擔任農會總幹事的父親林木河（前排左五）與荊桐鄉農會職員合影留念照片。

夥兒尚高興興隱隱懇懇前向日音，忘招記者。福特接見大家時一一握手，　　快，誰又理會史坦貝克了？

2019/7/26 中華日報

父親的愛

■林明理

父親是位氣宇軒昂的士紳，他用深邃而溫柔的眸光凝視這個世界，直到臨終。

每當我靜靜聽著他那富有感情的聲音，對我叮囑的時候，彷彿春日和風輕拂我吹向田野……便孕育了永恆相仰的思念。

他的慈暉，時時讓我擁有夢想，行走於人生大道。他是歷經一場痛苦的肺疾之後，又重生在天宇下的勇者，亦是把溫暖傳遞給我的一縷溫陽光。

他對自己說：「在人生中，只要內心寧靜自由，失去所有財富又如何？我還是得靠自己的雙手，認真過活。做人要乾乾淨淨，失去信譽，還能奢望什麼？」

出嫁的那天，他為我蓋上頭紗時，雙目微濕，像從前我北上讀書闊別三年才見面一樣激動。那一刻，父親在我心靈注入的愛，猶如大地擁抱海水，交織出難以忘懷的樂章。

那年，在典禮上，我聽到教堂的管風琴聲響起，感到悲傷莫名。出殯告別時，更強化我的苦痛，也回顧起父親生前的種種。

父親對我，從未有過責備。每當我失意，他便用悅意的面容，鼓舞了我；也為我一路苦學有成，頗為自豪。

父親就像一棵傲翔一方的巨樹，守護著、期望著但在諸多孩子中的唯一女兒，時時督得明白事理、勇往向上；而我在他的庇護下，枝葉萌發、生氣盎然。

父親啊，每一次追憶您，各種歡欣的、相處的點點滴滴，又回到我的心中。我要為您唱一首歌，歌頌您，願神與您永遠同在……春願您，在音樂的天園。

*中華日報的老股東林木河

*照片提供：作者林明理，攝於大學時代校園/ 其父親林木河生
於民國六年（1917 年），曾就讀於日本早稻田大學法律系。

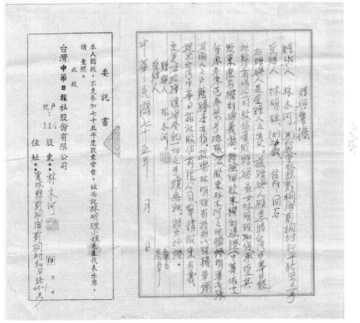

*　民國七十五年父親林木河想把中華日報的持有股份
贈與給女兒林明理的書據，但作者當時在研究所就讀
而遺忘去登記過戶，往事已矣。

69. 阿里山寺之美

　　我真喜歡那清寂而略帶詩意的寺院，它的週遭盡是古木參天，還有兩棵銀杏樹筆直地高聳入雲，迎風而立。那裡，終年山嵐繚繞，紅霞染綠葉，這一切使得阿里山慈雲寺也呈現一種平靜和諧的氛圍。

　　佇立在院牆邊，靜靜領略晨曦的溫柔……或在環山木棧道的觀景台，看落日漸漸沉入雲底的山巒之中。

　　記得，初冬的一個清晨。當朝霞金光把阿里山映照得壯闊而輝煌，我一步步地踏入林道，就開始吹起涼風，也感到巨木群煥發出來的新鮮氣息。

　　當我停在寺前看到碑文的時候，心境是平和的。這座紅簷綠瓦的獨特建築建於西元一九一九年，寺內供奉著一尊釋迦牟尼千年古佛，讓我由衷感到某種敬意。當年日本人有感於此地類似印度「靈鷲山」聖地，因而建造了「阿里山寺」，戰後，民國三十四年間，才改稱「慈雲寺」。

　　在建築歷史中，時空的變遷，讓這些文物與地理之間的「緣份」，互相牽引、相遇，讓我嘖嘖稱奇。而變化的世事，也讓人深刻體悟到，人間不變的深厚情感，源自每個人心中感動的力量。

　　於我而言，我感到這寺院承襲歷史，是多麼地來之不易。隨著四季更迭，其外圍的景觀也極具魅力。無論高山、雲海，神木或溪流，晨昏都孕育著層次多樣的風貌。

　　比如春天的杜鵑花開、夏夜的星空絢爛，秋天紅葉翩翩，冬螢浪漫的風情……啊，此刻，我沐浴於銀杏樹的氣息，就像隻藍蜻蜓一樣，舞出我的喜悅。

　　是的，在每一次回眸，每一次微笑之中，我都能感受到參觀阿里山寺的歷史故事和美麗的建築煥發著日照的光采。它，與我的邂逅，也總是那樣令我感到親切。

　　－2019.10.30
　　－刊臺灣《臺灣時報》副刊，2019.12.18，
　　　及攝影 1 張，作者照片 1 張。
　　－刊臺灣《中華日報》副刊，2019.12.28，
　　　及攝影 1 張。

阿里山慈雲寺/晨曦

70．美的印象

　　高美館，原本是我在高雄定居二十多年來最喜歡的地景之一，通往生態公園的路整潔而靜謐。大喬木、小灌木、白水木、欒樹等等不勝枚舉；在晨光下，感恩著水露的滋潤……繞過湖畔，清風徐徐，垂柳依依。

　　沉醉在這座臺灣第三座公立美術館的我，開始與風輕語。一隻歌雀飛過大片廣場、飛過草坡上……有鴨子、天鵝細微的叫聲，緩緩划過湖面。然而遠比這一切更讓我驚喜的是，那戶外公園矗立著各式各樣、充滿想像與趣味的雕塑藝術品。美得格外精緻、有韻味。

　　每當夏季，我在湖岸閒坐，比豔陽更耀眼的鳳凰木、阿勃勒已經相繼盛開。一隻小白鷺敏捷地快行幾步，想追捕獵物，卻終究休憩在枝頭。我來到噴泉廣場，看看那些歡笑的孩童；或在圓形迴廊，聽聽陶笛的表演。

　　我想，讓時間靜止吧！回到那愛看書小孩的銅塑前，在我心靈中和他一起朗讀、分享美好事物。

　　我想，像棵老茄冬一樣！庇護孩童們盡情地追逐、玩耍，或痴睡一覺，進入夢想的世界，遨遊於宇宙間。

　　我喜歡步入宏偉的館內，面對入口大廳的櫃台旁，書店裡有著琳瑯滿目的畫冊、書籍或裝飾物。我總是慢慢瀏覽，保有一本好看的進口荷蘭布裱製的精裝筆記本或一張手繪的書籤。

　　我喜歡觀賞莫迪里阿尼（Amedeo Modigliani 1884-1920）的自畫像，和他畫框裡的女人呈現的意境；還有其他可敬的畫家及其畫作，都讓我沉醉。

　　啊，這座美術館本身就是一本百讀不厭的書，它讓我每一次的閱讀，都留下愉快的回憶，也讓我擁有許多玩心十足的收藏及珍貴的照片。　－2019.6.22

－散文〈美的印象〉刊臺灣《臺灣時報》
台灣文學版，2019.7.4，照片 1 張。

作者於高雄市立美術館

71. 史前館觀感

　　六月下旬，晨起，來到這座位於臺東市的史前文化博物館。

　　整個建築色彩統一而鮮明，這是由美國建築大師Michael Graves（1934－2015年）設計；它在水池中倒映出油畫般的色彩，真是美到不可思議。

　　建築師以詩意描述，此建築除了融合原住民、閩南、客家文化的文藝特徵，也運用大量的天窗與迴廊，讓陽光更易灑遍展示廳，充滿了獨特的異彩與宏偉的氣氛；而所有遊客在展示廳內也看得見臺灣歷史在變遷過程中，人類活動及史前文化的不同面貌。

　　從噴泉廣場前眺望，在這樣廣闊的空間裡，到處綠意盎然，花木千姿百態。樹種相當多，有象牙樹、羅漢松、流蘇、小蠟樹、台灣杉、土杉、油杉、九芎等等，枝盤葉覆，跟四圍的美麗建築恰成自然和諧的共存。

　　走入一整排木雕藝術品的小徑，向前延伸的是草地，更遠則群山環抱；那深深淺淺的綠與藍藍蒼空……還有蟬聲，蟲鳴鳥叫，恰似誘人的曲調。

　　沿途的洋玉蘭、天堂鳥、野薑花、白鷺絲花、炮仗花、小花黃蟬……還有幾朵杜鵑花仍綻放著，都使人感到這些花卉的可愛。

　　驀然，在草地上，看到一隻黑冠麻鷺低著頭，專注又冷靜，一舉一動，彷彿大地一支溫暖的歌。

　　這座史前館的基礎在卑南遺址，也是臺灣最主要的人類學與自然史博物館。它的前後景觀都有水池，皆優美而飽含詩意，靜謐地隱身其中。

　　走出史前館，再轉身。啊，那些古文物，還有這片土地上古老而玄秘的故事，將永留於心底。此刻，在付諸文字時，也想謝謝考古學家，還有 Michael Graves——這位偉大的建築師。我向您們致敬！　　　　　　　　　　－2019.6.25

－刊美國《亞特蘭大新聞》，
2019.7.19，及攝影一張。

林明理攝

72．鹿野鄉記遊

　　在瑞隆村運動公園的晨光下，我從林蔭大道來，夏風吹過草長鳥飛，稻浪滾滾，金黃遍野。

　　這佔地五公頃的園地，雖然建築已年久失修，周遭卻綠得像不染煙塵的寧靜國度。百鳥咸集，夏蟬聲聲，不絕於耳，讓我能悠悠閒閒享受大自然的恩情。

　　橫跨卑南大溪，車過寶華大橋。我看到稻田縱橫，農夫們洋溢著收割的喜悅；而中央山脈縱谷相伴而生的愜意，讓稻穀飄香後又復歸於大地，再等待秧苗的生根，成長。

　　我努力保持一種向大自然學習的思維，讓浮動的心緒，在這裡得到撫慰。看遠方峯巒疊翠、白雲蒼狗，飛過天際……讓這一幅天然絕妙的畫，如夢如歌。

　　近午時分，來到巴伊拉善部落（阿美族語 pailasan），這是沿用原鄉花蓮瑞穗富源村原聚落之名，也稱為「寶華村」。可惜山區產業道路受損，正在修繕中，無法深入探訪。

　　我穿梭在屬於這部落的小路。這裡，遠離喧囂，牆上留有阿美族人身穿傳統服飾的牆繪藝術，還有一座圓形的活動中心。時間彷彿靜止不動，唯風吹拂著無邊的綠野。當巨大山影緩緩轉淡……心，也聽到了寺院的鐘聲。

　　最後，來到鄰近的二層坪水橋。這是屬於浮圳型態、全台灣唯一的拱形水橋景觀，主要為引流灌溉之用。橋面牆上還有客家先人務農、挑水、牽引水源、歌謠等等富有寓意的精美浮雕。

　　抬起頭，往上走著走著。遠遠便能看見稻田之間那座美麗的紅橋，夢境般安詳，置身於數百畝田園美景之中。隔著灰藍的雲層，一隻白鷺在飛……還有普悠瑪等列車呼嘯而過。

　　鹿野——也是梅花鹿的故鄉。啊，濃濃的鄉情詩情，就在這靜謐裡，延展到我心深處。　　－2019.6.26

－刊臺灣《金門日報》副刊，
2019.7.24，及攝影 1 張。

台東縣寶華大橋旁

73.花蓮觀光漁港風情

那個歡樂麗日的晨光裡
賞鯨碼頭變得璀璨
微風吹拂
向日廣場前閃耀的
海！水靜無波
不管是船筏或遊艇
都開始夢想出海
天空如是遼闊
驀然回頭，遠山疊雲
看見一隻海鳥掠過
牽引我詩想　雀躍欲動

－20109.06.28

－刊美國《亞特蘭大新聞》，
　2019.07.19，及攝影一張。
－刊臺灣《笠詩刊》，第332
　期，2019.08，頁76-77。

74. 噶瑪蘭之歌

美麗的噶瑪蘭
誕生在福爾摩沙小島 Sanasai 中
為了生存
所漂之處
都帶著大葉山欖
無畏風雨和激流
他們划過海洋的邊緣
來到太平洋東岸
歷經多次遷徙
成千個日夜的煎熬
卻個個樂觀明朗
尊重長輩，懂得分享的美好
為了證明自己的存在
多少年已經過去
仍固持各項祭典和傳統
耕地打魚或上山狩獵
堅持守護自然生態
不讓化學物質隨河川入海
讓族人對山海的尊敬
成為延續傳承的一部分

讓山泉溪流保有純淨
讓手作的竹籟
魚筌或香蕉絲工藝
代代留傳，光耀千古
啊，美麗的噶瑪蘭
友善土地的大海子民
我祈禱：
所有 Kebalan
都能被山海之神保佑
聆聽生命的壯闊
我願此刻聽到
傳唱耆老的勇士
唱出部落族人的虔誠
願年年豐年祭
在悠揚的樂聲中
帶我走進這些夢境

－2019.6.27

註.噶瑪蘭的意思是「住在平原的人」，是臺灣的平埔族原住民，
　　祖先居住已超過千年。噶瑪蘭族（Kebalan、Kbalan）是海洋
　　民族，原居於宜蘭蘭陽平原，後因漢人爭地壓力而逐漸南遷，
　　族群多分佈於宜蘭、花東縣，目前人口約一千多人。

－刊臺灣《華文現代詩》，第 24 期，
2020.02，頁 94-95。

75. 阿美族傳奇

——給黃貴潮

此刻——耆老 Lifok 長眠於臺東
他熱愛生命
同這片天——宜灣藍海
和阿美族歌謠擁抱

林明理攝

他，勇於夢想，用生命的韌性
全心全意
為阿美族文化、祭儀、樂舞
留下重要的資產

他，安詳地睡了
睡在故鄉的土地上
白雲鋪展的天空
這時星群高唱，整個部落都動容

註.阿美族黃貴潮（臺東縣宜灣部落的阿美族耆老 Lifok
　　Oteng（1932-2019），長期研究阿美族文化、記錄生活
　　的學者，也是推動原住民音樂、舞蹈的先驅者，獲頒
　　予臺東大學文學榮譽博士等殊榮。　　－2019.7.2

－刊美國，《亞特蘭大新聞》，2019.07.19，水彩畫 1 幅。
－刊臺灣《笠詩刊》，第 332 期，2019.08，頁 104。
－刊臺灣《更生日報》副刊，2019.11.01。

76. 幸福的滋味

不管光陰如何瞬換
我家女兒
只要瞅見米粒在鍋裡
彈跳不已
就會聞香而來
這種單純的渴望
時至今日
竟成了緩解等待她返鄉的
寂寞，連我也猜不透，──
為何這道再平凡不過的
卻是這般被喜愛
誰都有保留些記憶
天下美食也無奇不有
如同我時時記得
父親做糖蛋的模樣
每一憶及
就從心裡溢出幸福
每一品嚐
就親密地談笑

林明理攝

　－2019.7.7
　－刊美國《亞特蘭大新聞》，亞城園地，2019.7.19，及照片一張。

77．夜讀《華痕碎影》

又愛一回——
魯迅，這個如此熱愛祖國
為大地而歌
為奮鬥而生的賢者
他點燃那盞希望之燈，深耕文學土壤
他將版畫藏品，成為稀世的寶藏
他將整個生命投入——
無論是創作或翻譯，詩書畫或評論
都在近代史中成為不朽
啊，這些永恆的珍寶
如今變成令人陶醉的讚頌
而我正為這本編著而着迷
細細翻閱，每一頁都充滿驚喜
彷彿　讓我跟著他漫遊——
在深廣的天空
也領悟到　他留予世間文藝的美好

　　　　　－2019.7.4
　－刊美國，《亞特蘭大新聞》，
　　亞城園地，2019.7.26。

書名：《華痕碎影 上
海魯迅紀念館藏魯迅
先生手跡、藏品擷
珍》，上海文化出版
社，2019 年 5 月初版，
主編 鄭亞，責任編輯
李浩。

78. 二二八紀念公園冥想

再讀一次碑文
天空如此寬廣
公園裡多麼安靜
流逝的光陰映出歷史的倒影
我願憧憬著未來
用愛來包容一切
我願在這個夏天
再次回到你身邊
像一株原野的魯冰花
臥看浮雲飄蕩
把話語鑲在千山萬壑間
再讀一次碑文
便熱血奔湧
高高的紀念碑...
...在陽光裡晶瑩閃亮

作者攝於臺北市二二八和平紀念碑

－2019.7.6

－刊美國《亞特蘭大新聞》，亞城園地，2019.8.16，及照片。
－刊臺灣《笠詩刊》，第332期，2019.08，頁104。

79. 緬懷山寺之音

離開山寺已多年
而此刻，誦經聲起
我沐浴光明
再一次體驗感情的波動

我擁有的，只是儉樸之道
我所眷戀的塵世，遺忘了也好
我找尋，找尋寧靜——
終於被一顆星引導，來到佛的路

林明理畫

在木魚聲聲、八塔的佛寺中
我重遊了這舊地……
……那闊別已久的思念
使我像草葉上的露珠般顫動

－2019.7.8

－刊臺灣《人間福報》副刊，
　2019.7.17，及水彩畫。

80.　湖畔冥想

沒有什麼更讓我雀躍，當我像一隻黑鳥
飛過青青大草原
或那片嫣紅的毛地黃
歇在湖水映著濛濛的山嵐
在冬日微涼的霞光之中
在初升太陽於太平洋之中……我夢見
自己騎著單車，緩緩在湖畔的草垛旁
欣喜和你相遇
遠眺週遭樸實寧靜的原野
我會掠過山林深處連續不斷的蟲鳴
在觀海聽潮之後又開始歌著
只要風　再引我走一趟舊路
我就會看見盡收眼底的花叢
有鳳蝶與我一同飛起
白鷺翩翩，在白雲的光影中
啊，我可以什麼都不要，如果——
能抓得到夢，
我期待已久的旅程就會來到
　　　－2019.7.11

攝於台東森林
公園活水湖

　　　－中英詩刊美國《亞特蘭大新聞》，亞城園地版，
　　　2019.08.02 及照片 1 張，非馬譯。

80. Lakeside meditation

*Dr. Lin Ming-Li

Nothing makes me happier than flying like a black bird
over the green prairie
Or that blush foxglove
Resting in the misty mountains
In the cool sunshine of winter
Watching the rising sun above the Pacific Ocean... I dream
Of riding slowly a bicycle by myself　on the grassy shore
of the lake
Happily meeting with you.
Looking down at the plain and tranquil wilderness
I pass the chirping insects in the depths of the mountains.
After listening to the tide, I start singing again.
As long as the wind leads me to the old road
I will see an eyeful of flowers.
There is a swallowtail butterfly flying with me
Egret owl, among the light and shadows of white clouds
Ah, I don't need anything else, if
I can catch a dream, my long-awaited journey will begin.

Translator：*Dr. William Marr*

81.富岡漁港掠影

　　一個陽光明媚的早晨，到達卑南溪出海口北方的富岡漁港。當我佇立在高處，看金色的天空裡層層雲嵐幻變，時而清晰，忽又迷濛，像年少無邊無際的夢想，在海洋上穿行、遨翔萬里……

　　看吧。這臺東縣內第二大漁港，整個碼頭上熱鬧非常，也是在地舢舨、物流漁貨所在。這裡附近的漁民以捕魚維生，並以漁船負擔離島的人力、物資運送，還有一艘美麗的小遊艇。

　　當我越過太平洋海面向東看，在這樣廣闊的平靜中，才一轉瞬，層雲由橙紅、深紫，澄碧，又急速轉為淺藍抹上天際。而那些黛色的花東海岸山脈、每一次波光船影，都划出了海天一色的水痕，在藍色太平洋小灣上……一隻向前駛去的小舟，竟也映出一顆心最真的感動。

　　在大自然的壯麗山海面前，我出神注目。然後，把神思拋向了銀光灑遍的天涯之外……我不知道，這巨大無邊的海和我所見的光華景象，我們該用什麼樣的心情，領受它的恩澤？但我知道，這一切在我心中已喚起了迴響。

　　每當我想念這裡的風景，還有新鮮的天空，一種寧靜的喜悅油然而生。我所見的港灣之美，也必然是較原始純淨的自然風貌。正如「富岡」是早期東海岸原住民由綠島登島的

前哨站，再由此處向台十一線海岸遷居；而其漁港迄今仍保有傳統的漁村聚落型態，附近海域為親潮、黑潮交會處，因而擁有豐富的漁場、海釣場和珊瑚礁。

　　我一邊起身離開，一邊頻頻眺望。啊，還有那親密的濤聲，看億萬顆星子在深藍的夜空中閃爍，也讓我感受到港邊日夜各有不同之美。那也正是我常駐足於此、想像的美好樂園！

－2019.7.16
－刊臺灣《金門日報》副刊，
　2019.8.24，及攝影。

林明理攝

82．致巴爾札克〈Honoré de Balzac，1799-1850〉

無人能替代你
引我如此想像
我所記得的
除了一些手稿和繪畫
並聯想到　遠方的
你
有星群守衛著
在花園周圍，還有
幾件雕塑

誰都比不上你
把多種藝術統一
成為神奇體式的小說
而筆下撰寫的
人物
多樣而不可預測
你是一部宏偉的史詩
挺立的身姿
盡顯率性不羈與驕傲

－2019.7.15

82. To Balzac（Honoré de Balzac，1799-1850〉

*Dr. Lin Ming-Li

Irreplaceable
You lead me to imagine
And remember
Beside some manuscripts and paintings
Think in parallel
you
There are stars guarding
Around the garden, and
Several sculptures

No one can match you
Unifying various arts
To become a magical novel
Written by the pen
characters
Diverse and unpredictable
You are a magnificent epic
Standing erect
An outstanding and proud figure

Translator：*Dr. William Marr*

－中英詩刊美國《亞特蘭大新聞》，亞城園地版，2019.07.26 及照片 1 張，非馬譯。

83.小野柳漫步

此時陽光穿透雲層　俯覽
各種奇岩怪石——
海那邊，三十二公里之外
——綠島如雄獅俯臥

林蔭覆蓋的沿途風景
太平洋、白水木或草海桐
　岩層呈波浪狀褶曲……

臺東小野柳風景區/林明理攝

讓心之所向，便是宇宙

偶有一隻攀木蜥蝪
藏在石縫處
蟬比鳥還要激昂地嘶叫著
蜂迎蝶聚，翩翩而來——

啊，大海開始低吟——
抒情而雋永
啊，園中的清香盤旋不去
我雀躍　如鳥出籠

　－2019.7.18 作

　－刊美國《亞特蘭大新聞》，亞城園地版，2019.08.09 及攝影 1 張。
　－刊臺灣《秋水詩刊》，第 181 期，2019.10，頁 40。

84. 卑南大圳水利公園記遊

　　我又來到熟悉的大水車旁,聽溪水淙淙,引我種種奇想,溫馨溢懷,幽思與情感。

　　天色初亮,我聽到烏頭翁雀躍地唱。我看到大圳引進卑南溪,緩緩潺潺,灌溉到整個臺東平原,孕育出阡陌良田及希望。

　　夏日已盡,季節的變奏卻越來越不分明,我不禁心潮起伏。直到看到早起的農夫仍小心呵護著農地,殷勤地耕種或捆收上車。這時候,我來在新播種的瓜棚前,涼風習習,世界似乎離我越來越遠……而那些文明的事物,又怎能比得上親近大自然更令人讚嘆!

　　風吹過層層層疊疊的山巒,太陽已更加灼熱,利吉惡地的背脊也閃閃發亮。原本就在那裡的木造涼亭,即刻成了我的第一個休憩所。

　　這裡,是臺東最大的水利公園,它建於一八九八年,也是最具有歷史的水圳。它經歷多次更修,才有今日一片綠意盎然、花木扶疏的面貌。

　　瞧,鳳凰木在藍空下,一片燦爛。生態池邊的濃蔭裡,充斥許多翻飛的鳥雀。而農田水利會的建築前有一片淺綠色的大草地,周圍是多樣化的植物林,全都恬靜安詳而整潔。難怪已連獲兩年水利工程優良農建獎的肯定。

　　當我站在高點，視線延伸到卑南溪出海口，還有太平洋的海平線時，我的想像力就跟著馳騁了。我住的地方離這裡約莫十分鐘路程，但我最常在這涼亭裡默想。

　　啊，卑南溪——悠悠蕩蕩，在晨光中閃耀。我祈禱著，今年能風調雨順。還有越過好幾個山峰的遠處——有我捨不得移開目光的青色小黃山。只要風一吹……啊，山影漾水長。

－2019.7.26

－刊臺灣《中華日報》副刊，
2019.08.26，及攝影 1 張。

台東卑南大圳水利公園

85. 高雄煉油廠的黃昏

走過七十多年風雨
燃燒塔上的焰火已熄
新生的環境教育園區
眾鳥飛過遺跡和綠地……
……巷道以及所有一切

我想起曾經
向下遠眺——
煉油廠在目
黃昏溫柔而和諧
我將半屏山北麓
周圍所有綠色，——
天空，溪流
牢牢存在時間和空間裡

我懷念曾經
坐在福利社吃冰
享受悠哉時光
一邊捕捉日式老屋之美
一邊欣喜於更美好的未來

林明理攝於 2014.11.13 日

－2019/7/27

－刊美國《亞特蘭大新聞》，亞城園地版，2019.08.09 及攝影 1 張。
－刊臺灣《笠詩刊》，第 333 期，2019.10，頁 95。

86. 緬懷億載金城

城門上，獨留風
輕微地呢喃——
勿忘我......勿忘我
還有時光編織的
小故事
交織成我胸中一股暖流

喔，老城矗立——
如此從容
既無畏風雨，也不再有痛
周圍只有細葉落簌簌
和這廣大中庭、群樹環繞...
　...小河嘩嘩地流向遠方

我認出了那傾圯的紅磚
是從熱蘭遮城取來的
它　是我小小的等候
我輕輕撫摸著
如一部史書——
翻閱的　是說不完的歷史

註.位於臺南安平區的二鯤鯓砲臺，舊稱安平大砲臺，俗稱為「億載
金城」，是臺灣第一座西式砲台；它在中法戰爭和抗日時，都曾
對敵砲擊，發揮其防禦外敵的功能，現為臺灣文化部所管轄的古
蹟。而安平古堡又稱「熱蘭遮城」（荷蘭語：Zeelandia），是一
座曾經存在於臺南市的堡壘，最初建於 1624 年，是臺灣最早的
要塞建築。 -2019.7.25 -刊臺灣《秋水詩刊》，第 182 期，2020.01，
頁 37。

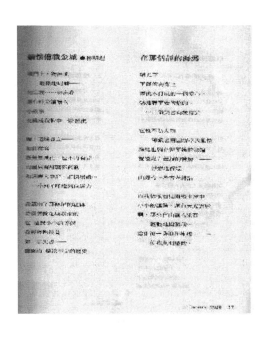

87. 回眸恆春夕照

這片海域一望無際——
寧謐如秋
只有雨，在騷動著
我一如從前
信步走近欄杆
　看水鳥輕吻波面

作者攝於恆春關山

我曾攀登過許多山林
也曾痴迷過滿天星斗
但我知道
你的微笑帶著暖意
　光潔而可愛：
　　總是那麼熟悉
就像這夕照
　　流溢著迷人的光輝
讓我把詩鑲入夢中

　　　－2019.7.26

　　　－中英詩刊美國《亞特蘭大新聞》，亞城園地版，
　　2019.08.09 及照片 1 張，非馬（馬為義博士）譯。

87. Looking back at Hengchun's Sunset

*Dr. Lin Ming-Li

The sea is vast
peaceful and serene like autumn
Only the rain is in the turmoil
As usual
I walk toward the railing
Watch the waterfowls kissing
Silently the waves

I have climbed many mountains.
And have been captivated by the brilliant stars.
but I know
Your warm smile
like this lovely evening
will put poetry into my dreams.

Translator：*Dr. William Marr*

88．山中冥想

一隻鷹迴旋——
　　把整個山脊都刷亮了起來
天空碧澄
　　大地彷若一首老歌
啊，風中之花，為何搖擺不定
是否在揣度人類的
　　無知、欣喜、憂鬱或狂傲
回顧那些珊瑚群、冰棚、地震
山火或海嘯……
地球丕變——令人憂心忡忡
我無法預知世界的未來
　　也無法撫平歷史的皺褶
只能站在風中，凝睇遐思

－2019.7.18

林明理畫

－刊臺灣《秋水詩刊》，第 181 期，
　2019.10，頁 41。
－刊美國《亞特蘭大新聞》，亞城園
　地版，2019.08.02 及油畫 1 幅。

89. 關山親水公園遊

我記得
除我之外
只有綠草茵茵
沒有喧嘩
只聽到鳥雀劃破天空
和氣墊式滑水道旁
幾位孩童在嬉戲
白雲悠悠　靜靜晃動

喔，往昔是那麼美麗
而今公園大門上
掛著內部整修中的牌子
這時候
白色的夏日已逝
當我返身離開
便開始想念——
那棲息在湖畔的野鳥...

...還有在我心中
收藏的許多在噴泉廣場
或騎著鐵馬馳騁風中
或登上觀景台

臺東關山親水公園/林明理攝

眺望田園風光的記憶
看哪，夕陽款款離去
關山洋溢著歡愉

　　　　　　— 2019.07.30

　　　　　　　　　　一刊美國《亞特蘭大新聞》，亞城
　　　　　　　　　　園地版，2019.08.23，及攝影 1 張。

90. 湖中的東美亭

　　此刻是如此靜謐，潑墨畫般的雲彩，帶來詩意的舒暢。

　　這座位於大肚臺地東側的東海大學校園，湖畔周圍的榕樹和各種花木都欣欣向榮。我靜靜地佇立著，緬懷一代哲學大師方東美（1899年-1977年），

作者攝於東海大學校園

還有先總統蔣經國先生在「東美亭」上俊秀有力的題字。

　　雖然我手中這張照片的形象，隨著時光之矢已匆匆流逝三十多載，但存在我心中的感情，卻依然讓我目光熱切，關注著湖中的周遭變化。

　　是的，一切都很美好。我沉浸於回憶之中：遠處層雲疊長悠遠，走近一看，好一片小樹林，色彩豐富而有層次。而這東美湖的風情，讓我感到愉悅和自在。

　　瞧，波光雲影。一隻白鷺絲俯身掠過水面，發出拍濺聲，不久，又歸於平靜。幾隻烏龜正悠閒滑游……空氣中，翠鳥啼鳴、蛙聲、蟲聲注入其中。

　　傾耳靜聽，百鳥投林。處身於美麗的湖中，頓時，城市的俗念消失，心境豁然開朗。

　　此刻：我想駕一葉扁舟，隨時光徜徉於湖中。

　　看著湖面隨著秋日的夕照緩緩地蕩出一道道淺淺的波
紋。真想去亭上吟詩，直到天黑。我也不期然的想起了杜牧
的一首《山行》的詩句。

　　遠上寒山石徑斜，白雲深處有人家。

　　停車坐愛楓林晚，霜葉紅於二月花。

　　我忽然憬悟到，那遙遠的過去，純粹而自然的愛，其實
一直都在。「東美湖」也一直存在我腦海，那是段幸福的歲月，
它未曾逝去，就在天宇間漂行，──偶爾，也會輕輕擁我入夢。

　　－2019.8.23

－刊美國《亞特蘭大新
聞》，亞城園地版，
2019.09.06，及照片 1
張。

－刊臺灣《臺灣時報》，
台 灣 文 學 版 ，
2019.09.05，及照片 1
張。

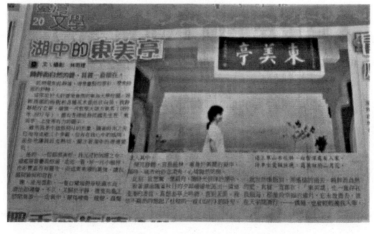

91. 敘利亞內戰悲歌

風起了
環視這片焦土——
八年苦戰之夜
每道光，都令人抖顫！
每次襲擊，
都是哀嚎。

這場戰爭，——
令三十七萬餘人
數千名兒童死於戰火
千萬個敘利亞人
到異國他鄉
艱難地討生活。

啊，難民危機仍在，——
失學的
乞討的兒童...
天空哭泣了！
返鄉之路——
路迢迢

　　—2019.8.6

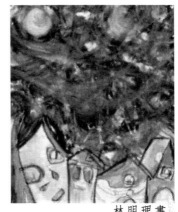

林明理畫

—刊美國《亞特蘭大新聞》，亞城園地版，
2019.08/23，及水彩 1 幅。

92. 鳶尾花的邂逅

一天，我來到台北植物園裡的一座幽靜的小木橋，我在那兒遇見了梵谷（Vincent Willem van Gogh，1853 年－1890 年）畫中的鳶尾花（Iris）。

在我眼中，愛麗絲是一隻靜默的蝴蝶，閃爍著詩意的靈動。雖然在希臘神話中，Iris 是彩虹女神，是眾神與凡間的使者。但當我與她悠遊對望，人們看到的只是其花體纖維大而美麗，而我卻找出最好的視覺角度，仔細地觀察其外形和擺動，開始想像著：梵谷是如何運用波浪紋以及弧線，勾勒出多樣的搖曳風姿？

瞧，那夢幻的藍紫色，讓每一光葉都釋放出一種眼睛感受得到的能量卻無法描摹它的啟示光芒。

據說，西方人士也稱這種鳶尾花為兔耳鳶尾（Rabbit-ear Iris）。這讓我對愛麗絲有了更多繽紛的奇想，而我也注意到聯想在觀察中所起的作用是十分有趣的。

比如，希臘人把 Iris，意為「彩虹」，並藉此比喻鳶尾花的豐富花色。作為一種讚美，這想像力簡直太完美了。

我不得不承認，鳶尾花是池中的天使。

我願每一次相遇，一如往昔，回望那記憶中定格的清晰畫面。我喜歡鳶尾花，是因為我心中的潔白看到了它不染塵埃的一面，──常引我各處尋覓。無論在池畔、濕地或浪漫的

花田……它都帶著高貴、優雅的氣息。

　　我們的故事才剛剛開始，時間卻一刻也不停留。一年，兩年……僅僅過了十年，第二次邂逅就已出現。

　　這次，Iris 像披上紫霞的仙子，像飛得最高的那隻白蝶，在步道林蔭最茂密的一隅……然後靜定地，停在那兒，等待我的到來。

　　喔，我們是如此貼近。風，也沒有絲毫騷動……時空彷若凝固了一般。於是我明白，這不是人生偶得，而是另一次真正的機遇出現。我只能藉由鏡頭的吉光片羽去探究彼此的想念，——單純而美好。

　　－刊《金門日報》副刊，文及攝影
　　　1 張，2020.01.05。

巴西鳶尾/
林明理攝

93. 映象史博館

　　我真喜歡這座古色古香而略帶詩意的紅牆綠瓦建築，到處是植栽和水景，無一不可入畫。我可以眺望它重簷式的屋頂，可以描摹心中理想的赭紅牆身，可以遐想它具有高雅的東方美氣質。

　　館中是以珍藏青銅器、漢代綠釉陶、甲骨、玉器、唐三彩、六朝舞樂俑、書畫、織品等文物為主。這一切使得這座一九五五年建館的台北歷史博物館染上一種莊靜而藝術的特有氣經在這裡領略特展活動之美，或者從館後的園區，在一池荷葉已經顯得有些蕭瑟的、池畔旁散步。要不，我就索性坐於長木椅上觀看殘存著零星的幾枝蓮，卻依舊傲立於風中的清趣，直到冬日的黃昏微微漾著縷縷寒氣瀰漫上來。

　　第一次踏在多種植物區的小徑上，心情莫名喜暢舒朗。那時，也是從這座荷塘，完全出其不意地望博物館的每一角。我可以想像，這裡每年一度的「水殿熏風荷花節」，在夏季推出的荷花系列活動中，讓民眾更能體會到荷塘的多樣風情，足以讓人留連難忘。

　　而今，向我迎面而來的，是殘存在記憶裡的荷光掠影。若是秋夜，剛好有月光的時候。我便揀著小葉欖仁樹的路，迎著小風，憑空遙遙眺望，——那座怡人的荷塘。我想起「南宋四大家」楊萬里的《曉出淨慈寺送林子方》，詩句是這樣的：

畢竟西湖六月中，風光不與四時同。

接天蓮葉無窮碧，映日荷花別樣紅。

喔，此詩讓我想像闊大，想像楊萬里一樣活著，猶如蒞臨園區的黃昏，步履款款而行，是那樣輕盈。

我也可以在晨霧裡，假想「它」就是圓明園的一角。或許，這就是這座博物館設計的妙處，讓人把思維沉浸下來⋯⋯漸漸地，把思念變成海，向我輕柔地招喚。

　－2019.8.2

－刊臺灣《臺灣時報》台灣文學版，2019.10.09，及照片1張。

作者攝於台北
歷史博物館

94. 秋遊知本森林遊樂區

　　在秋日的一天，選擇一隅清幽在我心底停靠。如箭矢似的，回到闊別三載的森林遊樂區，眼中滿是興奮之色。它雖然歷經過強颱襲擊，但如今幽靜得令人心曠神怡。

　　剛要跨步入門，就看到行道上地磚，鑲上各種圖騰，拼裝成黑枕藍鶲、黃裳鳳蝶、紅嘴黑鵯、日本樹蛙、眼鏡蛇等等動物圖畫，隨著移動的腳步延展伸向前方，而群峰也歷歷在目。

　　我聽到鳥雀的歌聲，由樹林間穿梭而來，開始親切地與我共度一個美好季節。昨夜微雨後，周遭是寧靜的。一群疾飛的善變蜻蜓在池上飛舞——晶亮的水珠從葉尖挺出一株株黃水蓮中紛紛驚落。

　　涼風習習。掠過巨大的酸藤、還有白榕等天然林，勾勒出熱帶雨林的面貌。一隻攀木蜥蜴抬起頭來望向我，以我深情卻又不理會地跑開了。就這樣，我靜靜地，來到「嬉遊林區間」的高架棧道旁，指望深入林間，覺察和探索獨角仙、瓢蟲、蝸牛的行蹤……偶而聽到家庭愉快的喧鬧聲，打破靜默。

　　當陽光穿透生態池，我繼續尋覓著倒影中的金魚藻、香蒲等等水生植物通往忘卻煩憂的喜樂。這裡有高大成蔭的樹林和地被，流水潺潺，也孕育出特有的橙腹樹蛙、莫氏樹蛙

　　等多種野生動植物。加上悠然從容、閒逛在長穗木上的蝶舞紛飛，我心裡那份喜悅是按耐不住的！

　　整個園區的步道旁，都有標示出花木的解說牌或導覽圖，山澗裡的流水聲……就像是自然地形成了一幅空間畫卷。生態的綠道——風吹過來，我有著極大的興致，不斷地拍攝這些珍貴的奇花奇樹和樹上的附生植物。

　　忽地，秋蟬聲起。往出口處慢慢走回，我初次看到妙不可言的木雕家林新義的作品「共鳴」，他是為傳達對森林與祖靈的尊敬和讚揚而作；而返回遊客中心前，又出現藝術家吳炫三的木雕大作。此刻的我，閱盡這個賞蝶及森林浴的好地方，歸途，仍不時停下來思索這個秋日踏青的情景。在大自然的懷抱下，我僅僅學會用感恩的心生活。

.　　—2019.9.30

　　—刊臺灣《馬祖日報》副刊，鄉土文學版，2019/10.08，及攝影作品 5 張。
　　—刊《更生日報》副刊 2019.12.21 刊林明理散文〈秋遊知本森林遊樂區〉及攝影 6 張，照片 1 張。

林明理攝

95. 觀想藝術

——世外桃源—龐畢度中心收藏展

這感覺是幸福的——
　無論人物或景物
都充滿和諧和動感。
藝術家所暗示的結局，
或對生死的詮釋，
　乃至愛情的思考；
雖然難以揣測，
但我深信，
這些巨幅壁畫或作品，
從立體派到抽象畫——
　又經歷超現實主義，
他們形象生動
且優美絕倫，
把現代藝術的豐富性
　完整地在台灣呈現！

　　　　　－2019.8.7

　　　　　－刊美國《亞特蘭大新聞》，亞城園地
　　　　　　版，2019.08.23，及照片 1 張。

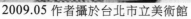

2009.05 作者攝於台北市立美術館

96. 古厝尋幽記

　　坐在池岸那棵柳樹前，我聽見風和樹間的對話，雲牆和漏窗的框景延伸了我的視野；引我不時停下來思索這座美麗的紅磚古厝和未來的諸般想像。

　　繞過一片幽竹，有水聲潺潺流下，除了遠離噪音的干擾，還使人徹底放鬆。而我們一路留下的歡聲笑語，彷若了悟一首雋永的詩，很是鍾愛滿意。

　　遊憩其間，再沒有什麼比那曲橋銜接雨前樓更為秀麗，再沒有什麼比那飛石步道更感消遙。也再沒有什麼比那些植入山蕨、苔蘚、野薑花的各式石景及附著於石縫中的野趣生態，更令人目不暇接了。

　　這裡，沒有雄踞一方的高層建築，也沒有大都會的繁囂，卻是臺灣本土閩式古宅的代表作，曾作為花博展使用，目前為臺北市花博公園的一部分。

　　如今闊別九年，冬天化作了八月，思念也變成了雨，我的心又惦念起來。它促使我匆匆忙忙去捕捉當年的浮光掠影，也目光不離地去一頁頁翻開相簿……在時空中永遠停格在一瞬間，停在那年記憶裡愛波亭恬靜的畫面。

　　我願迎著荷風，離開案前的書頁，再次回到橋邊……

　　或者，看遠方一片迷濛天幕，近處是亭閣中相應的花木，看一滴滴雨落下簷瓦。再細思慢想一首杜甫的《秦州雜詩》

之十七：「檐雨亂淋幔，山雲低度牆。」讓一場雨在「醉茶居」前面快速掠過。

　　或者，我也想專心致志，帶著親切的目光和話語，沏上一壺好茶，與你讀懂那映月水波的話語。而我又如夢中癡戀傳統建築美學的傻子，唯有心親像一條船，自在地蕩悠了起來。

－2019.8.6

－刊臺灣《臺灣時報》，台灣文學版，
　2019.08.21，及照片 1 張。

攝於 2010 年臺北花博（林安泰古厝）

97. 時光的回眸：中山大學

每當我凝神諦視——
這座校園在碧空下的光與色
就有一種盲目的喜悅
那怡人的西子灣
常以溫柔來撫慰我
讓我勇往直前——
　　無畏前途迢迢或暗流湧動
讓我把往事……印在月上
而今，它仍矗立在那裡
以莊嚴又略帶笑意的神情
　　給沉默的天空　　披上金衣
而我卻一如往昔
　　喋喋地在你耳邊閑言絮語

中山大學／非馬 攝→

註. 一九八八年五月，我曾在中山大學資管系擔任國科會「資訊管理政策」
專題研究的專任助理研究員，當年的計畫主持人黃慶祥博士已退休；
任職一年後，我轉往屏東師範學院等校擔任講師，而後專於文學寫
作。二〇一〇年十二月十一日，與美國詩人（非馬）馬為義博士同遊
中山大學校園時，回眸已近二十二個秋。這座別稱「台灣第一觀光學
府」，享有豐富生態及鄰近美麗的西子灣，為全球前五十大潛力大學，
至今仍令我懷念不已。僅以此詩獻給如師如兄的非馬，遙祝父親節快
樂。－2019.8.8 寫於臺灣

－刊美國《亞特蘭大新聞》，亞城園地版，2019.8.16，照片 1 張。

98. 秋晨在鯉魚山公園

秋風早臨
晨間運動的人不談颱風
或天氣的好壞
百年老榕下
許多老人家在跳舞唱歌
讓人羨慕
可愛的
樹鵲、綠繡眼及烏頭翁
在忠烈祠坡道上來回穿梭……
走在碑前的寧靜中
呼吸著茄冬樹的氣息
聽蟬聲唧唧——在古木的樹梢
而我用一首讚歌
同它們道別——
如逆光飛翔的瓢蟲

林明理攝

註.從空中俯瞰如魚形的鯉魚山是臺東市區
　最大的綠地，其公園連結著舊臺東火車
　站，園內有胡鐵花等紀念碑。－2019.8.10
－刊美國《亞特蘭大新聞》，亞城園地版，
　2019.08.23，及攝影1張。
－刊臺灣《笠詩刊》，第333期，2019.10，
　頁95。

99. 讀你，在微雨的黃昏中

那個秋日我們在牧場中
　同一匹馬咬耳朵說話
雖然沒有娓娓動聽
卻讓你眼眸燦亮

你像輕舟──泛遊於大海
而我將休憩在東岸的藍天下
──讀你
　在微雨的黃昏中

註. 今天收到秀實兄寄來一本新編的
　　詩集，內頁收錄了我的一首詩〈在
　　每個山水之間〉及其他精選的詩
　　作。此書封面背後有秀實寫給 108
　　位詩人的詩，詩句優美，令我感
　　動，因而寫詩祝賀其出版。
　　2019.8.15 寫於台東小城

－刊美國《亞特蘭大新聞》，亞城園
　地版，2019.08.30，及照片 1 張。
－刊香港先鋒詩歌協會主辦，《流
　派》詩刊，第 13 期，2019.10，
　頁 32

林明理與秀實詩人
於 2016.9.22 日同遊
初鹿牧場照。→

香港著名詩人秀實主編《呦呦鹿鳴－我的朋友 108 家精品詩辭典》，

中國香港，紙藝軒出版，2019.07 初版 1000 本

*2019 年 8 月 18 日 於 下午 6:33 秀實的 MAIL

明理，感謝妳的關注，台東是個好地方， 我會重來， 也好與妳相聚聊天。印象中妳的書房十分雅致哩。!妳很優秀，並且能安靜寫成，在喧鬧的文壇中十分難得。

祝安好

秀實

*2019 年 8 月 18 日 於下午 6:46

明理，感謝呵，妳也畫了鹿鳴畫，如能早知道可用在封面哩!

三篇評論我詩的文章都不錯呵，見到妳的學養功力. 我們一起加油.

秀實

100. 感謝您，吾友 Tim Lyden

星辰、山水或田野
鳥獸及花香.....
大自然的一切
都被您的情感美化
——攝入鏡頭
　　—2019.8.16

*2019.8.14 Tim Lyden's Mail to Ming-Li
Hello dear June. Thank you very much for your kind words.
I hope you have been able to write many beautiful poems
in recent weeks. It is nice to hear from you again.

100. Thank you, my friend Tim Lyden.

　　　　*Dr. Lin Ming-Li　　* **Translator：**_Dr. William Marr_

Stars, mountains, rivers, open fields
Birds and flowers.....
Everything in nature
Are beautified by your feeling
And captured by your camera lens
One after another

　—中英詩刊美國《亞特蘭大新聞》，亞城園地版，2019.08.30，非馬譯。

101．珍重，吾愛

登機前
我踽踽獨行…
把回眸的悸動
藏在左心房上

啊，親愛的
但願你明白
我越過千山萬水
只為你抒寫柔情
——在每個黎明
信鴿將銜去我的詩篇

－2019.8.16

－刊美國《亞特蘭大新聞》，亞城園地
版，2019.08.30，照片 1 張。

102. 妝點秋天

古老的山陵和海線，
這福爾摩沙的指環…
…撩撥著我的眼瞼。
風來了──彷若又回到當年，
一切還在──
淺山平原、紅蜻蜓、環頸雉…
還有水鳥，黃澄澄的稻浪──
都在我們面前。
是啊，一切都還在，
當我像匹小棕馬──只懂得馳騁
其間。
倘若還有下個世紀
或再等待個幾百年，
在這山海間，
是否還會有自然的光華，
或人與萬物共生的世界？
那兒──有山丘和草原，
還有迎面而來的野花和露水。
風來了──我聆聽──
沙沙的婆娑聲，──
秋蟬和蟲鳴…農家炊煙起
──妝點美麗的秋天。

林明理油畫

－2019.8.17
－臺灣《詩潮》詩刊預稿，2020.

103. 鐵花村之夜

走在據說
由臺鐵貨倉宿舍改造的
音樂聚落
夜晚在鐵花村
諦聽著———
福爾摩沙的子民
傳唱自己的母親大地

我被山海征服
被慢市集的小農感動
此刻
歌手，一個接一個
把夜晚都點亮了
我也喜歡甜甜圈，———
小米口味的那一種

註.2019 年 8 月 17 日，我來到由臺鐵貨倉宿舍
改造的鐵花村音樂聚落，聽著原住民歌手強
烈動人的音樂，而一旁假日慢市集的小農，
販賣的手作小物，也讓我感受到臺東人的熱
情和鐵花村越夜越美麗的氣氛。－2019.8.18

　　－刊美國《亞特蘭大新聞》，亞城園地版，
　　2019.08.30，及攝影 2 張。

林明理攝

104. 閱讀永康部落

　　這天，我來到一處純樸寧靜、延平鄉的永康部落，一個布農人出生、受教育成長的地方；鹿野溪與鹿寮溪緩緩流過、每年的「射耳祭」，勇士們都按部就班——在百年茄冬樹前舉辦活動。這裡，涼風習習，野獸隱入山林，鳥飛向高空，使我愉悅，煩憂盡逝。

　　沿著舊聚落的技藝場，又繼續往前走。察看了一會兒壁畫，想像就張開了翅膀，開始翱翔，——飛向善於狩獵的勇士，飛向發出祈福之音的族人，飛向綴滿星辰下那些美麗的傳說和為了族群生存的所有榮耀。

　　瞧！每當成群家燕在春、夏季遷徙來台，又返回這小村，等待秋、冬再度往南方飛去度冬，或者變成留鳥停駐於此。……這一時刻，那美麗的小身影像從前一樣，棲居在這片大地上，總叫我窩心難忘。

　　關於這周遭景象，部落裡的每一幅壁畫，都訴說著過往及族人的故事，刻畫出滄海桑田的風雨與變遷脈絡。據悉，在 1967 年至 1968 年間，這裡因大水及艾琳颱風帶來的土石流，將舊部落房舍、道路全部沖毀，後來，經政府統一遷移至新的永康部落。如今，永康社區僅存三百多布農人，他們繼續依循大自然的法則，唱著生命的讚歌。

　　你可曾看見，布農族的苧麻編織？這是目前非常罕見且

珍貴的傳統藝術，男用網袋大多用來作狩獵用，女用網袋多用來裝載物品或揹放孩子。誰能像這些族人一樣堅強樂觀地生活？他們單純的心和對土地發出共鳴的歌聲（俗稱八部合音），在世俗的眼光下更顯稀珍！

　　我靜靜地待在永康涼亭站牌前，面朝遠方朦朧的純淨世界的光輝———雲絮如淡墨的山巒。或許所有自然美景裡，都曾存在一些久遠而滄桑的故事，而認識這片土地以及布農族群之間緊密相連的情感，卻奇妙地燃燒我的心房……啊，此刻，它詩意地凝視，讓我心頭產生一陣激動，也讓我感受溫暖，恰如浮動的一道月光。

　　　　　　　　　　　　　　－2019.8.22

　　　　　　　　　　　　　　－刊臺灣

新永康部落　公車涼亭前

105. 在恬靜的月光小徑上

　　晨間的雨還在綿綿而下，書房裡明亮的氣密窗雖然阻絕了馬路上的噪音，卻不能把我思念那個秋日留於我眼中的錦屏部落隔離開來。

　　此刻，我的心是一條小河，一路流淌到海端鄉那一處古樸的布農族社區。部落的圍牆上鑲崁著一些原住民的圖騰，有一種獨特的藝術感、展現出族人之間的情感和力量；而街道乾淨整潔，真是一處優美的原鄉幽境。

　　若從高空俯瞰，這部落與花東縱谷平原上的池上鄉接壤，也可飽覽中央山脈的南橫公路上的河谷。在近處有一座偏遠部落的迷你小學，全校僅有三十多位孩子，且大多為需要資助的布農族子弟，簡單而淳樸的生活。

　　深入三面環山的錦屏國小，剛好看見一輛藍色小貨車、三個工人正加緊於校舍整修工程，只有草地上的風從我面前掠過。然而，開闊的校園也讓我得以想像，孩童們稚嫩嘹亮的歌聲在空中迴盪……看著他們在紅土跑道上盡情奔跑，或在樹蔭下追逐玩樂。

　　或許，作為一個教育者而言，這座國小教職員通過規劃的課程，讓孩子學會珍惜食物，並推動有機栽種理念。這種對土地友善的食農教育，確實費盡心思，卻也是友善土地的推手，這就使他們本身服務的宗旨更具意義了。

　　今夜，部落孩童的臉龐、老布農人臉上的滄桑，企待整建的校舍……在我腦中──閃過。我踩著樹影，深情地回眸。彷彿中，我聽到野鳥在鳴叫，在恬靜的月光小徑上，風輕撫我的臉。我的心沉默了……倘若我們還會再見，我願陽光照耀錦屏部落，我願孩童的歌聲像高飛的雲雀，在空中翱翔……我虔誠地祝福祈禱。

－2019.8.23

　　　　林明理畫　　　臺東縣錦屏部落、錦屏國小

106. 閱讀布農部落

關於布農族
在歷史上
曾有許多傳說
特別是兩位傳奇性英雄——
拉荷•阿雷和拉馬他•星星
（Lamata sin sin，-1932〉
他們為尊嚴而壯烈成仁
他們抗日的鬥志
讓日人懼怕

愈是艱苦
他們愈縱聲高歌
因為，——就是這樣
有了歌
才能製造原鄉的記憶
因為，就是這樣，——
讓自己和祖先的土地
有了緊密的聯繫

臺東縣海端鄉瀧下部落/
林明理攝

因為，——就是這樣

他們樂天知命，散居山林
並不孤單
因為，——就是這樣
過去以狩獵為生的人
如今成為平靜祥和的部落
花開了——春來了
豐收了——來舞蹈

啊，漂泊的部落——
勤奮的布農族
敬天而惜物
您們挺過多少風風雨雨...
...風帶來希望的種子
鳥嚙來野花幽草

還有天上的雲　不停地問
你們好嗎？...你們好嗎？

註.「海端」是由布農族語「Haitutuan」而來，意指「三面
　被山圍繞、一面敞開」的虎口地形。日治時期日人稱「瀧
　下」，是指瀑布之下。據說當時由聚落西望，可見新呂溪
　小支流有瀑布流貫而下。-2019.8.23

－刊臺灣《臺灣時報》，台灣文學版，
　2019.08.28，及攝影 1 張。
－刊美國《亞特蘭大新聞》，亞城園地
　版，2019.09.06，及攝影 1 張。
－刊臺灣《笠詩刊》，第 333 期，
　2019.10，頁 96。

107. 白鹿颱風下

颱風來襲——
可怕風暴仍在加劇
一對黃牛母子
緊靠著，淡定吃草
野鳥和人車，漸漸消匿

無論是山崩
或土石流
無辜的人不怨天
因為，他知道
有些災禍不可預測
也無法避免

就像人生——
沒有苦難，何來光明
沒有風雨，何來堅毅
唉，有時
老天爺也很糾結！

—2019.8.24 記於輕颱入境臺東時
—刊美國《亞特蘭大新聞》，亞城園地版，
　2019.09.06。

108. 羅山村風情

　　一個微風的早晨，我來到睡蓮浸拂著大埤塘的橋畔，水面波紋底下，一隻斑文鳥銜水掠過，驚動的魚群滑溜而去，只有藻類、昆蟲在水流中漂浮移動。

　　看哪！羅山瀑布沖刷而下，像光眩目閃亮，懸垂於半空。彷彿中，我聽到三五隻紅嘴黑鵯，或近或遠，洋溢著熱烈的歡歌，而五色鳥、朱鸝、灰喉山椒鳥的叫聲，也同時在響，在山澗、在小溪、在青巒中四處迴旋。

　　我所記得的羅山，是中央山脈和海岸山脈下富里鄉的一個小村落；七〇年代曾是斗笠的出產地，二〇〇二年，是全台第一個有機示範村。而羅山大魚池，是斷層帶湧水及泥漿堰塞而成的湖泊，在日治到光復初期，當地居民稱為「大埤塘」，也是灌溉梯田的水源，如今已成為遊客生態觀察之處。

　　此時秋日已遠，一隻大白鷺沿著梯田，飛入林中……周遭是如此純淨，向著太陽呼展大氣。我看完了大魚池，再往前走，經過一條長徑，老遠都聞得到野薑花清淡的幽香。這裡，還有珍稀植物鹵蕨；走了不久，便來到泥火山泥漿區。可惜的是，與我想像的光景已截然不同。這次，周遭是靜寂的，沒有看到泥漿口的蒸騰或攪起朵朵泥漿泡泡。

　　歸途，在休憩區停車場前，欒樹開花了，搭配九重葛的紅紫色彩景象，和周邊的藍空白雲產生空間上的呼應。不知

　　為什麼花東縱谷下那豐收前的田疇總吸引我，而羅山村的山坡上，處處都有著竹林，間雜稀疏陽光的樹影，鳥聲該是尋常的。

　　啊，從幾條蜿蜒小路，深入山丘，細細領略羅山的面貌。我像是在飛翔，清風吹拂，葉灑石階。是的。我希望再看見——看見羅山，再回到這純淨的山中來作客。

－2019.10.22

－刊臺灣《金門日報》副刊，
2020.01.15，及攝影1張。

花蓮富里羅山遊憩區

109. 歲末憶師

　　我敬愛的開晉老師長眠於他熱愛的故里了，享年八十六。

　　生前，他把手臂伸向光明，像太陽的光芒，願為真理而戰，用他溫和而堅毅的眼神，作育英才，樂於寫作。

　　他淳厚溫儒，常善用時間研究美學，除創造許多精闢的評論外，也能以詩描繪了一個清新自然、優美深邃的藝術世界；詩歌尤以旅遊感事抒懷題材居多，思想澄澈，抒情色彩，也能從歷史軌跡進行宏觀考察。

　　他也是一位感情豐沛的詩人。詩是自然界裡最美最偉大的景致，而開晉老師的詩，有另一種禪風，暗喻著美麗的事物不是永恆的；或者說，更懂得珍惜平和中的寧靜，才是幸福的。

　　我記得，他以一首名詩〈土地的記憶〉，獲得一九九六年以色列米瑞姆·林德勃歌詩歌和平獎。他努力地將自己的感悟用簡單與莊嚴的方式描繪出對史實理解的高度。

　　僅管晚年的他身體遭遇了磨難，而對文學與詩歌研究之所以能保持不衰的興趣，應是與其獨特的想像力與藝術思維有關吧。

　　對於我而言，他是個慈祥又純真的老師，也是朋友。他曾在二〇一七年四月底的電郵中寫道：「謝謝明理問候。我到杭州開了徐志摩紀念會。回來在上海和蘇州看看老學生。

最高興的是學生陪我到無錫看了靈山大佛。妳如回來，可去看看。照片很好。祝賀妳。　開晉於濟南」

於今，我的老師走了，他飛向雲朵，挺胸步入了永恆的天國……而他的音容，他的笑語，卻時刻在我的心中。

註.吳開晉教授（1934-2019.12.06），山東人，山東大學教授兼詩評家，國務院特殊津貼專家，一生作育英才，深獲學術界推崇。我在《濟南時報》報導中，得知開晉老師於十二月六日在北京病逝，文中提到：「"詩性優雅，靈動中又充滿了濃郁的溫婉氣息和堅毅的思想感情。"臺灣詩人林明理如此評價吳開晉的詩作。」不禁悲從心來，特寫此文追悼。

－2019.12.18 作

－刊山東省諸城市文化廣電新聞出版局主管，
《春芽兒童文學》季刊，2020 年第 1 期。

2019 年 12 月 20 日 於 上午 6:50 主編電郵
收到。本期安排！多保重！柳笛遙祝

110. 〈部落之歌〉拉勞蘭

　　走進拉勞蘭部落，彷彿走進一幅畫中，彷彿放進一個故事，畫筆就出動了。樸實的部落充滿詩意，繪畫的光芒與部落對環境的保護和自然的尊重，讓我有微妙的靈魂波動。

　　看哪，這是排灣族作家亞榮隆・撒可努（Sakinu Yalonglong）的故鄉。古老的山陵和太平洋，──Lalaulan，撩撥著我的眼瞼。風來了，野鳥在幽谷上飛翔，黃昏的地平線望而生喜。

　　看哪，藍得不可思議的是海洋顏色。部落後方的山坡上，勇士用智慧把偷吃的小鳥趕出了小米園……婦人跟黎明一起行動，努力在土地上生活。在這山海間，每年七月，就會有阿美族和排灣族的豐收祭典，他們會釀酒、製作粽子、一起引吭高歌、舞蹈，也會諦聽耆老的祈福。風來了，聲音輕柔無比，我的步履也變得輕盈起來。

　　我相信，黃昏吹來的風正俯身把 Lalaulan 守護。走過風風雨雨的部落，在這寂靜中，Lalaulan 眨了下眼睛，微微笑了。歸途，順著一整排的彩繪牆，走過柑阿店……轉身的那一瞬，適巧拍下一位路過的族人親切的笑容。於是，我漸漸地理解了這部落的真正形象。

　　只要用心諦聽，雲會嬉戲，動物也能成為我們學習的對象。就像雨後陽光燦爛的大地、一朵野花，甚至石頭，也能

通過我們的眼睛跟鳥獸、花木說說話。因為,分享是一種心境,學會分享,懂得感恩,才是最快樂的。

今夜,月光朦朧,朦朧中我望見了 Lalaulan 的背影,覺得它在我的心裡唱著歌……注視我的星星是母親,在那如夢的海面上閃爍。而我就像一匹小棕馬,只懂得馳騁其間。那裡,一切只是靜謐和美。朋友,是否也在你內心深處蘊藏著一支細細品嘗的歌?

－2019.9.1

－刊臺灣《人間福報》副刊,
　2019.10.07,及油畫 1 幅,攝影 2 張。

油畫/林明理

林明理攝　　臺東縣太麻里鄉拉勞蘭部落
（排灣語）Lalaulan /行政區域
的名稱是新香蘭/林明理攝

111.　夜讀林豐明：〈荳蘭過去七腳川〉

心繫於所緣，──
從荳蘭到七腳川。
二十多年後，
他寫關於那些地方
所見的風土人情，
只有滿懷愛和回憶，
目光真誠無妄，
沒有憑空虛構。

他獨自站在山之巔，
歌詠林木或溪流。
世人渴求心靈平靜，
卻忽略了向內探尋自我。
而他回到源頭，──
去聆聽，去感受。
內容深刻而豐富，
讓後山為之喝采！

註.花蓮吉安火車站前的廣場，稱為「荳蘭廣場」，荳蘭是目前花蓮市
　　與吉安鄉交界，而「七腳川」則指今吉安鄉吉安村。　　－2019.9.2

　　－刊臺灣《笠詩刊》，第 333 期，2019.10，頁 95-96。
　　－刊臺灣《更生日報》副刊，2020.1.6。

112. 南田公園記遊

　　秋日，赴南田海岸親水公園的途中，我們先到了「多良車站」。只見遊客絡繹不絕，長達一公里遠。環視左右，山巒蓊鬱，適巧有火車經山底隧道，引起一陣歡呼；而俯瞰前方的太平洋海面，如置身在藍色的幻境之中，令人興奮雀躍，難怪它被號稱「最美麗的車站」。

　　我們取台九線而前，抵達達仁鄉南田村的第一部落和第二部落之間，海濱公園已在望；登上觀海台，引頸遙望附近的山峰，景色幽深。雲層的光芒和廣闊恬靜的大海是如此親近……低飛的鳥掠過，也彷彿塗上了一層薄薄的金。

　　風吹過樹林，吹過大地綠草，吹過殘留在沙灘的雨痕……吹過腳底下圓圓尖尖的小石，也掠過旅人心中難忘的回憶。

　　我忽然想起張雨生為表達他對逝去的小妹的思念而寫下一首動人的歌《大海》。是啊，它可以療傷，也可激勵，就像在這大海上奮進的鷗鳥，越升越高，漸而矗入整個蒼穹。

　　飽覽奇景，再前行約莫三十公尺，便看見海岸公園內的一些大型的竹藝術作品，造型多元，不禁讓我拿起相機拍照。這時，來了兩輛達仁鄉公所的小巴士，車身均彩繪著原住民圖騰，煞是吸睛。十多位訪客也紛紛下車徒步出發，高興地與我們擦肩而過。

　　深入南田部落，街道兩旁的彩繪屋、富有排灣族風情的

屋牆或大頭目的建築,還有傳統文化屋、南田社區發展中心等等,都讓我感到好奇,靜觀攝影。這一天旅程,俄而熱熱鬧鬧,俄而又靜謐如詩;我也方悟剛才所見的每一道風景,原來都是大自然最妙造的事物!

　　歸途中,突然雷霆萬鈞,大雨紛至沓來。修路的工程車、環島的年輕人等一切車騎,都變得迷濛了起來,只剩前方點點的燈光,忽明忽暗,不停地閃爍。車過多良車站時,大雨又旋即消逸。俯視車窗外灰藍的海面和縹緲晴巒時,我驚嘆於大自然的瞬息萬變,難以掌控捉摸,但總會使我們更有智慧;一如際遇人生,飄忽不定,但總會有平靜之時。而我所記得的歡樂,雖然短暫,但內心平靜,就是美好的生活。

－2019.9.3

臺東縣達仁鄉南田海岸親水公園/林明理攝

113. 在那恬靜的海灣

曙光下
平靜的海灘上
漂流木打成的一個愛心，————
鐫刻著平安的烙印…
…正微笑著向我接近

它較不為人知
　　卻藏著南國海岸的風情
綠島也躺在海平線的那端
就像靠在母親的臂膀，————
靜靜地諦聽
山海的一些古老神話

而我低頭看見雨後水窪中
小小的漣漪，還有天光雲影
啊，那來自山嵐的樂音
輕輕地撥動我…
恰如被一朵浪花擁抱，————
使我莫明感動。

　　　　　　　— 2019.9.5

臺東縣太麻里鄉華源海灣

—刊臺灣《秋水詩刊》，第 182
期，2020.01，頁 37。

114. 多良村的心影

飛翔吧，部落的孩子。你將學會邁向幸福的勇氣。

飛翔吧，孩子。

天空已由陰沉轉成初曉，望月的孩子時刻想念著家鄉的歌。

強勁的海風不停地吹……黑夜席捲而來的苦難也終會漸漸遠離。

飛翔吧，孩子。跟著老師學識字。

跟著爺爺說母語，去養雞、去種菜、上山種小米。

跟著奶奶說母語，去洗蛋、去掃地。

有土地，就有根，這是不變的道理。

堅強吧，孩子。誰心存感恩，光明就眷顧誰。

堅強吧，孩子，天空和鳥獸會靜聽你的話語。

我看到一隻大冠鷲在山上盤旋，看到一個小孩一面跑一面跳。

我看見部落的土地已逐漸發芽、期待豐收；

看到部落的青年積極打造自己的家園。

啊，——我看見了，

看見一列火車快速掠過，給沉默的天空拈朵微笑。

註.多良村「查拉密瀧部落」Cala-Vi，是排灣族的部落，曾因
　八八風災受創嚴重。如今，部落的青年全力投入社區的木
　工等工坊，正在轉型創新中；多良觀光車站裡有許多部落
　的年輕人販售各種作物及飲食，甚是欣慰。

－2019.10.27
－刊臺灣《華文現代詩》，
　2020.02，第 24 期，頁 96。

林明理畫

林明理攝

115. 寫給金樽海岸

　　黎明時分，倚在那座眺望台旁，我聽到浪花淺唱低吟，看見伏臥在藍海中的綠島，做會心的微笑，好像似曾相識一般。

　　啊，聳立的山脈是那樣綿延，高入雲霄。我的心停泊在這形狀看似酒杯，又有點像船錨、全台灣唯一正在形成的陸連島上。每次靠近太平洋，我便感到自己多麼卑微、渺小。

　　在這靜謐中，海鳥在它柔細的沙灘上掠過，遠方的船舶在海平線上若有若無。我願是一朵雲，在這小海灣、離岸礁和附近的山澗峽谷四處遊蕩，誰也猜不透我，挺好。

　　我願是依伴在漁港的燈塔，將這衝浪勝地，好手們盡情享受追浪的樂趣，──盡攝其中。

　　我願是一片片浪花，望向海灣──那些留下一串串堅實的足印，還有蘊蓄的歡聲笑語。在風中，諦聽著落葉沙沙、啾啾鳥鳴……就這樣靜靜地想念著，不求什麼回報。

　　我願是一隻飛鳥，渴想到海的對岸去。那是我夢中的綠島，──那村落、平原沙灘，還有亙古的斷崖……而風輕輕吹拂著我的髮，又是如何地恬適幽趣，當我望盡綠島的身影引我思念的時候。

　　歸途中，向外觀望。我看到雨點吻著車窗，烏雲開始密佈。我能夠想像得到，這美麗的海岸風情，雖然只有片刻的

停駐，對我卻是一個美好回憶的開始。

　　這就是從大自然中獲得內心愉悅自在的力量，也因此感受到平靜，是我對金樽海岸由衷地流出一首讚歌。

　　　　　　　　　　　　　　　－2019.9.10

臺東線東河鄉

116. 水往上流奇觀

跟著一朵小花……
……滑過那些溝渠和花叢
水往上流奇觀——
掩映在東河鄉景中
　　是那樣清澈而不可思議

走近園中閒逛
遠方海波不驚
一隻紅蜻蜓飛了起來，——
　　像是已熟悉這路徑
沿著綠樹藍天與秋風
　　緊緊牽引著我的心

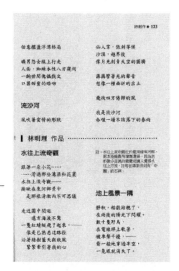

註.水往上流奇觀位於臺東線東河鄉，原本是條農用灌溉溝渠，
　　因為地形微小差異的錯覺而讓人覺得水往上方流，目前在溝渠
　　旁刻有「奇觀」的石碑。

　　　　　　　　　　　　　　－2019.9.11

　　　　　　　　　　　　　　－刊臺灣《笠詩刊》，第334期，
　　　　　　　　　　　　　　　2019.12，頁123。

117. 小野柳冥想

　　我喜歡漫步在這緊鄰富岡漁港的海岸，看陽光穿透雲層，俯覽各種奇岩怪石——在海那邊，三十二公里之外——綠島如雄獅俯臥。

　　林蔭覆蓋的沿途風景，太平洋、白水木或草海桐，岩層呈波浪狀褶曲……讓心之所向，便是宇宙。

　　偶有一隻攀木蜥蜴，藏在石縫處，好奇地對我張望。蟬比鳥還要激昂地嘶叫著，蜂迎蝶聚，翩翩而來——啊，大海開始低吟——抒情而雋永，園中的清香盤旋不去。我雀躍，如鳥出籠。

　　看哪，砂岩岩層那邊，——一個像蜂窩，一個像蘑菇，一個像烏龜爬行，一個像豆腐般，還有壯觀的單斜脊。我聽到珠頸斑鳩的叫聲，劃破靜寂的天空……吹過沙灘的風，是藍色的，漾起朵朵浪花的輕瀾。

　　在大海的韻律和白雲之間，閃閃發亮的文殊蘭，花蕊清香。一群紫斑蝶時而在闊葉林飽嚐蜜源，時而棲在枯萎的枝椏，翅背上藍紫色的光澤中有白色斑點，像是夜空的星辰，令人沉醉。

　　是的，世上真有美好事物，它存在於將甜蜜的幻想帶到真實之時，存在於故事撼動你我的心之時，存在於自由與懷著希望之時。

　　當山風由遠而近，我開始明白了。人的世界也需要童話。恰如一隻看不見的烏頭翁在啼鳴。我應道：「早安，我的朋友。」一隻小松鼠說了聲歡迎，又淘氣地溜上了樹。而大海想告訴我什麼呢？

　　只有風湊到我耳邊說：「這是個只有想像才能打開的奇妙世界！」然後，我跟著大海的節奏，輕輕地吟唱了一首讚美的詩。

－2019.10.1
－刊臺灣《中華日報》副刊，2019.10.30，
　及攝影1張。

林明理　攝影

118. 在都歷的天空上

　　中秋過後，我在成功鎮都歷（Torik）部落前，看見一片椰林中的傳統茅屋，開始找尋當地阿美族生活樣貌和其中的幸福。

　　你或許聽說過都歷沙灘。它是當地阿美族每年舉行海祭、漁獵及撿拾螺貝之處。在夕陽下退潮水淺時，沿著沙灘漫走，大地就會浮現著另一種形象——反射出一座清澈無瑕的「天空之鏡」，還可聽到遊客歡樂的說笑聲。

　　月桃是部落的生命之一，是部落婦女們編製器物、草蓆、做成醬食品，也是當地阿美族擅長藤環手作等工藝的一項特色。

　　而稍遠一些，在舒適的東岸都歷遊客中心。首先映入眼簾的是浩渺的大海，搖曳波浪中的膠筏、小漁船在緩緩移動。巍峨的建築入口旁，盛開的睡蓮、蓮莖上歇息的善變蜻蜓，還有錦鯉池……一幕幕依山傍海的景色，多美麗，多不可思議……

　　遊客中心周圍有一大片綠油油的草皮，在月光海音樂季的時刻，我可以想像，傾聽夢中的歌聲、海的韻律與歡笑，是多麼愜意的事啊。

　　如果你能看到廣場前那些雕塑、裝置或展示館裡的影像等作品，如果你能看到這個社區族群勤於淨灘、栽

種無毒農作、愛護大地海洋的民族性，你就會發現都歷
部落族人是多麼良善，又是多麼真切。

　　如果你能親耳諦聽他們像天使般歌唱，熱情地舞蹈
與接待。我相信，你也會擁有同我一樣的感動！

　　在都歷的天空上，在祈禱時，我想起部落的圍牆上
心手相連的歌舞、鐫刻著阿美族文化以及捕魚的圖
騰……還有部落老人臉上掛著的微笑。

　　我祈求諸神，讓部落的歌聲、歡笑永遠不息。願他
們能自由享受廣大空間的山海，不受外界的侵害、干
擾。那是我最誠摯的默禱。

－2019.9.17

－刊臺灣《臺灣時報》，台
灣文學版，2019.09.25，
及攝影1張。

林明理攝

119. 遠方的綠島

　　看哪，在碧藍的海面上，日頭昇起時變為晶亮，朝著那遠方的綠島，朵朵浪花跟著茫無際涯的白雲一起嬉遊。

　　當我移動腳步，像多年前那樣，直想靠近它莊嚴而安靜的目光。或者在秋陽下俯覽沙灘，或者在夜裡獨自遐想……那岩洞和山丘總是相依相伴，就像永久地等待──允諾我的天上繁星，我們才剛剛相遇，心裡卻沒有一點兒陌生。

　　無論是過去或現在，無論湛藍的天與青草、巨石與白浪、燈塔與鷗鳥，它們彼此間沒有隔閡，好似過往的滄桑，已然隨著時間慢慢蒸散了──只剩旅人去細細領略黃昏的惆悵。

　　噢，當我喜愛這一切，喜愛南寮漁港乘坐的海底玻璃船和俏皮的梅花鹿，而自以為是在天涯海角；而我所迷戀的海岸以及島上的居民都努力在守護著家。

　　看哪，深海的魅力還和以前一樣，古老的活珊瑚群體歷經颱風大浪，又生機再現，軟珊瑚已經開始產卵。它們是多麼美！多麼令人歡躍。

　　據說，五十萬年後，這島嶼就會和臺東市位置連接了。啊，此刻，它站著，如此堅定，猶如一介亙古的勇士，指揮著千軍萬馬，一如既往，無懼向前。

　　在臺東東方三十三公里的太平洋海面上，那裡最早是達悟族等族民居住的地方。島身呈不等邊四角形，如一隻俯臥

的雄獅，充滿著不可思議與原生的力量，而其最高點是火燒
山。

　　不管四季如何改變，在遠方——在綠島——在我心中，
它總會向我迎面而來，——帶著一片純淨的藍，閃著奪目的
光燦。追古溯今，依然有著原住民對生命禮俗及對大自然最
深的尊重。

－2019.9.20
－刊臺灣《臺灣時報》，
　台灣文學版，
　2019.10.23，及攝影 1
　張。

林明理攝

120. 我願是隻小帆船

我願是隻小帆船
停靠在落霞外
每一次與大海相遇
便興起絲絲回憶
若是雨飄下來
孤獨不時出現時
我就那樣歌著……
……給自己聽
是否我也只是在生活
卻看不清生活是什麼

林明理攝

所有浪花都在低吟
所有星辰閃亮
我卻一直思念
莿桐花開了
還有從遠方
輾轉傳來的故事
是啊，無論我航行多久
家有多遠
在我心中　還保留著一種愛
它　讓我時時回到故鄉
溫柔而寬廣的懷抱

　　　－2019.9.24

　　　－刊臺灣《華文現代詩》，第 24 期，2020/02，頁 84。

121. 時光裡的好茶村

聽說，山越高，越接近上帝的殿宇。我寧願相信──因為現在我想歌詠一個穿梭在時空的故事。

在時代的寧靜裡，本世居於屏東霧台鄉海拔九百多公尺山腹上的 Kucapungane（舊好茶部落），是臺灣唯一以保存原住民聚落為主的二級古蹟。它有著魯凱族的傳說，發祥地源自大武山西側、隘寮南溪中游。

據悉，其祖先越過中央山脈，跟隨雲豹的指引而來，在此建立了部落，以石板屋建築文化聞名。後來因天災、土石流等因素，族人歷經數次遷移，最後移居到原瑪家農場的禮納里（Rinari）的永久屋。

而今，往返「雲豹的故鄉」好茶村之路迢迢，沿途行進艱難，有水瀑自大崩壁傾瀉而下、險峻的山坡、棧道、斷崖……回家，成了族人遙不可及的夢。

春去秋來，故鄉醒來了──它已長成一片百合花。

第一個降臨的彩虹仙子，溫柔地凝視著，卻什麼也沒有說。第二個來自森林探望的小松鼠，立刻跟老樹攀談了起來。只有我在心裡急急地說：「好茶人，你們是否安好了呢？」

於是，天空沉默了。

秋風把我的眼眸變得深邃，看得更遙遠。我的心跟著編織一個夢，一個奇蹟般的夢幻畫面，──注視我的高山是一

位勇士，晚秋的雲霧是它的孩子，在它的肩膀和胳臂上俏皮地躲藏嬉遊。

我看到，山谷中有一條溝壑，一條小溪汩汩有聲，漫過河床……順著陡壁，時而遮掩著，時而追著陽光的峰巒，不停地歌著。

我看到，自己輕輕地踩著古老的石板路，眺望北大武山的壯闊，然後開始走在新好茶村的街頭。

我看到，一間石板外牆、刻有百步蛇圖騰的房邸，美麗又原始；迎面而來的山風，沁涼如水。就在新好茶村前的溪邊，有一處水潭，是族人戲水的好地方。

此刻，我走在時空的空隙中，聽見部落的風喃喃細語：「哦，我的朋友。」我得仔細聽，才聽個明白，並喜出望外。離開時，水雲瀑布復響。我揮了揮手，心裡卻有了一絲感動。

這是一趟心靈的旅途恍若浮動的心影，真實與想像之間亦如好茶村走過滄桑的探尋，也是我最想望的、美麗的部落境況。

－2019.9.26

－臺灣《中國時報》副刊

1993 年的好茶村

瀑布照/高準提供

在 2019 年 10 月 26 日 星期六 下午 01:40:05 [UTC]， 人間副刊寫道：

謝謝賜稿，本刊將會採用稿件，並找合適的時機刊出

敬請期待。

人間副刊　敬啟

122. 新馬蘭部落的記憶

那是晚秋時節，在青島街榮家後方，來到記憶中的新馬蘭部落（fukid）。這灰藍的黃昏天空，鳥雀啼鳴在電線桿上，有風在巷道裡嬉遊，週遭靜默無聲，時間彷若靜止。

我如深海的一尾魚，靜靜地潛入一座村寨。沿著小巷子逕自走去，前後不見車輛，一片空寂，除了幾聲犬吠，只有我高高舉起的相機無聲的搖晃。

風迎面吹來，喃喃地講述部落的故事。我依稀記得市區的「馬亨亨大道」就是以馬蘭阿美族大頭目谷拉斯 馬亨亨為名。在 1951 年間，fukid 地區的阿美族人為往返耕地與部落不便之故，在此披荊斬棘，開墾土地，重新適應生活。民國六十年代以後，才逐漸發展為一個聚落。

如今，原長滿野草的土地，已遍佈美麗的稻穗。我依稀聽到，背後默默的都蘭山，有祖靈親切的呼喚。

多年以後，部落的小孩長大了，老人也在這裡獲得心靈的歸屬，而新蓋的聚會所成了族人傳承文化永遠的家。他們因為有信仰，心靈感到豐足，他們因為有祖靈，得以安於生活且更加和樂。

在我告別馬蘭社之前，暮色漸濃，街燈一盞一盞亮起，有雨絲飄過。我所見過的影像，全都烙印在心底，在所有景物中，或許 fukid 的眼神最顯光輝柔和。

　　恍惚中，我看到了 fukid 的豐年祭，他們利用收割後的稻田進行泥巴排球賽；族人載歌載舞，那縈繞舒緩無爭的歌聲，還有阿美族人的樂觀、開朗，都讓我印象深刻。

－2019.9.30

－刊臺灣《臺灣時報》，台灣文學版，2019.10.02，及攝影 1 張。

林明理攝

123. 漫步金龍湖

我曾經到過許許多多的湖，卻全沒有這麼恬靜如鏡，彷若遺世在山中的璞玉。

環視周遭，就會發現湖面呈葫蘆形，在大武溪和朝庸溪的凹地之間。在金光的水鏡旁，這座休憩區擁有腹地廣大的原始林相，區內有沼澤區、次生林、草原帶等。其中，金龍湖溼地是南迴地區面積最大的溼地，每年十月至十一月，有蒼鷺、野鴨等冬候鳥前來棲息、覓食。

金龍湖是由天然湧泉形成，也是附近農田灌溉主要水源，又稱為「大武水庫」；內有涼亭，約兩公里的步道旁植滿宜梧、毛柿、台東火刺木、茄苳等樹種，也有松鼠、昆蟲等出沒。

走過環湖步道，諦聽各種鳥類啁啾。一隻鳳蝶在枝上飛飛落落……湖邊有睡蓮競相開放，草也茸茸。我走近一步，對著鏤刻著原住民圖騰的石板及鍛造的欄杆作一次細膩的觸摸，在沉靜裡微瀾的思緒愈發飄遠……彷彿時光也美好了起來。

風來了，我聽到清溪在山裡湧動。我看得見老樹叢上的行雲低眉淺笑著。我的前方有岡巒，由高而低，或趄或聳。我努力捕捉那守在雲堆裡的陽光如流星的眼波……啊，翩翩的小白鷺掠過深邃的湖面。

在我眼睛深處，點點水鳥，化成細浪漂漂……閉上眼，有許多記憶升起。或者，什麼都不想。當面對幾隻候鳥從水面啣起餘光時，我也會像所有人一樣雀躍不已。對我來說，意隨雲飛，在秋陽的湖畔，欣喜且悠然。歸去，已是黃昏。

－2019.10.03

－刊臺灣《臺灣時報》，台灣文學版，2019.10.31，及攝影1張。

林明理攝

124. 重回恆春古城

　　重回古城，已是多年後的一個炎熱的下午。我從東岸而來，找尋一個溫暖的記憶。天空無比清明，天后宮仍靜靜地守護著恆春城鎮。

　　據悉，恆春古稱「瑯嶠」，是排灣族語「蘭花」的音譯，舊時為排灣族斯卡羅王國領土，最早的文獻見於荷蘭史料，晚清大臣沈葆楨在此地築城牆，並在瑯嶠設縣，將其改名為「恆春」。而古城歷經戰爭及歲月的洗禮，城牆多已毀損，只留四個城門尚屬完整。

　　我曾經踏著先人的步伐登上東門城牆漫步，像在這個黃昏，悠然觀賞雲的變幻，四周的一切已然淡忘。儘管老城歷經物換星移，卻輕輕撥動了我靈魂，像是在對我凝視。無垠的風伸展翅膀，日夜飛翔，而我是秋日的一朵雲，諦聽著恆春的歌謠。

　　每次，進到老街走的路都不盡相同。這回循著只剩下一小截城垛及門洞的西門走去，穿過了一條擠滿人群的檳榔街，彷若重返時光隧道。在中山老街和福德路交匯路段，各處來的遊客都好奇地逛著，從商店、攤販、伴手禮到冰品等各種古早味小吃，好不熱鬧。

　　走出小飯館，滿足口腹之慾後，溫熱的空氣更讓我好想吃碗剉冰。再次步入阿伯綠豆饌店面，找到最裡面的位置就

座。阿伯的名聲人人皆知，他從推著攤車到處叫賣，是恆春人的記憶，也被視為當地代表性的美食之一。我開心地吃起來，又重溫了一次幸福的感受。

　　就在一天要結束前，我從喧嘩的街道，往石碑公園（原猴洞山史蹟公園）走去，為的是要繞走一趟木棧道，立看秋雲，生出種種美麗的霞彩。走過了山巔和樹林，走進了歷史的痕跡，走進了觀景的涼亭，再環顧，感受到一種安靜祥和的喜悅，如同給我一個祝福。我露出了笑容。

　　啊，今夜我在這兒似乎也聽到月光盈滿老城的歡笑。

－2019.10.4

－刊臺灣《臺灣時報》，台灣文學版，2019.10.16，及攝影 1 張。

林明理攝

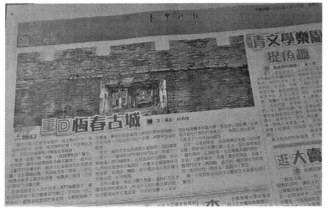

125. 初遊楓林村

　　來到地處恆春半島的獅子鄉，首先不只是看風景，其次也不只是看文物，而是對這屏東縣面積最大的鄉鎮，居民多為排灣族勇士除了崇敬之外，有幾分好奇感；更要緊的是想從中了解村民和他們所生存環境的社會面貌。

　　楓林社區入口設置遷村的紀念碑，還有一對雙獅像拱門，矗立於天空之下。街道兩旁都刻畫著排灣族的象徵圖騰，讓我久久沉醉地欣賞，確是秋日漫步的好所在。

　　據當地耆老說，獅子村有巨大岩石，形狀像獅子頭，村落原稱「獅子頭社」；而楓林村因為秋冬時分落山風過於強勁，原稱「風林」，後來為美化其名，才改為「楓林」。

　　走進社區，走到路的盡處，使我得窺一二。它是以務農為主的村莊，格外顯出原自然耕種的寶貴。芒果盛期已過，但在小山坡中依稀可感到一種幽靜，清風自然而然地襲向我來。村路蜿蜒向上，大多栽種果樹，抵達高點時，片片白雲浮蕩在遼闊的空中。

　　當我來到楓林國小更感到親切起來了，它有著大陶壺的門牆及彩繪的圖騰，山石花草，在全村裡十分顯著。校內純真的排灣族小勇士，更有著良好的運動細胞；前幾年，學校也曾獲得手球國小組亞軍及德國邀請參加國際手球分齡錦標賽等殊榮。

　　從村裡出來時，陽光正好暖和。心中既感到村莊的寧靜純美，又面對他們在艱苦生活中保有的勇氣而感到佩服。這些族人要在生活中嘗遍多少辛苦耕耘，才能把這社區建設起來？又必須忍受多少風雨襲襲才能安於目前的生活？我仰視天空，對視楓林部落，大地無言。

　　我忽然想起清代學者鄭燮的一首《竹石》：「千磨萬擊還堅勁，任爾東西南北風。」是啊，但願楓林村的族人能繼續保持心中的信念，堅定強勁，持有不怕任何打擊的精神。這是我由衷的默禱。轉身離開時，它似乎溫柔地向我揮手，微微地笑了。

－2019.10.6

－刊臺灣《青年日報》副刊，
2019.11.20。

126. 在瑪沙塔卡的深眸中

　　晚秋，驟雨後，穿過田野阡陌，步入池上鄉振興部落，便感到空氣澄澈。我等待的瑪沙塔卡在微風的輕拂中，有著奇異光澤閃爍。

　　入口處，高高圓柱地標旁，有座阿美族武士像，凝視著；在寂靜無聲中，唯有那電線桿上的小燕子，在喳喳地叫。走著走著，看到萬安國小振興分校門牆上鐫刻著許多傳統的阿美族圖騰；而活動中心門前，還可閱讀到村落的由來。

　　我的相機是一個忠實的伴侶，它陪我度過了許多記憶中美好的歲月。我所喜愛的景物都可以收藏在「鏡頭」這個字裡。所以，當我一邊讀著部落的故事，一邊記錄這個村莊的面貌時，在我耳畔，開始響起了低沉而悠揚的歌聲，在校園老樹下的走廊上迴響著……

　　那些外國藝術家在此地留下的創作，特別是那位法國畫家（Julien Malland Seth）在校內留下的巨幅的藝術壁畫，畫出阿美族少女的純真、畫出小男孩揹著傳統圖騰的背包、畫出族人守護著傳統的精神，即使已經過這麼多年，風雨不曾遞減它的美。我慢慢地領受著，讓這些純真的夢想，成為美好的的記憶。

　　這個實際人口不到三百人的小聚落，在高處，還可遠眺到中央山脈和花東縱谷遼闊的稻田。沿途的屋宇，有石頭或石片組成的圖騰；偶爾還可看到大冠鷲、山豬，或族人在院

子烤飛鼠。

　　此刻我還在想：感動本身也是幸福，而這份感覺是和「自然」分不開的。在那裡，在瑪沙塔卡的深眸中，族人的幸福產生於社會的關照。他們崇尚自然、熱愛傳統文化；加上不加修飾的淳樸，更是部落的魅力所在。

　　啊，今夜月光多麼溫柔，我又聽見部落的聲音，或近或遠……而瑪沙塔卡的面容，一直在我心中萌發──也賜給了我一個安詳的夢。

－2019.10.9

－刊臺灣《臺灣時報》台灣文學
版，2019/12/26 及攝影 1 張。

池上鄉振興部落（早期稱為瑪沙塔卡，後來改為白毛寮，
光復後才改稱振興村），入口的地標旁有阿美族武士像。

萬安國小振興分校校牆的
彩繪壁畫/林明理攝

127. 讀醫師詩人葉宣哲的《瞳》

當月光輕拂樹梢
群星環繞鹿港老街時
有個人
白天，熱心行醫
數十年如一日
靜夜裡
用溫暖的語言
譜出祖孫情的歌謠
所有的歡樂
所有掉淚的感動
都是為了愛——
那瞳孔深處不僅僅是
關懷家人
也關愛家鄉的一切
孩童用清澄的瞳孔探索世界
他用寬容的眼光看世人

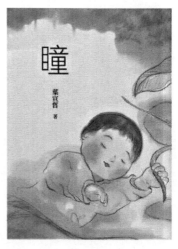

　　　　　　－2019.10.10

　　　　　　－刊臺灣《文學臺灣》季刊，
　　　　　　第 113 期，2020.01。

128. 池上風景一隅

靜秋，稻穀結穗了，
在雨後的陽光下閃耀。
數十隻野鳥，
在電線桿上歌著，
被車聲干擾，——
箭一般地穿過半空，
一晃眼就消失了。
只有雲朵　泊在山凹，
像是在候著什麼？
水聲和溝壑縱橫
——湧流其中。
被山環繞的鄉村，
村落被稻田環繞。
當陽光微露
直射大坡池，
一行白鷺從水面掠過……
欒樹開花了，
火把果也開得燦爛奪目。
我一邊諦聽風中微語，
一邊感受豐收的預兆。

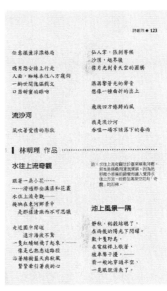

－2019.10.10

－刊臺灣《笠詩刊》，第 334 期，
　2019.12，頁 123。

129.〈部落之歌〉哈拉灣

　　晚秋。周圍是秀姑巒溪和下勞灣溪會合的區域——平埔族西拉雅人所創建的部落哈拉灣 Halawan。入口處，一隻鷹抬高了部落蔚藍的天空，片片雲朵相互扶曳。

　　繞過日本時代設立的樂合神社碑石，繞過兩座石燈籠，步上濡濕的青石階，——路的盡頭是活動中心，也是昔日的主殿所在。轉身回望，前路筆直地延伸著，幾十戶人家、教堂座落其中。風依依，那守在雲間的青巒時而閃爍。

　　沿著一條溪畔走過，一如真正的行者。從山嘴裡穿出一棵棵大樹幽幽地庇護我，鳥雀在鳴囀，翩翩的小白鷺無聲地飛翔，穿越了海岸山脈深處，穿越了綿延的溪谷、岩石……要飛進部落的瀑布了。

　　我聞到空氣裡蒸騰著芬多精、草香，還有淡淡的木香。我看到一隻大鳳蝶舞在粉撲花叢間……溪底清澈的水流，聲音越來越響。在俯仰間，在我感動的一刻，彷彿世界揚起了一陣笙歌，讓我無法不感到讚嘆的奇趣。

　　這聚落宛如世外桃源，卻只有百餘戶人口，一直以來以友善耕作的稻米及水果為業。每年豐收季，族人和孩童都會穿著傳統而美麗的服飾，興致勃勃地圍起圈圈跳舞、唱歌。

　　歸途，陽光正好暖和。有三個阿美族老婦說著流利的母語，在院子裡談天，眼睛有禮貌地微笑著。一隻黑狗，溫馴

地跟著我走，也沒有吠叫。一輛載滿新鮮文旦的小貨車與我擦身而過，司機向我點點頭。

　　啊，哈拉灣部落的安逸和靜好！啊，純樸和良善！直入我深情的瞳孔。於是，我默想著：我也不過是匆匆而又頻頻回首的過客，哈拉灣卻親切地牽著我，——像個母親，溫柔的眼眸，清亮的呼喚著，讓這趟旅遊變成一個深刻的記憶。在夢裡，我願慢慢飛回那安謐平和的天地。

－2019.10.19

－臺灣《更生日報》副刊留用稿。

花蓮玉里鎮/林明理攝

130. 初識玉長公路

穿越玉長公路，是一次偶得的幸福瞬間。

像往常一樣，車順勢由台 11 縣經過長濱，陽光在樹梢上舞動，耀滿山頭。藍色海岸全都框進我的眼眸，浪聲如影隨行，而太平洋總是那麼浩瀚。

雖然冬已將至，地表上的熱度卻沒有降低，大地的節候似乎停格於殘暑。在往年，我只慕秋天——那份靜謐，楓紅杏黃和穀物豐收的盼望；也喜愛候鳥和深秋的蘆花，更真心地喜歡白居易的詩句「更待黃菊家釀熟，共君一醉一陶然」。

曾經到過許多公路，但數這裡的感覺最傾心；它連結了花蓮玉里鎮至臺東縣長濱鄉，隧道內部全採鋼筋混凝土襯砌，兩側各有避車道，施工完善，也是在浪漫的旅途中，遇見一個美麗的邂逅。

遠眺中央山脈與海岸山脈間，這地域多麼蔥鬱、寬廣，還有千壑之中或近或遠的清響——啊，秋蟬啼鳴，敲響出晚秋最深邃的餘音和大地的吟唱，怕是連山岳都要動容。

中途，休憩片刻。我沿著一條人煙稀少的小徑，向上繞過樹林，凝望著遠方中央山脈的陵線。一隻大冠鷲驀地飛起，似飛似飄地……朝向雲天投去。週遭是如此純淨，數隻善變蜻蜓又不經意地出現，群蝶舞在咸豐草及花叢間。多麼妙靜，多麼令人驚嘆的大自然畫面！而我的心撥弄的詩琴，跟著徜

祥在海岸山脈的玉長公路旁；也慢慢明瞭，為什麼最閃爍的飛翔總是在無垠的天空。

　　歸途，我目不轉睛地回顧，山角的轉彎，在樹影輕輕飄下的午後。直到車經安通溫泉，出了公路，彷彿仍聽得到蟬聲鳥囀的旋律。那些工程人員齊心克服困難，才讓這條公路於 2007 年正式通車；而所有的努力、所有的感動，也將——裝進我的行囊，伴我在旅途上繼續前行。

　　　　　　　　　　－2019.10.18
　　　　　　　　　　－刊臺灣《臺灣時報》台灣文學版，
　　　　　　　　　　　2019.11.15，及攝影。
　　　　　　　　　　－刊臺灣《青年日報》副刊，2019.12.18。

林明理攝

131. 閱讀魯蛟

當我讀到年已九十的詩人作家魯蛟（張騰蛟）近日寄來的一本《翰墨伴我六十五年 —— 相關資料彙編》，猶如給已進入晚秋冬至的季節，注入一股暖流，讓我一下子精神了起來。

當今文壇，很少有像他這樣的大家所寫的詩文走向人群，走向真切的事物，走向一條能真正予以文學思想上的引導，而將一己的力量湧報於寫作其中。

他的童年與成長帶給他最好的一面是：在大自然中尋求寧靜的喜悅與堅強的、是非分明的性格。他寫作的情感，源自靈敏的思維，隱藏的向上力———時而在妙筆生花的散文裡顯現，時而在簡潔精緻的小詩裡透射著光芒。

我最喜歡閱讀其書《時間之流》裡的一首小詩《魚事》：「自溪的上端至溪的下游/任你穿奔/任你緩泳/任你作多姿多貌之浮泅/你的清流世界啊/猶之於鳥們的藍色天空」這是其中的一節，這些帶有象徵意味的詩句，恰好體現了魯蛟的品格高潔。不只是他為人單純、正直無私，包括他對寫作的態度是以神聖的嚴肅和創作中內心深處的豐盈，這亦是在作家當中最引我注目的。

這本有關魯蛟自己彙編的資料，詳實地記錄了他在過去六十五年來豐富的寫作生活中的一些重要的回顧、紀要、卷籍簡表及史料，並且保持著謙虛的特質。最讓我感到意外的

是，書中對我的簡評：「閱讀快如飛，下筆有如神」。讓我又驚又喜。

　　對於這位愛戀著臺灣的作家促使我更有動力歌詠世界，我從來都只有向他致以敬意，而我為他晚年仍抱持著相同的目光，關注社會，也留下深刻的印象。因為，他有著文人特殊的尊嚴、豐沛的文采和良善的心靈。他是友人，也是我的驕傲！－2019.10.18

－刊臺灣《大海洋》詩雜誌，第100期，2019.12，87頁。

二〇一五年十一月六日作者與魯蛟於花蓮舉辦的世詩會後合照

132. 池上田野漫步中

那天，天剛亮，驅車通過一條柏油路抵達南橫入口的不遠處。我停了下來，走進了綠蔭深處的池上鄉陸安部落，走進了朗朗天空的曉月下黃綠相間的田疇，走進了我記憶中的童年。當我回過頭來，彷彿看到鄰家孩童們與我在大片的油菜花田上追逐嘻笑……但已聽不清楚到底當年的我們在喊些什麼。

我穿過沿途的幾十戶人家，看不見族人，周遭一片靜寂。只牆邊有一大片洛神花寧靜地開著，樹間傳來一陣陣烏頭翁的鳴叫，還有數十棵檳榔樹，蕉葉輕輕搖動，帶來一絲絲涼爽。

不多久，一輛早起的小貨車經過，我在入口處鐫刻的圍牆上，目不暇給地閱讀部落的文化及傳統，吸著稻穗和木香混雜的氣息。此地阿美族稱 Lihekoai，有氣候暖和之意。石柱地標旁，那片樹林子裡，有個休憩的木建涼亭，仰頭才能看見一大片樹林，更為碧綠的則是鄰近的郊山。

出了部落，我想起唐代白居易的一首詩《池上閑詠》:「青莎臺上起書樓，綠藻潭中系釣舟。日晚愛行深竹裡，月明多上小橋頭。」是啊，自古以來，詩人多愛在月光下漫步，吟詠。但我卻喜歡在清晨看大地甦醒、用它粗壯的手臂擁抱我，也喜愛漫步田野間冥想萬物互聯的真實意義。

　　循著田埂走去，稻穗占據了整個視野；那豐收的企盼，也瞬間盈滿我的心房。信手採來一朵大花咸豐草，輕輕嗅著，那麼安靜，就像田野背後那龐大的山體，矗立於大地，卻總是沉默無語。

　　現在我想起故鄉荊桐村，——那片廣闊的田野，水牛跟著農夫耕田，構成力與美的畫面……還有一條大溝渠清澈到不只能吸引婦女在那裡搗衣，有時還能夠看到小魚呢！我沒有在田野間走得很遠，稻穗上陽光耀眼。揮別時，群山頻頻點頭。「我也給你們一個擁抱！」我滿開心地說。方才離去。

－2019.10.24

－刊臺灣《臺灣時報》台灣
　文學版，2019.11.20，及攝
　影1張。
－刊臺灣《臺灣時報》台灣
　文學版，2019.11.21，及攝
　影2張，陸安部落。

林明理攝

133. 鐵份部落記遊

花蓮玉里鎮

　　近午，來到花蓮玉里鎮鐵份橋，良久望著那兩隻大冠鷲在空中盤旋飛翔相互鳴叫的身影，恰似一段流暢緩慢的華爾滋舞曲……一陣微風輕拂著我的臉，引我進入一個純淨無邪的部落。

　　入口處，我停下腳步，一遍又一遍從頭到尾讀著部落的紀實故事。這部落盛產稻米及文旦，東面有山巒，西鄰秀姑巒溪，是東豐里唯一的部落；阿美族人則稱此地為「Afih」，為「米糠」之意，族人多來自太巴塱、馬太鞍、砂荖、烏石鼻等部落。

　　值得一提的是，部落裡有位法國神父潘世光（1932 年－2018 年），一生奉獻無私，且自學阿美族語有成，編撰《阿美族語聖經》與《阿美族語辭典》等，有「河東天使」之稱。他如同一顆彗星進入後山服務，長眠於此，讓後世景仰。

　　走在街巷中，有如走在天地間寂靜的桃花源。部落周邊那一片黃綠相間的田野閃閃發亮，時而出現一片高大成蔭的樹林，或一間間屋宇，三五族人好奇地與我對看、微笑。越深入，山路、溪谷越難行，但也是最好的秘境，──鐵份瀑布，水流主要出自海岸山脈西側的山頭。

　　假如世界上真有一個美麗的角落或深情的故事，讓人能一看便喜歡上的，那便是這個部落了。我能想像，辛勤耕作的族人們，每年的豐年祭，在那東豐社區裡，載歌載舞之後，又繼續闊步向前。那麼和諧、那麼溫馨，那麼令人感動。

　　　　　　　　－2019.10.25

－刊臺灣《臺灣時報》台灣文學版，2020.01.01。

134. 遊成功鎮

　　清晨五點，天色猶暗著，驅車前往成功鎮；沿途經過許多阿美族部落。抵達和平部落時，天色終於亮了。山影變得清晰，田野渲染了黃綠相間的顏色。

　　不知為什麼，我駐足停留。信步走向和平國小，融合各方風聲、鳥鳴和鄰近的浪濤聲，沉湎在這純淨的風情中。我看到小徑旁的院子裡種植秋葵、茄子、香蕉等香花熟果，看到老婦小小的身影在田中勞動，看到婦人揹著嬰兒走動著，對我和藹親近，而我期待的正是這笑容。看到部落的孩童一臉稚氣，又體貼殷勤、幫著掃地，心裡著實感動。

　　抵達鎮上時，遊客三五成群，自由地在街道上閒逛著。忽然，在我眼前的，是一個造型酷似印地安老酋長岩，在一大片面積遼闊的青色山巒，山高雲闊，氣勢磅礴，而陽光正好灑落在老酋長肌理分明的面容上，閃亮亮的，似乎帶著一抹微笑。這是注目的焦點，大家紛紛趕來看熱鬧，並拿起相機或手機拍攝，此景也必然不會被遺忘的。

　　走向鄰近的成功漁港，風慢慢穿越湛藍的大海，掠過漁船和燈塔的寧靜中。我望著港口的遠景。起身離開時，一隻遷徙來台的冬候鳥──藍磯鶇，俗稱「厝角鳥仔」，挺直身體，停棲在電線桿上，使勁地呼叫著，像是對我親切地喊道：「早安！你好！」。我興奮地朝天舉起相機扣下快門，像是去迎接

這位遠方來的嬌客。

　　是啊，我又體驗一次難忘的畫面。在夢裡，我所清楚的回憶是那寧靜的部落、與海親近的片刻，那是一種無聲的喜悅……留在我眼中的景象，總是如此美好！

－2019.10.26

－《臺灣時報》，台灣文學
　版，2020.1.8 刊林明理散
　文〈我看酋長在成功〉及
　攝影 2 張。
－投臺灣《金門日報》副刊，
　待刊中。

林明理攝

135. 微風輕拂卡拉魯然

　　午後，驅車沿著一條彩繪著排灣族圖案的柏油路到臺東市新園里去。

　　活動中心內，似乎正舉行過一場豐盛的婚宴！既有歡樂的氣氛，又有一種原始的樸真。

　　有幾個穿著傳統服飾的族人在街上閒談，還有婦人三五成群地走在一起，不知在說些什麼。他們不僅服飾，就連神態及言語，也都像幾世紀以前那樣古樸、傳統。

　　正在那個時候，風起了，我諦聽著部落的聲音。彷彿中，有一首古調由遠而近，不停不息地，吹過利嘉溪北岸的河川地，吹過這裡的街巷田園，棲息在我的心頭上。

　　我笑著，一邊跟著聲音走，一邊閱讀部落的故事。

　　卡拉魯然（Kalaluran）創造的起源，是偉大的。除有蛇生神話故事，也有一種口述，說是由陶壺內部的突出物所生，稱為「陶生」；而其祖先共有四個部落，在一九四〇年代被日本政府強制遷徙至此。近八十年來，新部落歷經了生活困頓和遠離山上故鄉所失去的根，只是如隔世的雲煙，鮮為人知。

　　它是個典型的農村部落。每年七月，都會舉辦小米祭，鞦韆舞、狩獵舞等等祭典；族人們手牽手，凝聚了力量，也

凝聚了希望。他們曾用歌聲捍衛家園，不受外界污染其土地。因為，部落就是他們的「家」。

　　如今，我以一種認真的神情凝視著午後的天際。我只消閉上眼睛，就會聽到那風中之鳥的呼喚，從部落中傳到我的耳畔……好似那北宋程灝吟唱的〈春日偶成〉：「雲淡風輕近午天，傍花隨柳過前川。」而我的心啊，從部落積極尋回文化的根找到感動，正如微風輕拂卡拉魯然的溫柔一般。

－2019.10.29

林明理攝

136. 漫步在林間小徑

一個微涼的週末早晨，我首次走在知本林道上方的鎮樂支線產業道路上。

在那邊，山的對岸，便成了我最愛眺望的太平洋。當我越過海平線向東看，樂山底下的知本溪悠悠緩緩地，斜向下游。

在那邊，老人家說，曾經，寬廣的知本海岸沙灘，有時，會有烏龜上岸生蛋；但莫拉克風災後的河灘有許多漂流木，整治了八年，才恢復原有的風貌。

沿途，我看到東邊的山巒疊翠，山頂上方盡是森林。有幾戶農舍，以石塊、傳統工法堆疊成擋土牆也長滿青苔、蕨類，有昆蟲、爬蟲在孔洞間移動。

柔風吹過，一群黃蝶、黑鳳蝶飛起，飛到林道樹枝旁垂掛的古老樹蕨那裡去。串串金露花的果實在牆角四圍生長，五色鳥在電線桿上歌著；一對大卷尾帶著舞動的尾巴，躲在野林後方卡啾——嘰卡啾叫。

還有烏頭翁依偎在枝椏的身影，使我高興。在那樣的地方是遠離文明和喧鬧的。

我愛紅毛草頂著圓錐花序，邀隨風搖曳的狼尾草一起翔舞。我愛底下的知本溪雖然蜿蜒曲折，卻從中央山脈霧頭山上面沿著流路，慢慢地來到交界處，再注入了大海。

　　每當爬得越高，再回頭，向出海口方向眺望，我的視線便越加遼闊，自此地到彼方，周遭的世界呀，在我自己看來永遠是新奇的。

　　我將一路迎面而來的山林留在身後，想起了小時候田水的雲影，也想起了油菜花田的落日。在這清靜的茵綠裡，遠山的目光，斟滿了我的相思。流動的時光啊，羅織著細浪。而我像隻小蜜蜂，輕輕地飄飛……從前方來時路，飛入林道的盡頭，便感覺到親近大自然的自由了。

－2019.10.30

－刊臺灣《人間福報》副刊，
　2019.11.21，及攝影作品 3 張。
－刊臺灣《馬祖日報》副刊，鄉土文學
　版，2019.11.26 ，及攝影 5 張。

林明理攝

137. 美在南竹湖部落

　　清晨，從樹冠層透射下來的縷縷陽光，把大海映得金燦燦的。許是推湧的浪花呼喚，讓我細細傾聽，那曼妙低吟的聲響。

　　我從台十一線海岸奔來，像是初次飛臨的雀鳥，拙笨地飛舞，適巧進入了長濱鄉南竹湖社區。

　　我將臉倚在活動中心前，瞻望這個依山面海的部落。它的原名「Pakara`ac」（阿美族語：巴卡拉阿滋），是以其先民在溪邊發現罕見的白螃蟹和第一任頭目的名稱合併而得；因而，「白螃蟹」最能彰顯此部落的象徵。

　　我看到社區裡的族人用心打造一些裝置藝術，也種植花草和蔬果。無論是傳統舞蹈、手工藝品、咖啡，或是他們的一個微笑與期待，都讓我知道，世界在寬廣的目光中會變得更好。

　　沿著小徑走，我慢慢譜寫部落的故事。啊，奮力滋長的翅果鐵刀木，莖頂的鮮黃色花序與蟲鳥，是那樣生機盎然，為這排家屋帶來幸福的圖彩！那白色教堂在青山白雲的大氣中如聖體光耀，而部落的聲音像首詩，橫跨時空。它歌給四季聽，歌給椰林、沙灘和山林……音調盡是溫柔，是祝福。我驚訝於它如何經歷多年依然為族人所傳頌？

　　是啊，如果我側耳聽，輕輕地緩下腳步，就會聽到山的

低語，風在舞踴；而部落的歌聲，讓所有野花開放。這鄉景的光華，只能追憶著。

在望不盡的海岸之前，車駛向出口，就會看到那片金色沙灘。當海平線四周的浪花都成豎琴，一遍又一遍地唱出希望和歡送，直入我深情的眼瞳。啊，這一天，何等欣喜。我決定下次再多留片刻，融洽於一趟美好的記憶之中。

－2019.11.01

－臺灣《馬祖日報》鄉土文學版，留用待刊中。
　　2019年11月19日於上午 8:48 MAIL 留用。謝謝

林明理　攝

138. 雪景的遐思

　　冬日一個傍晚，越洋的非馬告訴我，院子裡已舖了雪，
親種的十多棵大大小小的樹站在雪地上，而那棵老楓樹低垂
的枝影，閃著淺淺的白光，讓他雀躍地拍下了一張照片。就
是這初雪的美景，讓我想起了他那孩子般的笑容。

　　啊，朋友。你的詩，就像冬夜裡的一束星光。詩裡，是
一個真實與想像交融的世界，一個奇妙雋永的天地。引我讚
美，讓我在彼岸為你歌唱。

　　我曾愛牛童的牧歌，愛那山雀啣著巢材和泉石的重音；
愛那稻浪隨著炊煙飄動。啊，那潺潺的小河，在故鄉小路的
轉彎處依然等候著我，好像離我只有咫尺之遙。

　　而今，回首歸程，我的思念是一隻秋鷺──輕輕地振翅，
在平野中閃爍。

　　啊，朋友。世上只有單純的友誼，最美，最真；詩人曾
以伴隨繆斯的旋律為榮耀，而你有顆寬容的心，是我一生的
驕傲。

　　我坐落在山脈與海洋之間，捕獵徜徉於宇宙的奧妙。當
遠方的雪影抵達我心中，我也會從中獲得美的感動，好似雪
在枝頭，無數片雪花漫飄而落……輕盈地沾滿我的衣袖。

　　即使此刻，童年的記憶已成斑駁，屋外的陽光仍在花間
跳舞。只要有你的目光，──它就像守望的星辰，在夜裡更

感親切，我便感到音樂在四周浮動。

　　我相信每一個傳說，也相信詩歌裡的芬芳。你是我記憶中和熙的陽光，含笑在我面前，教我勇於向前，敢於追夢。今夜，我吟詠你的詩句，像隻不眠的白鳥，出沒在如夢的芝加哥近郊雪白而寧靜的夜色中。

－2019.11.2

－刊臺灣《臺灣時報》，台灣文學版，2019.11.06，及非馬攝影照。

非馬家中庭院
非馬 2019.1.01 攝

139. 踏尋部落

時值冬季，我想起不久以前，初次到池上鄉大埔部落，那是在一個微風輕拂的早晨。入口處，一群大鳳蝶棲在鐫刻著阿美族人生活的彩繪圍牆下，忽地，飛起在落葉的週遭，又潛上枝頭。

在一片祥和的寧靜中，沒有任何騷動。我悄悄驅前，幾乎可以看到牠們翅下具有藍灰色斑紋，在晨光下的枯葉上、路邊的野花上空，做極盡微妙的飛行——在那裡，來自部落的風，似乎在訴說著點點滴滴感人的故事。我知道，即便是不經意的邂逅，也是一次美的感動，且無法用言語形容。

這個部落約在日治時期形成，此地的阿美族大部分由大坡池西側沿岸遷徙而來。每年的大型祭典，族人都會在聚會所集會跳舞、展演、射箭技藝等活動，延續部落的文化記憶及傳統。

這時，一輛機車從前方駛過，是個小女孩洋溢著稚氣，從後座緊緊抱住了母親，越騎越遠了。她的髮飄揚起來……忘不了的，是她笑得靦腆又甜蜜。

我從原路出來，悠悠走著，在田邊路口遇上一個老婆婆。她顯然聽見我的腳步及談話聲，轉了個頭，好讓我看到她好奇的眼神。我說：「您好，我來玩的。」

她望了望。朝我笑了。我也孩子氣十足地揮了揮手。再

回頭轉身，給她一個敬禮。

　　我不止一次回想——到底從何時開始，就憧憬部落。或許我自己還不明白，或許是因為在部落裡的回音特別明顯，是那麼好聽，讓我思念、牽掛；又或者它總有一個背後的故事，而搜尋這些故事自成一種期待與歡喜。

　　究竟該怎麼才能找到那似乎熟悉，又引我一邊描述一邊打從心裡佩服的部落之歌呢？

　　唯一可以肯定的就是，在部落的悠遊中，我其實什麼也不懂，卻容易思想單純、心變得平靜。因為，天堂也是這麼安靜的。這就是為什麼我喜歡踏尋部落的原因。

－2019.11.05

－刊臺灣《青年日報》，副刊，
　2020.01.08，及攝影。
－〈我看酋長在成功〉刊臺灣
　《臺灣時報》台灣文學版，
　2020.01.08 及攝影。

林明理攝

140. 布農部落遊蹤（愛上布農部落）

　　臺東縣延平鄉，風景如此純淨自然，在微風陶醉中第一眼便讓人愛上了布農部落。這裡的布農族，人們喜歡歌謠，多以農業為主。

　　一條金色發光的圳溝迴映著蔚藍的天空，十幾隻蜻蜓飛舞或棲息於水邊的枯枝上，而我的目光再也離不開這片山色清鮮、綴點著閃動的花影了。

　　一下車，便遇上一個族人正牽著機車走。我向他問道：「前面是不是有部落？」他說：「有。」我說道：「摩托車壞啦？」他尷尬地說：「是沒有油了啦！」我們相望笑了。

　　望著他孤單走遠的背影，想幫忙，卻幫不上。只好又往前走，四周寂靜，只聽見自己的步履聲。

　　我看到棉花似的浮雲在山凹處盤踞，週遭果園種植的鳳梨、香蕉等等盡是部落的經濟命脈，粉紅的洛神花、早開的櫻花和四角豆都彩色濃重，帶給我些微的芬芳。

　　我看到遠遠飛去了的大白鷺，降落在山腳下的原野，閒靜地在菜園間踱步。重山疊翠從我眼前鋪展開來，這山脈下的田野都像鋪上綠色的地毯，有飛舞的蝴蝶、蜜蜂穿梭在田野、咸豐草間。

　　噢，宇宙多浩瀚，這部落不只有風景，還有休閒農場，許多木雕像，也自然有它們的故事。彷彿中，風中之花同我

說話，山對山說話。但部落的風啊，你說的是什麼呢？

　　我走上許多條老街，看到每一家門口都種些花卉，又都設置了獨特的門牌鋪面，越看越讓人驚喜。在冬日的柔光裡，從萬物復甦充滿生機中，我聽見了來自永恆部落的歌聲。它在族人的盛讚聲中，是那麼地美妙，那麼地應和著自然！

　　是的，偉大的八部合音深深撼動了我，但我從布農族的互助精神和樸實無華的生活中，獲得了更深的感動。

－2019.11.9

－刊臺灣《中華日報》副刊，
2020.01.12 刊林明理散文〈愛上布
農部落〉及攝影。

林明理攝

141. 在日出的巴喜告

初冬的一個早晨。巴喜告（Pasikau）向我走來。用布農語對我說：「你好，miqumisang masihal naupa as......」我很迅速地回答：「謝謝，早安。」兩人相視地笑了。

於是一群烏頭翁聚在電線桿上閃了一瞬，在天空中棉花似的雲層下，山巒在等待，周遭是種植著洛神花、香蕉、鳳梨、翼豆等蔬果的田野......那粉紅的，耀眼的，是圳溝旁的幾株早開的櫻花。

哦，親愛的朋友。讓我的眼睛好好看這裡生氣蓬勃的模樣吧！讓我的雙腳走在這片族人用心守護、堅實的土地上吧！讓我在這一帶氣息清香的田野之中諦聽古老而美麗的神話吧。

在夢幻似的延平鄉桃源村裡，我聽見來自鹿野溪和鹿寮溪的中上游一帶的歌聲，──飄過高山和溪谷，飄過每年巴喜告的祭典時刻，在群星齊唱讚美詩與音樂之中。

如果穿過蝴蝶谷，小水潭就在每年四、五月族人射耳祭的舉行地的不遠處，有鳥、各式各樣的樹木、植物、昆蟲呼吸著。

啊，風吹過巴喜告的每一戶家門，每一個街角。這裡的族人最早是由南投遷移到此，他們所建立的部落，就稱桃源部落。

　　我看到僅僅只有數十位學生的桃源國小,校園幅地小而整潔;我看到許多布農族的雕像勇士般挺直站立。我看到一棟五十多年歷史的延平郵局,房舍牆面彩繪成別具特色的外觀。

　　啊,這裡的孩童多麼樸拙可愛。我才剛踏進校園一會兒,就看到佈告欄上貼滿小朋友們天真的漫畫,畫中的家人手牽手的溫情……讓我的心著實感動。

　　我默默地遠眺著雲,就像是一路迎來的風,輕拂著……因為巴喜告太靜美了,自然而然地就有一種不捨的心情,讓我遲遲不肯離開。

－2019.11.8

－臺灣《中國時報》副刊,留用預稿。

2019.12.14.於 上午 11:04 MAIL

謝謝賜稿

本刊將會採用稿件

並找合適的時機刊出

敬請期待

人間副刊　敬啟

林明理攝

142. 詩人和寵物

　　每個人在這個世界上多多少少都會得到一個難忘的回憶。對於詩人非馬來說，他的寵物萊茜，——就是心中的至寶。

　　當我看到他越洋傳來了萊茜和他的犬孫之間一些趣事時，我忽然明白了為什麼詩人時時刻刻把他的第一個寵兒放在心頭。因為，牠的溫柔、牠的嬌嗔，像是什麼魔法把這世上最神奇的寶貝牽引到他的腦海中了。也因此，我更讀懂了詩人為牠所寫的那些真摯的語言，也理解他常輕吻著萊茜的歡樂。

　　詩人向我說道：「我最鍾愛的萊茜，美不勝收，只是有點小姐脾氣。」彷彿中，我看到了萊茜深情地伏在主人腳下，然後靜靜地等待閃光燈拍下的那一瞬。哇！真像一個驕傲的公主。

　　這一切，卻讓我一點一滴地想起了五十多年前，我也曾有過一隻毛小孩。那年，我大約只有四、五歲，家境拮据，但常在田野間玩樂。每當我喊道：「過來吧！King，過來！」我的夥伴就來了，帶著牠那一頭蓬鬆的髮，一蹬一跳地，如飛一般奔向我……那感覺，就像是帶給我許多驚喜，說不出的快樂。牠總那麼可愛，跟前跟後，傻望著我，或給我一個突來的擁抱。

　　是啊，塵世中，有多少聚散離合？又有多少感動的時刻？那些愛我們的動物，如同是一個孩子，或是瞭解主人的朋友。

　　假如有一根仙女棒，我願在彈指一揮間，祝福遠方的你，平安健康。當你分享快樂時，我便用心傾聽、細看、鼓掌，因為，沒比有朋友分享快樂，更快樂的事。

　　假如天上真的會掉下一份禮物，我會不停地祈禱，向天主說：「哦，神啊，既偉大又仁慈的神，是否您還記得我那寵物的名字。我願牠在天堂永享喜樂，而我會永遠記得那年牠與我有過的歡樂與幸福。」

－2019.11.10
－臺灣《馬祖日報》副刊，留用預稿。

林明理／作畫

林明理攝

143. 鐵花村，飄過我兒時的夢

　　當原民歌聲在大草原上廻響，山海的手輕輕擁抱的時候，溫煦的風拂過舊鐵道，熏得遊人醉。於是那舞動的旋律像是從廣袤的景致中飄出來，讓遠方的花朵們，也跟著歡呼舞動。

　　啊，我渴望穿越樹影斜長的鐵馬道，渴望到那藝術村裡去。夕陽躺在我臂彎……月台的背影裡殘留的鐵軌和舊枕木，讓人有穿越時空的幸福。我常坐在整建後的日式宿舍裡，喝上一杯特調的冰咖啡，或到星巴克、誠品書店閒逛。

　　走進這片夜空裡，就好像走進兒時的夢。那步道上一盞盞小小的熱氣球紙燈籠，猶如千萬隻火金姑照路……點亮浩瀚的天空。不知從哪裡來的風，飄過人們對胡鐵花的記憶，飄過駐村藝術家、街頭藝人表演、市集小農們的手作物、叭噗冰淇淋等等，處處訴說著鐵花村的故事。

　　啊，那冉冉升起的月光，像魔法一般，為這座八十多年歷史的舊站灑上了一片金粉──而歌聲仍在幾座倉庫和鯉魚山之間廻盪著。

　　我帶著那一絲絲柔光、星子和一本小詩集，蹲坐在一首歌裡。彷彿中，我聽到歌聲從廻車道、飄過防空洞、火車的供水塔……那一刻起，鐵花村已成為我的原鄉。週邊的風，在我耳邊微語著，讓我歡慰、感恩和雀躍。

　　在靜謐的夜和愛的溫柔中，一座用貨櫃堆疊起來的特殊建築，是當地藝術家齊聚的文創空間——也將我的視線帶入都市的美學裡。我記得，曾在一個清蔭的夜晚，漫遊在二樓的一間排灣族皮雕師的小舖中。啊，小小的空間，燃燒著希望。他用心把工藝品寫在部落的文化中，正因此，我能銘記住他來自一個叫卡拉魯然的部落。

　　啊，此刻。鐵花村，像隻小雲雀，正引領我前行。而我看到，夜是如此輝耀，像一首沉思的船歌，將我繚繞其中，——隨著光影，喚起了點點滴滴的鄉愁。啊，那風中之歌，也未曾衰老。

－2019.11.18

林明理攝

144. 憶射馬干部落

　　一個冬日的黃昏，空氣中飄著大自然的氣息，讓我的思緒隨時間飛揚。誰也想像不到我會來到一個滿山遍野盡是杭菊的部落來。

　　那是臺東市射馬干部落（Kasavakan），意為「山谷的部落」，清代譯為「射馬干」，為卑南族的傳統八大社部落之一，又稱為建和社區，每年元旦舉辦的年祭都會有盪鞦韆活動。

　　一下車，隔著農田，成簇豔紅的洛神花和黃澄澄的杭菊花海，在深深的山影下輕舞漫動。再往前去，見到幾個緩緩晃動的身影，像是農友夥伴在採收。

　　他們遠遠聽到我細碎的步聲，便停了下來。有幾個布包頭的農婦和族人繼續彎腰勞動著。有一個回過頭來，看著我，就那麼單純地笑了。

　　再開著車子到射馬干部落轉轉。靜寂的小街上，有許多的石牆，裝飾著色彩豐富的木雕畫，每條巷道都有一尊木雕，每個木雕，都有它們的故事或傳說。

　　我正想進入部落教室去看看，突然一隻土狗竄出街頭來，我只好回到車內，先歇一會。夕陽微笑著，風則同我講述卑南族的故事，一個「神鹿與公主」的淒美愛情。那是個好遠久的傳說，但是，當部落裡「神鹿與公主」的木雕湧入我的眼睛──還是傳給我瞬間的感動。

　　一天結束後，我回到我自己的書房，閉上眼睛，一邊回憶起射馬干的容顏、花海和故事，一邊想像，自己奔跑在洛神花田旁邊的小路上，像個孩童在曠野上打滾。

　　是啊，在射馬干，可以無拘無束地漫遊，欣賞遠近農田間陸續的幾條小徑中的農作物，還有籬笆上的百香果、蝶豆花；站在農場腳下地勢稍高一些的地方，還可遠眺到太平洋藍色的海影呢。

　　夜來了，當歌聲響起，我願是隻遨遊的螢火蟲，滿懷希望再次經受大自然的洗禮，微微在黑暗中閃爍。盼早晚復相逢！

－2019.11.19

145. 金鐏海岸迎黎明

當晨光如幻影，蝶般地被妝點成紅雲……隨著光度的遞增，便在我的瞳孔裡反射，彷彿是冬季的太陽，淡薄而溫暖。

啊，那藍色的海洋初醒，對著我微笑，又將我籠罩其中。是生之韻嗎——思想在飛旋；既哼唱著，也無駐足，我的驚訝溢滿沙灘。

這裡沒有虛偽，也無悲傷。從階梯而下，週遭自熙攘直至寬廣……更有幾隻舢舨，白濤閃耀，碎在浪峰的盡頭。

啊，朋友。請聽風在舞踴。當一切都靜止下來，我只想端看太陽兀自靜定，流影如銀沙。諦聽浪濤拍岸，如激昂的嘯歌。

我是臨風的飛蝶，在神秘的喜悅中溜轉……四野望去，盡是空寂的淡色。你聽，這寂靜的海域，潮聲不被俗事的繁重所打亂，世間塵埃網在海天之外。從陸連島延伸，在浪花間，在雲霞上。

我望穿那綿長的沙灘，到依偎著向上拔高數十公尺的峭壁；將粘上衣襟的波光，披滿金色靜謐。遠遠地，——我聽見了大海的叮囑，那發自周遭的合鳴，使人感到愉悅。

帶著你折射出思想的芬芳來吧。跟著我，來吧。每當黎明升起，金鐏——在我視線之下，從未感到如此純淨。看哪！那點點海鳥，化成細浪漂漂，流入相連的大地，慢慢飄散。

　　而今，輕舟亮起燈火，星光延伸著。我忽然記起，若不是冬風乍起，我幾乎遺忘一個流逝的跫音，自千里外回來，又消失很遠很遠了。

　　我在燈前冥想，粗糙的草稿，總賦予我堅定沉著，在馳騁的夢弦上。我開始慢慢譜寫出一個深刻的記憶，只有明月毫無顧忌地播撒整個後山。而那大地之詩啊，已掠過了微芒的東方。

　　來吧，與我漫步在黎明的金鐏海岸上。

－2019.11.20

－刊臺灣《臺灣時報》台灣文學版，
　2019.12.12，及攝影。

林明理攝

146. 憶亡友

　　在我心中，一直有個知心的朋友。她像個姐姐，個性善良、開朗，讓我打心眼裡喜歡同她說說話、肩並肩地走著。還是個孩童時，姿錦就同我一起上課，老師還把我們排座在一起，讓我特別安心。

　　每當暑假返家，總會到村上看望她。有一回，她一邊燒菜，一邊要我嚐嚐一道道佳肴。我經常坐在她的床邊，沒有一刻停的，互訴衷腸。

　　二十初頭，她罹患疾病，無法下床，在家中整整休養了兩年。後來病情好轉，唸了二專後，就相親結婚。等我大學畢業，她已經做母親了。我到現在還感覺得到，她把幸福掛在臉上的模樣。

　　等我訂婚時，她就成了我唯一的伴娘，還幫我打點禮服和上妝。後來我南下教書，庸庸碌碌的過著日子。直到父喪期間，我返鄉才得知，她在早些年已因骨癌病逝了。

　　母親在我臨走前，才講述她的經歷。那年，我三十五歲，而她早已往生多年了。我聽著聽著，心都痛了。上車時，遲了幾秒，不覺簌簌淚下。

　　今夜，我的心是在想妳了，在想著那跨過時間之流與妳相聚的時候。

　　多情的風帶引著我，回到那熟悉的小路上，我們還靜坐

在校園的小樹下，手牽手，談笑著。啊，這冬天的氣息，也喚起一種鄉愁……吹過我倆少年的年華，吹過一條長長的莿桐老街，吹過兩邊的小鋪面腳踏車店、裁縫店、餅舖、麵店、雜貨舖子……來到妳家五金行門前。我信步走去——啊，留在我心中的人啊，為何思念卻如此源遠流長。

啊，假如我有一雙翅膀，像諾亞的鴿子，飛向蔚藍的海上。我願唧上橄欖枝，繞過大街小巷，隨著風繼續前進……在風中找尋童年消失了的聲音，那些是最純真、最親切的聲音。

我知道，離別是苦，世間無常。可在這番回憶裡，就算只有一瞬，如何才能找回漫失了的記憶的足音？

－2019.11.21

林明理畫

147. 初識南展館

　　在晨曦時分，諦聽親密的濤聲，這感覺是幸福的。

　　若是海的週遭和披著綠樹的山巒、鳥歌、藍天、雲彩、回憶能融合在一起，便組成一個絕妙的連結；若是那陽光還能放射玫瑰的光彩，就自然而然地成為一幅奇異的美景。誰若是有福氣，誰就能獲得心靈的愉悅。

　　在我旅遊的地方當中，曾經閱覽許多美景或偶得靈思至，但只有位在恆春鎮後壁湖碼頭旁的南展館才讓我感到寓教於樂的體驗。

　　自二○○五年八月底起，這座核三廠內占地六公頃的南展館，就建在三支風力發電的風車底下。據我所知，過去少有旅行家提起它，如今卻成為恆春旅遊的新據點。

　　館內除了多元化電力相關展示外，還有鄉土植物區、商展區、遊戲區等。印象深刻的是，有數個大型海水水族箱，標示著稀奇的海魚、水母等，美不勝收，彷彿置身於小小海生館。還有一座 3D 立體電影院、大型銀幕介紹台電努力復育南灣海底珊瑚，以及核三廠的介紹等。

　　離開時，想起了蘇軾〈題西林壁〉的詩：「橫看成嶺側成峰，遠近高低各不同。不識廬山真面目，只緣身在此山中。」是啊，比起當日先抵達屏鵝公路旁的南灣海域和金沙灣，或後壁湖港口搭乘遊艇出海及大啖海鮮的記憶，這裡的海似乎

更藍，也顯得比鄰近的恆春景點靜謐些，也浪漫些，但同南
灣一樣秀麗。這裡沒有浮潛、衝浪等活動，也無餐飲店林立，
遊客少了許多，但更多的是大自然中青翠的山巒、草地和大
海的幽靜。

對喜歡陶醉於大自然的我，特別喜歡在這裡的無聲勝有
聲的環境中沉思默想；而可貴的閒逸滋味是旅人的最大享
受，尤以看到各類能源特性的解說，也使我耳目一新。直到
暮色蒼茫，才依依不捨地踏上歸途。

－2019.11.23
－刊臺灣《金門日報》副刊，
2019.12.26，及攝影1張。

148. 茶葉改良場記遊

　　冬天的一個上午　，當車抵達鹿野鄉龍田村茶葉改良場，草地的泥土香，伴隨簇擁的杜鵑花，令人愜意。

　　在我背後，平遠的盡頭是山影，園木青青。在這美好的時刻，從一隻斑鳩經過，打動我的心弦起，環視左右，還能看到白鷺鷥、環頸雉振翅而飛或烏頭翁高聲鳴叫，讓我身心沉浸在幸福的溫暖中，也相信奇蹟的美存在。

　　這裡的土壤為灰化紅壤土，適合茶葉生長。所以在 1984 年間，農委會於此正式開辦茶葉改良場台東分場的各項業務，負責茶葉產製技術、試驗品種、研究、輔導安全檢驗及展售推廣工作，農作仍以茶葉、鳳梨、香蕉等為主，佔地約三十公頃。

　　沿著園區走，高大的小葉欖仁、黑板樹和台灣欒樹的葉子使步道暗下來。在這靜寂的氣氛裡，我漸漸地理解了大地的母親存在的意義。我聽得見相思樹林哼著歌，彷彿進入一個奇妙的音樂世界。

　　開車回家之前，繞路到鹿野高台，這區域也建立了觀光茶園，產葉地區陸續命名福鹿茶及太峰高山茶，藉以提高茶農收益。因為在高台之上，可以盡情飽覽山中風趣。拾級而上，適巧看到飛行傘緩緩升上藍天，眼前展露出一片藍與綠的風景，卑南溪在陽光下微微閃爍。周遭的峰巒和山谷、風

和寂靜，把我擁抱了。

　　啊，寫著寫著……這些思念帶我走過茶園、花卉及樹種，帶我走向野草生態區及野鳥棲息地，帶我走向有竹雞和五色鳥身影的樹林。是啊，那徐徐吹來的長風，靠近了……靠近了，像給茶園殷切的期望一樣，微笑了。因為透過微笑，感覺親切自如，我不由得迎向它，彷彿在夢中行走。

　　　　　　　　　　　　　　　　　　－2019.11.27

　　　　　　　　　　　－臺灣《馬祖日報》鄉土文學版，
　　　　　　　　　　　　2020.01.14。

林明理攝

149. 漫遊龍田村

一個遠離市囂來訪的友人，返家後傳來訊息：「此次之旅是神給的恩典……我好似走入一趟夢想中無法抵達的旅程，也遇到如書中走出來的文人雅士！台東，好美！」是呀，我常舞頌大自然，並感到在大自然面前，要學會謙卑，便會帶來由衷的感動。

每年冬天的清晨，到某個時間，便有十幾隻小燕子飛到我的門前，音色是那樣地熟悉！牠們不停地飛旋，又都回到這地方……似乎要告訴我些什麼？總讓我充滿期盼。

風起了，院子中的酪梨葉和粉紅風鈴花輕輕搖曳著。每當我思念舊友的時候，總會來到小葉欖仁樹旁的牆角，一邊打掃著落葉，心中時而湧現許多往事。

今早，不知怎的，我想起了龍田活動中心旁那棵苦楝老樹，各種鳥聲傳入耳畔，猶如在召喚著我，多麼輕快美妙！文物館內陳列著割耙、風鼓、秤仔、舊縫紉機、唱機等各式各樣的開墾工具及歷史文物，也叫人流連駐足。

徜徉在鹿野神社周遭，靜聽風訴說著日本人於1915年設置鹿野村的故事，自己的心彷彿也隨之遠去……我看到當年由新潟、長野地區移民來台的日本人的屋舍前，有孩童在玩耍。大樹下，也同樣有冬季的陽光、祭祀的情調和永不感到厭倦的蟲鳴鳥囀。

　　我至今還認為，鹿野，是梅花鹿的故鄉；而龍田村的棋盤式農田及茶園，讓我停下步來，傾聽風歡喜地吹過紅毛草、咸豐草、鳳梨田，各種野鳥啁啾吱喳……頓時身心舒展，愉悅。這些，都使我意識到，漫遊農村，也另有一番情趣。

　　啊，朋友，告訴我。東岸的風是怎樣讓妳歡欣了呢？而我最喜歡這裡的冬季，細細體味農村的氣氛，感覺我已臣服於此，並在心中湧起對大地崇敬的力量。我願，風兒也時時輕吻著妳的臉頰使妳展顏微笑了。

－2019.12.1

－臺灣《馬祖日報》副刊
2019.12.30 刊林明理散文
〈漫遊龍田村〉及攝影 5
張。

林明理攝

150. 我在遠方眺望妳

啊，朋友，妳帶著光芒走來。我們的心都渴望著擁有這一季的陽光和綠色世界。

戀戀白雲飄在卑南遺址公園的山巔，而晨光正好暖暖地照在妳清秀的短髮與膝上。那裡，石柱、廣大的草地及悠閒的人們，一切都那麼平靜，在光亮中。

啊，朋友，回憶多親切。我又重溫與妳拍攝的巴西番蓮，親吻鳥兒和花兒於最稚氣的時光。

我沒有忘記，小野柳奇岩上藏著妳微笑的側影，還有已逝的少年時代，在黃昏波光粼粼的海面向我們走來。這是一次印記在腦海的逆旅，我們三人隨興地坐在涼亭，讓微風輕輕吹拂，敲著彼此的心門，又充滿了喜悅。

啊，朋友，這世界仍藏有許多祕密。妳會猜得出一隻棕色的奇威鳥，是如何從洞穴裡誕生出來呢？

我來告訴妳，朋友。牠可是花了三天三夜，才破殼而出，像駝鳥般尋找土壤中的獵物。一旁的鳥媽媽歡唱著迷人的小夜曲，而坐臥巢中孵蛋的鳥爸爸卻顯得有點焦慮。牠一邊幫襯著這隻毛茸茸的小生命，一邊用嘴輕輕啄牠的小屁股，叮嚀著，讓牠勇敢地踏出了平穩的步履。

啊，朋友。在這複雜的大地上，任何生物都有它存在的理由。哪怕是一棵千年的羅漢松或古老植物，巨大的樹蕨或

鼉蜥，都是各式物種演變的證據。但何時才是生命新章節的開始？我無從得知。不過，我想起了一段影片的畫面。

　　當日照跟水流相遇時，一隻雄蜉蝣飛到河岸，渴望找到愛；牠們在短短三個小時的生命裡，只能盡情地飛呀飛，直到生命終了，又回歸河裡。這時，受孕的雌蜉蝣拼命往上飛……飛過五公里遠，美麗而閃光的身影，就在墜落河面死亡的那一瞬，便已完成生命得以延續的任務。

　　啊，朋友，我們的相遇是個偶得的神奇。妳的純真，如一泓清泉。但願妳勇敢表現出真正的自己與愛！這就是我今夜同妳分享所要說的話了

－2019.11.30

－刊臺灣《臺灣時報》台灣
文學版，2019.12.05，及攝
影 2 張。

附錄一　詩人評論家

林明理博士文學作品記錄表

Appendix III poet critics

Dr. Lin Mingli's records of literary works

〔2007-2020.01.06〕

©中國大陸學術期刊

The records of academic journals in mainland China

1. 南京《南京師範大學文學院學報》，2009 年 12 月 30 日出版，總第 56 期，詩評〈簡潔單純的真實抒寫—淺釋非馬的詩〉，頁 24-30。
2. 《安徽師範大學學報》人文社會科學版，第 38 卷第 2 期，總第 169 期，2010 年 3 月，詩評〈最輕盈的飛翔—淺釋鍾鼎文的詩〉，頁 168-170。
3. 江蘇省《鹽城師範學院學報》人文社會科學版，第 31 卷，總第 127 期，2011.01 期，書評〈簡論吳開晉詩歌的藝術思維〉，頁 65-68。
3-1. 《鹽城師範學院學報》，第 32 卷，總第 138 期，2012 年第 6 期，詩評〈一泓幽隱的飛瀑—淺釋魯迅詩歌的意象藝術〉，頁

44-48。

4. 福建省《莆田學院學報》，第 17 卷，第 6 期，總第 71 期，2010.12，書評〈評黃淑貞《以石傳情─談廟宇石雕意象及其美感》〉，頁〈封三〉。

4-1. 《莆田學院學報》，第 19 卷第 1 期，總第 78 期，2012 年 1 月，書評〈禪悅中的慈悲─談星雲大師《合掌人生》，封底頁〈封三〉。

5. 湖北省武漢市華中師範大學文學院主辦《世界文學評論》/《外國文學研究》〈AHCI 期刊〉榮譽出品，2011 年 05 月，第一輯〈總第 11 輯〉，頁 76-78。詩評〈真樸的睿智─狄金森詩歌研究述評〉。

5-1. 湖北省武漢市《世界文學評論》，第 15 輯，2013 年 05 月第 1 版，詩評〈論費特詩歌的藝術美〉，頁 42-46。

5-2. 《世界文學評論》（高教版），湖北省武漢市出版，2016 年第 03 期，詩評〈布洛克詩歌中的象徵意蘊〉。

5-3. 《世界文學評論》THE WORLD　LITERATURE　CRITICISM，2016 年 04 月第 1 版，詩評〈論丘特切夫詩歌的藝術美〉，第 7 輯，頁 62-67，中國出版集團，世界圖書出版公司出版。

6. 山東省《青島大學學院學報》，第 28 卷，第 2 期，2011 年 6 月，詩評〈一棵冰雪壓不垮的白樺樹─淺釋北島的詩〉，頁 122-124。

7. 廣西大學文學院主辦《閱讀與寫作》，總第 322 期，2009.07，書評〈尋找意象與內涵─辛牧在台灣詩壇的意義〉，頁 5-6。

7-1. 《閱讀與寫作》，總第 328 期，2010.01，詩評〈讀非馬詩三首〉，頁 8-9。

7-2. 《閱讀與寫作》，總第 346 期，2011.07，詩評〈表現生活美學的藝術─台灣「鐵道詩人」錦連的創作〉，頁 31-32。

8. 西南大學中國新詩研究所主辦《中外詩歌研究》，2009 年第 2 期，詩評〈「照夜白」的象徵─非馬〉，頁 11-13。

8-1. 《中外詩歌研究》，2010 年第 3 期，詩評〈辛牧的詩化人生〉，頁 21-22。

8-2.《中外詩歌研究》，2011 年第 3 期，書評〈書畫中捕捉純真
　─讀楊濤詩選《心窗》〉，頁 18-19。

8-3.《中外詩歌研究》，2012 年第 01 期，詩評〈一棵挺立的孤
　松─淺釋艾青的詩〉，頁 17-24。

9.江蘇省社會科學院主辦《世界華文文學論壇》，2009 年第 4 期，
　總第 69 期，詩評〈商禽心理意象的詩化─淺釋《逃亡的天空》〉，
　頁 60-61。

9-1.《世界華文文學論壇》，2010 年第 3 期，總第 72 期，書評〈鞏
　華詩藝美學的沉思〉，頁 45-46。

9-2.《世界華文文學論壇》，2011 年第 2 期，總第 75 期，詩評〈鄭
　愁予詩中的自然意象與美學思維〉，頁 49-51。

9-3.《世界華文文學論壇》，2012 年第 4 期，總第 81 期，詩評〈夢
　與真實的雙向開掘─淺釋蘇紹連的詩〉，頁 18-20。

9-4.《世界華文文學論壇》，2013 年第 2 期，總第 83 期，詩評〈一
　泓深碧的湖水─讀彭邦楨的詩〉，頁 18-20。

10. 上海市魯迅紀念館編《上海魯迅研究》，2011 夏，上海社會
　科學院出版社，書評〈概觀魯迅翻譯文學研究〉有感〉，頁
　244-250。

10-1 《上海魯迅研究》，2013 春，上海社會科學院出版社，書
　評〈評吳鈞的《魯迅詩歌翻譯傳播研究》，頁 199-201。

11.河南省《商丘師範學院學報》，第 28 卷，2012 年第 1 期，總
　第 205 期，書評〈論丁旭輝的《台灣現代詩中的老莊身影與道
　家美學實踐》，頁 22-23。

11-1. 河南省《商丘師範學院學報》，2013 年第 1 期，詩評〈論
　周夢蝶詩中的道家美學─以《逍遙遊》、《六月》為例〉，頁
　24-27。

11-2. 河南省《商丘師範學院學報》，2016 年第 2 期，第 32 卷，
　總第 254 期，詩評〈洛夫詩中的禪道精神〉，頁 9-11。

12.寧夏省《寧夏師範學院學報》，2012.第 02 期，第 33 卷，總
　第 160 期，詩評〈愛倫‧坡的詩化人生〉，頁 27-30。

13-全國中文核心期刊山東省優秀期刊《時代文學》，2009 年第 2
　期，總第 149 期，書封面刊登「特別推薦林明理」，刊新詩共

19 首〈小鴨〉〈秋收的黃昏〉〈煙雲〉〈獨白〉〈瓶中信〉
〈牧羊女的晚禱〉〈山間小路〉〈冬盡之後〉〈我願是一片樹
海〉〈夏荷〉〈愛是一種光亮〉〈無言的讚美〉〈笛在深山中〉
〈寒風吹起〉〈畫中花〉〈萊斯河向晚〉〈在初冬湖濱〉〈老
樹〉〈青煙〉，頁 63-65。

13-1.《時代文學》，2009 年第 6 期，總第 157 期封面特別推介林
明理，散文 1 篇〈山城之旅〉及作品小輯，詩評非馬、辛牧、
商禽、大荒共 4 文〉，頁 23-31。

13-2.《時代文學》，2009 年第 12 期，總第 169 期，封面特別推
介林明理於「理論、評論版」，詩評〈讀辛鬱〈豹〉〈鷗和日
出〉〈風〉〉、〈讀牛漢〈落雪的夜〉〈海上蝴蝶〉〉、〈商
禽心理意象與詩化〉共 3 文，頁 33-38。

14. 內蒙古《集寧師範學院學報》，2013 年第 2 期，第 35 卷，
總第 121 期，頁 1-5。書評〈讀盧惠餘《聞一多詩歌藝術研究》〉。

14-1. 內蒙古《集寧師範學院學報》，2014 年第 3 期，第 36 卷，
總第 126 期，頁 7-10。評論〈陳義海詩歌的思想藝術成就〉。
及刊於封二新詩一首〈葛根塔拉草原之戀〉。

14-2. 內蒙古《集寧師範學院學報》，2015 年第 3 期，第 37 卷，
總第 130 期，頁 27-30。評論〈席慕容的詩歌藝術〉。

15.浙江《語言與文化研究》Language and Cultural Studies，**浙江越
秀外國語學院主辦，光明日報出版社出版，評論**（當代三位學
者詩人創作之異同〉，2017 年 4 月春季號，總第 7 輯，頁 209-221。

15-1.浙江《語言與文化研究》Language and Cultural Studies，**浙江
越秀外國語學院主辦，光明日報出版社出版，評論**〈綠蒂詩歌
的藝術成就試論〉，2017 年冬季號，總第 10 輯，頁 125-132，
2018 年 3 月第 1 版。

16.遼寧省，《文化學刊》CULTURE JOURNAL，遼寧社會科學院
主辦，總第 84 期，刊〈兼備學術性和應用性的完美融合——
評《淮劇藝術通論》〉，2017 年第 10 期，頁 234-236。

◎中國大陸詩文刊物暨報紙

A catalog of poems and newspapers in mainland China

1. 北京中國人民大學主辦《當代文萃》，2010.04，發表詩 2 首〈雲淡了，風清了〉〈縱然剎那〉。

2. 山東省作家協會主辦《新世紀文學選刊》月刊，2009 年 08 期，刊作者封面水彩畫及詩評二章〈張默詩三首的淺釋〉〈周夢蝶的詩《垂釣者》與藝術直覺〉，頁 58-61。

2-1. 山東《新世紀文學選刊》月刊，2009 年 11 期，刊封面畫及新詩 2 首〈崖邊的流雲〉〈從海邊回來〉，頁 24-25。

2-2. 山東《新世紀文學選刊》月刊，2009 增刊，刊封面畫及新詩 1 首〈星河〉，頁 123。

2-3. 山東《新世紀文學選刊》月刊，2010 年 01 期刊封面畫及詩評 2 篇〈讀丁文智的《鎖定》、《芒》、《自主》〉，〈讀管管詩〉，頁 56-59。

2-4. 山東《新世紀文學選刊》月刊，2010 年 03 期刊封面畫及林明理詩選 9 首〈懷舊〉〈凝〉〈穿越〉〈四月的夜風〉〈原鄉-咏六堆〉〈每當黃昏飄進窗口〉〈樹林入口〉〈北埔夜歌〉〈曾經〉，頁 17-18。

2-5. 山東《新世紀文學選刊》月刊，2011 增刊，刊林明理詩作〈黃昏是繆斯沉默的眼神...〉〈回憶〉〈藍色的眼淚〉〈在黑暗的平野上〉〈懷鄉〉〈紗帽山秋林〉〈密林〉〈在我深深的足跡上〉，頁 131-132。

2-6. 山東省《新世紀文學選刊》自 2009.01 至 2010.03 該刊物封面畫刊登林明理水彩畫作彩色版共 15 幅。詳見 http://mall.cnki.net/magazine/magalist/XSHS.htm

3. 河北省作家協會主辦《詩選刊》，2008 年 9 月，總第 287 期，刊作者簡介照片及新詩 4 首，〈夜思〉〈草露〉〈秋復〉〈十月秋雨〉，頁 24。

3-1. 《詩選刊》，2009 年 7 月，總第 307 期，刊作者簡介照片及書評綠蒂《春天記事》，頁 94-96。

3-2. 《詩選刊》，2010 年 04 月，總第 324 期，刊詩 2 首〈夏荷〉〈小雨〉。

4.新疆省石河子文聯主辦、優秀社科期刊《綠風》詩刊，2009 年第 3 期刊作者簡介照片及新詩 7 首〈夜思〉〈江岸暮色〉〈山茶〉〈老紫藤〉〈遲來的春天〉〈春風，流在百草上〉〈想念的季節〉，頁 102-104。

4-1. 《綠風》詩刊，2010 年第 3 期，刊新詩〈四月的夜風〉〈二00 九年冬天〉〈光點〉，頁 41-42。

5.遼寧省作協主辦《詩潮》一級期刊，2009 年 12 月，總第 162 期，刊詩 2 首〈星河〉〈四月的夜風〉，頁 76。

5-1. 《詩潮》一級期刊，2010 年 2 月，總第 164 期刊詩 2 首〈崖邊的流雲〉〈青藤花〉，頁 64。

5-2. 《詩潮》一級期刊，2011 年 05 月，總第 179 期，刊目錄前作家來訪臺文化交流合照〈做者於後排左三〉。

6.香港詩歌協會《圓桌詩刊》，第 26 期，2009 年 9 月，發表詩評 1 篇〈清逸中的靜謐－讀余光中《星之葬》、《風鈴》〉，頁 94-98，新詩 2 首〈春已歸去〉〈流螢〉頁 27。

6-1.《圓桌詩刊》，第 33 期，2011 年 9 月，刊詩評 1 篇「楊澤的詩〈人生不值得活的〉」頁 64-66，作者簡介及新詩 2 首〈早霧〉〈十月煙海〉頁 26-27。

6-2.《圓桌詩刊》，第 38 期，2012 年 12 月，詩評 1 篇〈詩人秀實肖像〉頁 62-63，及作者簡介。

6-3.《圓桌詩刊》，第 52 期，2016 年 6 月刊詩〈流蘇花開〉頁 22 及書評〈詩與思：秀實的《台北翅膀》〉頁 52-56。

7.香港《香港文學》月刊，總第 303 期，2010 年 3 月，刊登簡介、9 首新詩〈凝〉〈淵泉〉〈所謂永恆〉〈懷舊〉〈流螢〉〈貓尾花〉〈秋暮〉〈月森林〉〈在那星星上〉及圖畫 1 幅，頁 76。

8.安徽省文聯主辦《安徽文學》，2010.02，發表新詩 2 首〈雲淡了，風清了〉〈縱。然剎那〉，頁 116。

9.天津市作家協會、天津日報報業集團主辦《天津文學》，總第 471 期，2010 年 01 期，新詩 6 首〈星河〉〈颱風夜〉〈風雨之後〉〈夜祭〉〈七月〉〈海上的中秋〉，頁 95。

9-1. 《天津文學》，總第 483 期，2011 年 01 期，新詩發表 8 首〈在我深深的足跡上〉〈偶然的駐足〉〈畜欄的空洞聲〉〈秋日的港灣〉〈細密的雨聲〉〈林中小徑的黃昏〉〈我不嘆息、注視和嚮往〉〈夏荷〉，頁 92。

10. 北京《文化中國》雜誌社主辦，《老年作家》季刊，主管：中國文化〈集團〉有限公司，2009 年第 4 期書評〈幸福的沉思─讀吳開晉《游心集》〉，頁 30-32，2009 年 12 月。

10-1. 《老年作家》2011 年第 1 期，總第 17 期，詩評〈簡論耿建華詩歌的意象藝術〉，頁 35-37，2011 年 3 月。

10-2. 《老年作家》2011 年第 2 期，總第 18 期，封面人物刊登林明理個人彩色照片及推薦，封底刊登作者水彩畫。

10-3. 《老年作家》2011 年第 3 期，總第 19 期，刊於封面後一頁─詩評〈讀吳開晉《游心集》〉，2011 年 9 月。

11. 北京《文化中國》雜誌社主辦，大連市《網絡作品》，2010 年第 3 期，刊作者簡介照片、書介及新詩 4 首〈正月的融雪〉〈紗帽山秋林〉〈在我深深的足跡上〉〈密林〉，頁 72，2010 年 6 月。

12 湖北省作協主辦《湖北作家》，2009 年秋季號，總第 32 期，頁 24-27，發表書評〈古遠清《台灣當代新詩史》的遺憾〉。

13. 中國四川省巫山縣委宣傳部主辦《巫山》大型雙月刊，總第 7 期，2010 年 2 月發表詩 1 首〈夜思〉，頁 55。

13-1. 《巫山》大型雙月刊，總第 9 期，2010 年 4 月，刊登彩色水彩畫作 1 幅〈水鄉〉。

14. 山東省蘇東坡詩書畫院主辦《超然詩書畫》，2009.12 總第 1 期，刊作者簡介照片及新詩 3 首〈金池塘〉〈雨夜〉〈燈下憶師〉、水彩畫 6 幅彩色版，頁 34-35。14-1. 山東《超然詩書畫》，2010.12，總第 2 期，刊水彩畫 2 幅彩色版，頁 13。14-2. 山東《超然詩書畫》，2011.12，總第 3 期，刊作者簡介照片、水彩畫彩色 2 幅及評論〈淺釋林莽的詩〈一條大江在無聲地流〉1 篇，頁 131-132。14-3. 山東《超然詩書畫》，2012 年總第 4 期，刊作者簡介照片、彩色水彩畫 4 幅及評論〈由歐風到鄉愁─賀慕群繪畫中現代美初探〉1 篇，頁 177-179。

14-1.山東《超然》詩刊，總第 12 期 2009.12 詩 6 首畫 1 幅、13 期 2010.06 詩 4 首、15 期 2011.06 詩 2 首、17 期 2012.06 詩 2 首詩評莫云一篇。2013.07 第 19 期刊登書畫評論〈畫牛大家—讀魯光《近墨者黑》〉、〈別具一格的大師—試析沈鵬的詩〉、〈書藝不懈的追求者—夏順蔭〉三篇及作者得文藝獎章訊息。2013.12 總第 20 期刊登書評〈讀唐德亮的詩〉。總第 21 期，20107.12. 刊詩評〈深秋裡的白鷺－讀鄭勁松的詩〉，頁 217-220.

14-2.山東省《春芽兒童文學》，2013.06 創刊號刊登題詞新詩一首〈春芽〉，頁 11，書封底刊作者彩色水彩畫作一幅。山東省春芽兒童文學研究會《春芽兒童文學》，2013.12，第 2 期，書封底刊登作者彩色水彩畫作一幅。《春芽兒童文學》雜誌，2017 年 12 月，總第 10 期，封底刊林明理詩畫（棕熊）。

　　　15.《黃河詩報》，大周刊雜誌社出版，大公報（香港）有限公司，總 5 期，2009.06，頁 77，刊林明理詩 3 首（等侯黎明）、（雨夜）、（瓶中信）。作者林明理協助該期編輯（台灣地區詩人），頁 75-85。

16.山東省聊城市詩人協會主辦《魯西詩人》，2009 年.5 月，發表新詩 4 首〈草露〉〈大貝湖畔〉〈白色山脈〉〈黃昏雨〉，頁 42-43。

17.福建省文學藝術界聯合會主辦《台港文學選刊》，2008 年 9 月，發表詩 5 首〈雨夜〉〈金池塘〉〈遲來的春〉〈瓶中信〉〈夜櫻〉，2009 發表詩歌。

18.四川省重慶《中國微型詩萃》第二卷，香港天馬出版，2008 年 11 月，及重慶《中國微型詩》共發表詩〈朝露〉〈寒梅〉〈白楊〉〈夜霧〉〈動亂中的玫瑰〉〈三輪車夫〉〈風中的笛手〉〈蓮〉等 25 首詩。

19.北京市朝陽區文化館《芳草地》季刊，2012 年第 2 期，總第 48 期，刊登書評〈簡論《非馬藝術世界》的審美體驗〉，頁 50-57，刊物封面內頁刊登林明理水彩畫 1 幅彩色版〈郊外一景〉。

19-1. 北京市朝陽區文化館《芳草地》季刊，2013 年第 2 期，2013.06，總第 52 期，刊登書評《林莽詩歌藝術風格簡論》，頁 105-110。

20. 遼寧省作協主辦《中國詩人》，2011 年第 5 卷，刊登〈生命的沉靜與奮發─淺釋白長鴻詩三首〉，頁 109-113。

21. 福建福州市文聯主辦《海峽詩人》，第 2 期，2012.09，刊詩 3 首〈樹林入口〉〈回憶的沙漏〉〈懷舊〉，頁 30。

22. 中國重慶南岸文聯、國際詩歌翻譯研究中心等主辦《世界詩人》季刊（混語版），總第 64 期，2011 年冬季號，書評〈清淡閑遠的歌者-讀許其正詩集《山不講話》〉，頁 53，書封面內頁刊登作者與非馬、許其正合影於第 30 屆世詩大會照片一張。

22-1.《世界詩人》季刊（混語版），2012 年 11 月，總第 68 期，書評〈簡論米蘭‧里赫特《湖底活石》的自然美學思想，中英譯文刊登，頁 50-53，附作者簡介〈中英譯〉。

22-2.《世界詩人》季刊（混語版），2017.02，總第 85 期，頁 48，刊中英譯詩〈雨落在故鄉的泥土上〉，非馬譯。

22-3.《世界詩人》季刊（混語版），2018.05，總第 90 期，頁 44，刊詩 1.〈黃昏〉2.〈棕熊〉3.〈冥想〉，非馬英譯 3 詩。頁 36，刊林明理著《諦聽》英譯詩集，書訊一則。

23. 安徽省文學藝術界聯合會主辦，《詩歌月刊》，總第 136 期，2012 年 03 月，刊登作者簡介照片及詩 4 首〈九份黃昏〉〈九份之夜〉〈記夢〉〈生命的樹葉〉，頁 38-39。

23-1. 安徽省文學藝術界聯合會主辦，《詩歌月刊》，總第 157 期，2013 年 12 月，刊登新詩 7 首〈寄墾丁〉〈看灰面鵟鷹消逝〉〈冬日〉〈母親〉〈重生的喜悅〉〈雨，落在愛河的冬夜〉〈夕陽，驀地沉落了〉，刊作者簡介及彩色照片，頁 50-51。

24. 香港《橄欖葉》詩報，2011 年 6 月第 1 期創刊號，刊登新詩 1 首〈在交織與遺落之間〉。2012 年 6 月第 3 期，刊登詩 1 首〈魯花樹〉。2012 年 12 月第 4 期，刊登新詩 2 首〈行經木棧道〉〈憶夢〉。2014 年 6 月第 7 期，刊登詩 1 首〈北風散步的小徑上〉。

25. 廣東廣州《信息時報》2012.11.25C3 版刊登彭正雄：《歷代賢母事略》 書評 1 篇。

26. 廣東省《清遠日報》，2012.08.10 閱讀版，刊登散文一篇〈《髻鬃花》的邂逅〉。

26-1.廣東省《清遠日報》，2018.11.19 文化版 A07，刊登評論〈讀《聞一多詩歌藝術研究》〉。

27.重慶市文史研究館《重慶藝苑》，2011 冬季號，刊登詩 2 首〈念故鄉〉〈夜之聲〉，頁 74-75。

28.廣東省《清遠日報》，2012.07.02，刊登書評〈我心中永恆的勇者塑像—讀《古遠清這個人》〉。2012.8.10 刊〈《髻鬃花》的邂逅〉。

29.湖北省武漢市第一大報《長江日報》，2009 年 11 月 20 日，刊新詩 1 首〈原鄉—咏六堆〉。

30.河北省《新詩大觀》，總第 54 期，2009.02 刊詩 3 首〈春天〉〈黃昏雨〉〈大貝湖畔〉。

30-1.河北省《新詩大觀》，第 55 期，2009.04 刊詩 2 首〈霧裡的沙洲〉〈浪花〉。

30-2.河北省《新詩大觀》，第 56 期，2009.06 刊詩 6 首及作者簡介〈望鄉〉〈在秋山的頂上守候〉〈影子灑落愛丁堡上〉〈長巷〉〈塵緣〉〈送別〉。

31.安徽省《大別山詩刊》，主管單位：六安市委宣傳部，2012 年總第 23 期，頁 72-73，刊登得「榮譽獎」新詩 1 首〈歌飛霍山茶鄉〉，收錄「霍山黃芽」杯全國原創詩歌大賽專刊，頁 72-73。

32.遼寧省盤錦市詩詞學會《盤錦詩詞》季刊，2009 年伍‧陸期，刊新詩 2 首〈想念的季節〉〈山茶〉，頁 96。2010 年伍‧陸期，刊新詩 2 首〈細密的雨聲〉〈長虹橋畔〉頁 89。2011 年壹‧貳期，刊詩 1 首〈憂鬱〉頁 93。

33.黃中模等著，《兩岸詩星共月圓》，主辦：重慶師範大學，中國文聯出版社出版，
收錄林明理詩評 2 篇〈綠蒂《春天記事》的素描〉頁 118-125，〈評雪飛《歷史進行曲》〉頁 256-264。

34.遼寧省《凌雲詩刊》，總第 9 期，2010 年第 3 期，新詩 3 首〈回到從前〉〈靜谷之憶〉〈三月的微風〉，頁 43。

35. 遼寧瑞州文學藝術學會主辦《瑞州文學》，2012.11 創刊號，刊登詩 2 首〈回到從前〉〈靜谷之憶〉及作者簡介，頁 79。

36.澳門月刊《華文百花》，2013.01 期，總第 18 期，2013.08 刊詩

〈月桃記憶〉等 4 首。

37.廣東省《西江日報》，2013.7.3，刊詩評 1 篇〈情繫瑤山的生命樂章—讀唐德亮的詩〉。

38.古遠清編著，《謝冕評說三十年》，海天出版社，2014.01 第一版，頁 279，收錄詩作一首〈北國的白樺—致謝冕教授〉。

39.老岱主編，《北都文藝》，2013 年第 2 期《海內外漢詩專號》，刊登詩作 4 首。

40.蔡麗雙主編，《赤子情》，中國文聯出版社，2012.11 初版，收錄詩一首〈海祭—福爾摩莎〉，頁 307。

41.質貞編，《古遠清這個人》，香港文學報社出版，2011 年 8 月，頁 372-373，收錄作者簡介照片及評論〈我心中永恆的勇者塑像〉。

42. 《羊城晚報》，2009.10.15 刊新詩 1 首〈星河〉，B4 版。

42.-1《羊城晚報》，2015.11.10 刊散文〈在天涯之外〉。

42-2.《羊城晚報》，2016.1.12 刊散文〈加路蘭之晨〉，B3 版。

42-3.《羊城晚報》，2016.1.19 刊散文〈冬日鸞山〉，副刊〔花地〕版。

42-4.《羊城晚報》，2016.3.15 刊散文〈東岸行〉，副刊〔花地〕版。

42-5.《羊城晚報》，2016.5.31 刊散文〈海濱散記〉，副刊〔花地〕版。

42-6.《羊城晚報》，2016.7.26 刊詩〈關山遊〉，副刊〔花地〕版。

42-7.《羊城晚報》，2016.9.27 刊散文〈三仙台心影〉，副刊〔花地〕B3 版。

42-8.《羊城晚報》，2016.12.06 刊散文〈旗津冬思〉，副刊〔花地〕B3 版。

43. 池州市杏花村中學〈杏花苑〉，第 15 期 2013.03，刊 2 新詩〈山寺前一隅〉〈墨菊〉。

44.武漢大學主辦，武漢大學珞珈詩社協辦，張天望主編，《珞珈詩苑》〈十〉， 2012.12 初版，刊古詩 4 首〈暮春〉〈默喚〉〈湖山高秋〉〈秋盡〉，新詩 1 首〈沒有第二個拾荒乞討婦〉及林明理簡介，頁 171-173，湖北省內部資料准印証第 2011/ZY

號。

44-1.武漢大學出版社，張天望主編，2013.11 初版，.《珞珈詩詞集》〈二〉刊古詩 4 首〈暮春〉〈默喚〉〈湖山高秋〉〈秋盡〉，新詩 1 首〈沒有第二個拾荒乞討婦〉及林明理簡介，頁 315-316。

45.由中國文藝協會與江蘇省淮安市淮陰區人民政府主辦的第六屆「漂母杯」海峽兩岸母愛主題散文作品大賽於 2014.7 於淮安市頒獎，〈母親與我〉獲散文三等獎，新詩〈母親〉獲二等獎。

46.遼寧省《燕山文學》，2014 年總第 2 期，頁 32，刊書評〈夜讀斯聲的詩〉。

47."湘家蕩之戀"國際散文詩徵文獲榮譽獎，散文詩作品：〈寫給相湖的歌〉，嘉興市湘家蕩區域開發建設管理委員會、中外散文詩學會舉辦，2014.9.28 頒獎於湘家蕩。

48.四川省散文詩學會主辦《散文詩世界》，2014 年第 9 期，總第 113 期，刊得榮譽獎詩作〈寫給相湖的歌〉，頁 10。

49.吳開晉著，〈吳開晉詩文選〉〔上〕，北京，團結出版，2013.10 出版，收錄林明理詩評〈簡論吳開晉詩歌的藝術思維〉及〈幸福的沉思－讀吳開晉《游心集》〉。

50.譚五昌教授主編，《國際漢語詩歌》，2013.11，北京，線裝書局出版，收錄林明理的新詩三首〈海頌〉〈北國的白樺-致北京大學謝冕教授〉〈歌飛阿里山森林〉及獲當選「國際漢語詩歌協會理事」〈2013-2016〉。

51.安徽省馬鞍市《大江詩壇 2014 中國詩選》收錄書評 1 篇〈從孤獨中開掘出詩藝之花—淺釋《艾蜜莉‧狄金生詩選》〉，中國電影出版社，2014.10，頁 91-94。

51-1. 安徽省馬鞍市《大江詩壇 2015 中國詩選》收錄詩 2 首〈你從太陽裡走來〉〈四草湖中〉頁 70-71，詩評主持人林明理賞析〈台灣詩家檔案〉〈余光中的詩〉〈鄭愁予的詩〉兩篇，頁 158-160，詩學論壇，林明理詩評〈夜讀《比白天更白天》〉、〈彈響心靈的古琴-試析瘂弦的詩〉、〈穿越浪漫的深邃思想－讀劉蓉的詩〉三篇，頁 162-168，中國電影出版社，2016.05 北京出版。

52.山西當代中國新詩研究所編，王立世主編《當代著名漢語詩人

詩書畫檔案》，北京，中國文聯出版社，2015.01 出版，頁 208-209.
收錄林明理新詩三首〈想念的季節〉〈在每個山水之間〉〈九份黃昏〉及水彩畫兩幅、作者簡介、個人照片。

53. 湖南文學藝術界聯合會主辦《創作與評論》，總第 207 期，2015 年 2 月號下半月，林明理著、王覓採訪整理，〈新詩是大陸與臺灣的彩虹橋〉。

54. 獲當選中國第 15 屆「全國散文詩筆會」台灣代表，甘肅舉辦「吉祥甘南」全國散文詩大賽，散文詩《甘南，深情地呼喚我》，獲「提名獎」，2015.7.26 頒獎於甘南，詩作《甘南，深情地呼喚我》刊於中國散文詩研究會主辦《散文詩》下半月版《散文詩·校園文學》甘南采風專號 2015.12（總第 422 期）。
http://www.chnxp.com/zhongxue/2016-03/303030.html 眾力美文網

55. 2015.08 中國·星星「月河月老」杯（兩岸三地）愛情散文詩大賽獲優秀獎，詩作〈月河行〉收錄於《星星·散文詩》2015 年 8 期。

56. 安徽省《江南文學》雙月刊，2015.02 期，總第 169 期，刊詩評〈評陳明詩三首〉，頁 74-75。

57. 安徽省《半枝梅文學》，2015.05 出版，總第 61 期，刊詩評〈意趣與哲思─評陳明詩三首〉，頁 47-48。

58. 河南省中共鄭州市宣傳部主辦"待月嵩山 2015 中秋诗会征稿大賽"獲三等獎於 2015.9，獎金一千人民幣及獎狀。新詩作品〈嵩山之夢〉。

59. 北京，2015 年全國詩書畫家創作年會，林明理新詩〈夢見中國〉獲「二等獎」，頒獎典禮在 2015.12.26 人民大會堂賓館舉行。

60. 福建省邵武市，2015.12.15 公告，文體廣電新聞出版局主辦，邵武"張三豐杯海內外詩歌大賽"，林明理新詩〈邵武戀歌〉獲「優秀獎」。

61. 甘肅省文聯主辦，《格桑花》，2015"吉祥甘南"全國散文詩筆會作品專號，刊提名獎詩〈甘南，深情地呼喚我〉，頁 24-26。

62. 李建東，郝子奇主編，《衛風─中國著名詩人頌鶴壁》，河南人民出版社，2015.10 出版，頁 175-177，收錄林明理組詩〈寫

給鶴壁的歌〉獲提名獎，詩 4 首〈在彼淇河〉、〈雲夢山裡的草原蒼蒼〉、〈金山寺的陽光溢滿樹梢〉、〈瓷苑奇葩一景〉。

63. 2016.04. 林明理詩作《葛根塔拉草原之戀》由湖南詩畫家葉光寒教授作曲演唱及音樂家何光耀製作配音。

64. 安徽省詩歌學會主辦，合肥市肥東縣文聯及八斗鎮人民政府承辦，《第二屆「中國‧曹植詩歌獎」獲獎作品集》，收錄林明理獲二等獎新詩〈寫給曹植之歌〉組詩，頁 5，2016.04.。

65. 安徽省，《安徽詩人報》，第三期，2016.5.18 刊書評〈讀劉永祥《深邃藍色星空》〉。

66. 中國詩歌流派網主辦，《詩歌週刊》，第 87 期，2013.12.8，刊一小段林明理詩評詩人林泠。
http://sgzk.org/sgzk/81/87/f/2013/1208/3926.html

67. 林明理詩作《邵武戀歌》獲優秀獎，收編《詩畫邵武 張三豐杯‧詩畫邵武海外詩歌大賽優秀作品集》，福建省作家協會、邵武市人民政府選編，2017.02 版，頁 118-120。

68. 成都市《零度詩刊》，2016.6，刊林明理詩歌三首〈寄墾丁〉，〈看灰面鵟鷹消逝〉，〈冬日〉。

69. 香港先鋒詩歌協會主辦，《流派》詩刊，第 2 期，刊林明理評論〈略談《魯拜新註》英譯本〉，2017.03.

69-1. 香港先鋒詩歌協會主辦，《流派》詩刊，第 13 期，2019.10，刊林明理詩〈讀你，在微雨的黃昏中〉，頁 32.

70. 中國大陸，作家網，林明理詩評〈瑞蕭抒情詩印象〉，2015.11.20. 點擊率 1008093 人 。
http://www.zuojiawang.com/pinglun/16487.html

71. 林明理散文作品〈寫給包公故里－肥東〉，獲 2017 年第三屆中國包公散文獎徵文比賽 B 組散文詩三等獎，收編入中共安徽省肥東縣委宣傳部，肥東縣文聯舉辦，第三屆"中國‧包公散文獎"獲獎作品集，【中國散文之鄉】，頁 287-288。

©臺灣的「國圖」期刊

The Records of the National Library of Taipei, Taiwan

1.臺灣《國家圖書館館訊》特載，2009 年 11 月，發表書評 1 篇〈讀王璞〈作家錄影傳記十年剪影〉新書有感〉，頁 7-9，合照 2 張。

2.臺灣《全國新書資訊月刊》，2010 年 3 月起至 2013 年 7 月，共發表詩評及書評共 26 篇。資料存藏於國家圖書館「期刊文獻資訊網」。

　　http://readopac1.ncl.edu.tw/nclserialFront/search/search_result.jsp?la=ch&relate=XXX&dtdId=000040&search_index=all&search_value=%E6%9E%97%E6%98%8E%E7%90%86%24&search_mode=

2010 年 3 月，第 135 期，書評〈湖山高秋－讀丁文智〈花 也不全然開在春季〉〉，頁 24-25，合照 1 張。

2010 年 4 月，第 136 期，詩評〈融合寫實寫意的感事抒懷 楊允達其人及其作品〉，頁 36-39，照片 1 張。

2010 年 6 月，第 138 期，書評〈讀《廣域圖書館》－兼述顧敏與圖書館管理的理論與實務〉，頁 41-44。

2010 年 8 月，第 140 期，詩評〈高曠清逸的詩境－張默〉，頁 39-42，合照 1 張。

2010 年 10 月，第 142 期，書評〈陳滿銘與《意象學廣論》研究述評〉，頁 90-93，合照 1 張。

2010 年 11 月，第 143 期，書評〈試賞魯蛟的詩集《舞蹈》，頁 52-55，合照 1 張。

2010 年 12 月，第 144 期，詩評〈商禽詩的意象表現〉，頁 38-41。

2011 年 2 月，第 146 期，詩評〈澄淨的禪思－談周夢蝶詩與審美昇華〉，頁 36-41。

2011 年 3 月，第 147 期，詩評〈鄭愁予－站在中西藝術匯合處的詩人〉，頁 45-48。

2011 年 4 月，第 148 期，詩評〈藝術與自然的融合－旅美詩人非馬及其作品〉，頁 64-68。

2011 年 5 月，第 149 期，書評〈淺釋隱地《風雲舞山》詩五首〉，頁 36-40。

2011 年 6 月，第 150 期，詩評〈飛向湖邊的白鶴－淺釋鍾鼎文的詩〈雪蓮謠〉、〈三峽〉〉，頁 20-23，合照 1 張。

2011 年 7 月，第 151 期，書評〈崇高的樸素－讀《高準游踪散紀》〉，頁 54-57，合照 1 張。

2011 年 8 月，第 152 期，〈走過歲月－臺灣文史哲出版社掠影〉，頁 62-64，照片 1 張。

2011 年 9 月，第 153 期，詩評〈簡政珍詩歌藝術之管見〉，頁 43-46。

2011 年，第 155 期，詩評〈簡論郭楓和他的詩歌價值〉，頁 24-28。

2011 年 12 月，第 156 期，書評〈品蔡登山《讀人閱史》〉，頁 40-42。

2012 年 2 月，第 158 期，〈走過 42 年－文津出版社邱鎮京教授掠影〉，頁 77-78。

2012 年 3 月，第 159 期，書評〈讀麥穗詩集《歌我泰雅》〉，頁 79-83。

2012 年 4 月，第 160 期，詩評〈追尋深化藝術的儒者－楊牧詩歌的風格特質〉，頁 27-30。

2012 年 5 月，第 161 期，詩評〈王潤華和他的新詩創作研究 用詩藝開拓美的人之十四〉，頁 62-67。

2012 年 6 月，第 162 期，書評《在詩中找尋歸宿－淺釋胡爾泰的詩》，頁 34-37。

2012 年 8 月，第 164 期，詩評〈靈魂與深秘的偉大交匯－淺釋歐德嘉詩作三首〉，頁 52-54。

2012 年 9 月，第 165 期，詩評〈時空的哲人－淺析林亨泰的詩歌藝術 用詩藝開拓美的人之十七〉，頁 30-35。

2013 年 3 月，第 171 期，書評〈行走中的歌者－淺釋綠蒂《冬雪冰清》詩三首 名家側影之一〉，頁 46-49。

2013 年 7 月，第 175 期，詩評〈簡論許達然詩的通感 名家側影之二〉，頁 36-40，照片 1 張。

◎臺灣學刊物 The records of works of Taiwanese journals

1. 佛光大學文學院中國歷史學會《史學集刊》，第 42 集，2010 年 10 月，發表書評〈概觀吳鈞《魯迅翻譯文學研究》有感〉，頁 231-240。

2. 佛光大學文學院中國歷史學會《史學集刊》，第 43 集，2011 年 12 月，發表書評〈評蔡輝振的《魯迅小說研究》，頁 181-189。

3. 真理大學臺灣文學資料館發行《臺灣文學評論》，2011 年 10 月，第 11 卷第 4 期，刊作者照及書評〈莫渝及其台語詩〉，頁 73-77。

3-1.《臺灣文學評論》，2012 年第 12 卷第 1 期，刊作者照及書評〈讀張德本《累世之靶》〉、〈讀李若鶯詩集《寫生》〉共 2 篇，頁 56-63。

3-2.《臺灣文學評論》，2012 年 4 月第 12 卷第 2 期書評刊作者照及書評〈吳德亮─讀《台灣的茶園與茶館》〉，頁 90-93、新詩 1 首〈淡水紅毛城〉及作者簡介照片，頁 186-187。

3-3.《臺灣文學評論》，2012 年第 3 期，刊登作者照 3 張、新詩 3 首〈吉貝耍・孝海祭〉〈森林深處〉〈憶夢〉，林明理畫作 1 幅，頁 184-187。

3-4. 《臺灣文學評論》，2012 年第 4 期，2012 年 10 月，刊登評論〈淺談西川滿的文學思考〉，頁 76-82。

4. 真理大學人文學院台灣文學系彙編，第 16 屆台灣文學牛津獎暨《趙天儀文學學術研討會》論文集，2012 年 11 月 24 日收錄詩評 1 篇〈趙天儀生態詩思想初步探究〉，頁 258-266。

5. 國立台灣文學館出版，《臺灣現當代作家研究資料彙編 40 集　鄭愁予》，丁旭輝編選，收錄林明理撰文一篇〈鄭愁予：站在中西藝術匯合處的詩人〉，頁 217-221。

6. 成功大學教授陳益源主持人，《雲林縣青少年臺灣文學讀本》新詩卷，雲林縣政府編印，收錄林明理新詩六首，〈九份黃昏〉〈行經木棧道〉〈淡水紅毛城〉〈雨，落在愛河的冬夜〉〈生命的樹葉〉〈越過這個秋季〉，2016.04。

7. 屏東師院社教系，《社風》創刊號，發行人：鍾喜亭，刊林明

　　理評文〈我看中國經濟發展前途〉，頁 18-21，1989 年 06 月。
8.高雄海洋學院，《航海科刊》第 19 期，航海科學會印製，刊林
　　明理評文〈窗外依然有藍天〉，頁 4-6，1990 年。

◎臺灣詩文刊物報紙暨作品紀錄

Taiwan 's literary journals and newspaper records

1.《創世紀》詩雜誌，160 期，2009.09，刊詩評〈讀須文蔚《橄仔
　　樹》有感〉、〈周夢蝶的詩〈垂釣者〉的藝術直覺〉、〈解析
　　大荒兩首詩〉、〈神木的塑像--魯蛟〉、〈「照夜白」的象徵--
　　非馬〉〉、〈辛牧在台灣詩壇的意義〉6 篇，161 期，2009.12
　　詩評 3 篇〈當代三家詩賞析—洛夫、愚溪、方明〉。162 期，2010.03
　　刊詩〈流星雨〉，163 期，2010.06 刊詩〈靜寂的黃昏〉及詩評
　　〈淺釋楊允達的詩〈時間四題〉〉，164 期，2010.09 詩〈回憶
　　的沙漏〉〈岸畔之樹〉及藝評〈解讀丁雄泉創作和美學的面向。
　　165 期 2010.12 刊詩〈一切都在理性的掌握中〉〈綠淵潭〉及詩
　　評〈商禽詩的哲學沉思〉。166 期 2011.03 刊詩〈海祭〉〈山楂
　　樹〉及藝評〈楊柏林詩與雕塑的審美體悟〉。167 期 2011.06 刊
　　詩評〈淺釋碧果的詩三首〉，168 期 2011.09 刊詩〈行經木棧道〉
　　〈牽引〉〈在白色的夏季裡〉及詩評〈淺釋連水淼詩歌的藝術
　　形象〉。169 期 2011.12 刊詩〈記夢〉〈霧起的時候〉及詩評〈讀
　　許水富的詩〉，170 期 2012.03 刊詩〈在每個山水之間〉及詩評
　　〈讀汪啟疆詩筆抒豪情〉。171 期 2012.06 刊詩〈看灰面鵟鷹消
　　逝〉及〈評潘郁琦的詩〉，172 期 2012.09 書評〈讀方秀雲詩集〉。
　　173 期 2012.12 刊詩〈雨，落在愛河的冬季〉及詩評〈淺析紀弦
　　詩五首〉，174 期 2013.03 詩評〈讀朵思的詩〉。
2.《文訊雜誌》WH，第 291 期，2010 年 1 月，詩評〈最輕盈的飛
　　翔－讀鍾鼎文〈風雨黃山行〉、〈橋〉、〈留言〉〉，頁 24-26。
2-1.《文訊雜誌》，第 293 期，2010 年 3 月，詩評〈溪山清遠－張
　　默詩三首的淺釋〉，頁 22-24。

2-2.《文訊雜誌》，第 297 期，2010 年 7 月，詩評〈淺釋愚溪的詩〈原鄉•山胡椒的告白－四千歲台灣高山湖泊「鴛鴦湖」旅記」〉，頁 18-19。

2-3.《文訊雜誌》，第 302 期，2010 年 12 月，書評〈試析張騰蛟《筆花》及其散文創作〉，頁 118-119。

2-4.《文訊雜誌》，第 311 期，2011 年 09 月，書評〈振鷺于飛－讀雨弦詩集《生命的窗口》〉，頁 128-129。

2-5.《文訊雜誌》，第 316 期，2012 年 02 月，書評〈讀莫渝《走入春雨》〉，頁 122-123。

2-6.《文訊雜誌》WH，第 330 期，2013 年 04 月，書評〈浪漫與哀愁的坦蕩之聲－讀尹玲《故事故事》〉，頁 138-139。

2-7.【2019 文藝雅集】，青春昂揚《作家制服照片特刊》，文訊雜誌社，2019 年 10 月出版，刊林明理大學畢業照及作家簡介，頁 77。

3.　《笠》詩刊，2008 起，自第 263 期至 334 期 2019.12 止，共發表詩 84 首、英譯詩 5 首，散文 3 篇及詩評 35 篇。

3-1.《笠》詩刊 LI POETRY，263 期 2008.02 刊新詩〈丁香花開〉〈雨夜〉、264 期 2008.04 刊詩〈塵緣〉〈螢光與飛蟲〉、265 期 2008.06 刊詩〈金池塘〉〈遲來的春天〉、266 期 2008.08 刊詩〈山問〉、268 期 2008.12 刊詩〈夜櫻〉〈寒松〉、269 期 2009.02 刊詩〈長巷〉〈冬盡之後〉、270 期 2009.04 詩〈北極星〉〈愛是一種光亮〉〈往事〉、271 期 2009.06 詩〈夏荷〉〈小雨〉及詩評〈小論陳坤崙〉、272 期 2009.08 詩〈雲豹〉〈渡口〉〈夜，溜過原野〉及詩評〈讀莫渝的詩〉、273 期 2009.10 詩〈颱風夜〉〈風雨之後〉〈夜祭〉〈今夜，我走入一星燈火〉及詩評〈讀陳千武詩 4 首〉274 期 2009.12 詩〈傳說〉〈春草〉〈崖邊的流雲〉及書評〈曾貴海詩集《湖濱沉思》〉。

3-2.《笠》詩刊，277 期 2010.06 刊詩〈傾聽大海〉〈原鄉－咏六堆〉及詩評〈不凋的漂木-薛柏谷的詩賞析〉、278 期 2010.08 散文〈愛情的巡禮〉及詩〈木框上的盆花〉、279 期 2010.10 詩〈聲音在瓦礫裡化為泣血〉、280 期 2010.12 詩〈行經河深處〉〈紗帽山秋林〉及詩評江自得、281 期 2011.02 詩〈在交織與遺落之間〉

〈岸畔〉、282 期 2011.04 詩評〈淺析鄭烱明《三重奏》詩三首〉、283 期 2011.06 詩〈在雕刻室裡〉、284 期 2011.08 詩評〈略論莫渝的詩風〉、286 期書評〈黃騰輝詩集《冬日歲月》賞析〉、287 期 2012.02 散文〈神遊薩摩亞藍湖〉及詩〈夜宿南灣〉、288 期 2012.04 詩〈如果你立在冬雪裡〉及詩評〈試析林豐明詩歌的意象力〉、289 期 2012.06 詩〈念故鄉〉〈思念的雨後〉及詩評岩上、290 期 2012.08 詩〈追悼—陳千武前輩〉、291 期 2012.10 詩評〈評陳坤崙的詩〉、293 期 2013.02 書評〈讀非馬詩集《蚱蜢世界》〉、294 期 2013.04 詩〈一個雨幕的清晨〉〈墨菊〉〈春芽〉及詩評〈讀吳俊賢的詩〉、295 期 2013.06 詩〈知本之夜〉〈回鄉〉及詩評〈讀李昌憲的詩〉、296 期 2013.08 詩〈暮來的小溪〉〈我原鄉的欖仁樹〉及詩評〈讀林盛彬的詩〉、297 期詩〈釣魚台的天空〉及詩評〈讀王白淵的詩〉、298 期 2013.12 詩〈你繫著落日的漁光〉及書評〈讀莫渝《光之穹頂》〉。

3-3.《笠》詩刊，299 期 2014.02 刊詩〈東隆宮街景〉、300 期 2014.04 刊詩評〈夜讀劉克襄詩數首〉，頁 165-170。301 期 2014.06 刊詩評〈讀李魁賢的詩〉及新詩 2 首〈憶友—Emesto Kahan〉〈富岡海堤小吟〉。302 期 2014.08 刊詩評〈讀羅浪的詩〉，頁 146-150。304 期 2014.12 刊詩評〈清純與哲思的交匯—讀陳明克的詩〉。

3-4.《笠》詩刊，305 期 2015.02 刊〈堅守與理想-讀葉迪的詩〉、第 306 期，2015.04，刊書評〈森林詩家—吳俊賢〉，頁 120-123。第 307 期，2015.06，刊詩評〈評旅人詩三首〉。第 309 期，2015.10，刊詩評〈夜讀 Athanase《比白天更白天》〉。

3-5.《笠》詩刊，311 期期 2016.02 刊詩 2 首，非馬英譯〈你的名字〉及〈你的微笑〉〈 to　Athanase Vantchev de Thracy de Tracy〉。

3-6.《笠》詩刊，312 期 2016.04 刊英譯詩 2 首〈給詩人非馬 To poet William Marr〉〈冬日湖畔的柔音 The soft Music on the Winter Lake Shore〉及詩評〈杜潘芳格的詩世界〉。

3-7.《笠》詩刊，313 期 2016.06 刊詩評〈莫渝的譯著：《石柱集》〉。

3-8.《笠》詩刊，314 期 2016.08 刊詩二首〈憶 CT273〉、〈二層坪水橋之歌〉及詩評〈評岩上《變體螢火蟲》〉，頁 127-131。

3-9.《笠》詩刊，315 期，2016.10 刊詩〈新埔柿農〉，頁 61，及詩評〈詩情深邃的心葉——讀李敏勇的詩〉，頁 123-126。

3-10.《笠》詩刊，316 期，2016.12 刊詩〈七股潟湖夕照〉。

3-11.《笠》詩刊，317 期，2017.02 刊詩評〈哲思•情趣——评岩上：《另一面 诗集》〉，第 317 期，2017.02. 第 89-94 頁.刊詩（米故鄉－池上）頁 52、（我的歌），頁 53。

3-12.《笠》詩刊，第 318 期，2017.04，刊詩評〈陳銘堯的詩印象〉，頁 107-110。

3-13.《笠》詩刊，第 319 期，2017.06，刊詩〈牧丹水庫即景〉，頁 144 及詩評〈鄭烱明詩集：《死亡的思考》的多元省思〉，頁 160-164。

3-14.《笠》詩刊，第 320 期，2017.08，刊詩〈悼-空拍大師齊柏林〉，頁 106.及詩評〈李敏勇詩歌的詩性內涵〉，頁 150-154。

3-15.《笠》詩刊，第 321 期，2017.10，刊詩評〈時代下的吶喊——李昌憲《高雄詩情》的文學價值〉，頁 165-170。

3-16.《笠》詩刊，第 323 期，2018.02，中英詩〈冬季的魔法〉非馬譯，詩（假如我是隻天堂鳥）。

3-17.《笠》詩刊，第 324 期，2018.04，詩〈淡水紅毛城之歌〉，頁 54。

3-18.《笠》詩刊，第 325 期，2018.06，詩〈路〉，頁 81。

3-19.《笠》詩刊，第 326 期，2018.08，詩〈七月的思念〉，頁 84。

3-20.《笠》詩刊，第 327 期，2018.10，詩〈秋在白沙屯〉，頁 85。

3-21.《笠》詩刊，第 328 期，2018.12，詩〈修路工人〉，頁 105。

3-22.《笠》詩刊，第 329 期，2019.02，詩〈大雪山風景〉，（魯花樹），頁 84。

3-23.《笠》詩刊，第 330 期，2019.04，詩〈富源觀景台冥想〉，頁 82。

3-24.《笠》詩刊，第 331 期，2019.06，詩〈一棵會開花的莿桐老樹〉，頁 89。

3-25.《笠》詩刊，第 332 期，2019.08，詩 1.〈花蓮觀光漁港風情〉，頁 76-77，詩 2.〈二二紀念公園冥想八〉頁 104，詩 3.〈阿美族傳奇－給黃貴潮〉，頁 104。

3-26.《笠》詩刊，第 333 期，2019.10，詩 1.〈高雄煉油廠的黃昏〉，
　　頁 95，詩 2.〈秋晨在鯉魚山公園〉頁 95，詩 3.〈夜讀林豐明：
　　《荳蘭過去七腳川》〉，頁 95-96，詩 4.〈閱讀布農部落〉，
　　頁 96。

3-27.《笠》詩刊，第 334 期，2019.12，詩 1.〈水往上流奇觀〉，
　　頁 123，詩 2. 〈池上風景一隅〉，頁 123-124。

4.《文學台灣》季刊 LITERARY TAIWAN，第 72 期，2009.10.冬
　　季號，頁 81-82.刊詩 2 首〈莫拉克颱風〉、〈夜祭—紀念小林
　　村夜祭而作〉。

4-1.《文學台灣》季刊，第 73 期，2010.01.春季號，頁 94.刊詩 1
　　首〈光點〉。

4-2.《文學台灣》季刊，第 73 期，2010.01.春季號，頁 94.刊詩 1
　　首〈光點〉。

4-3.《文學台灣》季刊，第 74 期，2010.04.夏季號，頁 131.刊詩 1
　　首〈拂曉之前〉。

4-4.《文學台灣》季刊，第 75 期，2010.07.秋季號，頁 146.刊詩 1
　　首〈回到從前〉。

4-5.《文學台灣》季刊，第 77 期，2011.01.春季號，頁 177.刊詩 1
　　首〈遙寄商禽〉。

4-6.《文學台灣》季刊，第 78 期，2011.04.夏季號，頁 75.刊詩 1
　　首〈在雕刻室裡〉。

4-7.《文學台灣》季刊，第 79 期，2011.07.秋季號，頁 130.刊詩 1
　　首〈九份黃昏〉。

4-8.《文學台灣》季刊，第 83 期，2012.07.秋季號，頁 55.刊詩 1
　　首〈吉貝耍‧孝海祭〉。

4-9.《文學台灣》季刊，第 85 期，2013.01.春季號，頁 79-80.刊詩
　　1 首〈給司馬庫斯〉。

4-10.《文學台灣》季刊，第 96 期，2015.10.冬季號，頁 74-75.刊
　　詩 1 首〈茶山部落之歌〉。

4-11.《文學台灣》季刊，第 99 期，2016.07 秋季號，頁 65，刊詩
　　〈Do not be sad〉。

4-12《文學台灣》季刊，第 104 期，2017.10 冬季號，頁 95，刊詩

二首〈馬丘比丘之頌〉及〈戰爭〉。

4-13.《文學台灣》季刊，第 106 期，2018.04 夏季號，刊詩〈別哭泣，敘利亞小孩〉，頁 118。

4-14.《文學台灣》季刊，第 109 期，2019.01 春季號，刊詩〈秋日田野的搖曳裡〉，頁 127。

4-15.《文學台灣》季刊，第 113 期，2020.01 春季號刊詩〈讀醫師詩人葉宣哲的《瞳》〉，頁　　。

5. 《人間福報》Merit Times，2007 年至 2020 年 01 月止，共刊登新詩 97 首，散文、書畫評論、生命書寫、閱讀版、家庭版、投書等 70 篇及刊林明理繪畫作品 74 幅、攝影作品 38 件。

5-1.《人間福報》2007.2.22 刊生命書寫版〈親恩無限〉、2007.3.29 刊〈心轉境則轉〉、2007.4.1 刊〈山中冥想〉、2007.4.5 刊〈難忘婆媳情〉，2007.4.11 刊水彩畫作於副刊，2007.4.18 畫作於副刊，2007.5.1 刊〈惜福惜緣〉、2007.5.4 刊〈康乃馨的祝福〉、2007.5.5 畫作於副刊、2007.5.24 刊〈紅龜粿〉、2007.6.2 刊〈觀心自照〉、2007.6.15 刊〈黃金樹〉、2007.7.8 刊〈憶亡友〉，2007.7.13 刊詩〈愛的禮讚〉，2007.7.23〈生命裡的春天〉，2007.7.26 刊投書版〈夜晚愈熱，倡導生態建築〉、2007.7.27 刊〈水質惡化，政府渾然不察〉、2007.7.28 刊〈生技產業發展，刻不容緩〉，2007.7.31 刊生命書寫版〈生命故事的寫手〉、2007.8.4 投書版刊〈公投入聯　不利兩岸關係〉，2007.8.17 家庭版〈善待家人〉、2007.8.31〈爬山之樂〉、2007.9.11 刊家庭版〈家有妙老爹〉、2007.10.2 刊副刊水彩畫 1 幅，2007.10.10 刊〈緬懷旗津〉、2007.10.18 刊〈另類思考〉、2007.10.30 刊家庭版〈爸爸的勇氣〉、2007.11.9 刊〈看山吟水〉、2007.11.13 刊家庭版〈人生的考驗〉，2007.12.13 刊詩〈默喚〉。

5-2.《人間福報》2008.2.1 刊詩〈影子灑落愛丁堡上〉，2008.2.20 刊詩〈愛的實現〉、2008.4.10 刊詩〈金池塘〉、2008.4.22 刊詩〈倒影〉，2008.5.15 刊副刊散文〈聽雨，僧廬〉，2008.5.26 詩〈雲淡，風清了〉、2008.6.6 刊詩〈在秋山的頂上守候〉、2008.6.18 刊詩〈等候黎明〉、2008.7.10 刊詩〈山茶〉、2008.7.18 刊詩〈獨白〉、2008.7.31 刊詩〈航行者〉、2008.8.7 刊詩〈老

紫藤〉、2008.8.26 刊詩〈水蓮〉、2008.9.11 刊詩〈可仍記得〉、2008.10.2 刊詩〈山雲〉、2008.10.20 刊詩〈簡靜是美〉、2008.11.3 刊散文〈燭光的躍動〉，2008.11.5 刊詩〈山間小路〉。

5-3.《人間福報》2009.1.16 詩〈北風〉、2009.2.2 詩〈冬望〉、2009.2.6 詩〈無言的讚美〉、2009.4.14 詩〈青藤花〉、2009.5.4 詩〈坐覺〉、2009.5.11 詩〈夏荷〉、2009.6.15 詩〈愛是一種光亮〉、2009.7.3 詩〈從海邊回來〉、2009.8.3 詩〈山桐花開時〉、2009.8.13 詩〈老樹〉、2009.8.21 詩〈風雨之後〉、2009.9.4 詩〈在初冬湖濱〉、2009.9.23 詩〈讀月〉、2009.10.5 詩〈海上的中秋〉、2009.10.22 詩〈聽雨〉、2009.10.26〈漁隱〉、2009.11.11 詩〈珍珠的水田〉，2009.11.15 刊生命書寫版〈平安就是福〉、2009.12.6 刊家庭版〈糖蛋的秘密〉，2009.12.18 刊詩〈在瀟瀟的雪夜〉。

5-4.《人間福報》2010.1.8 詩〈初冬一個訪客〉、2010.2.26 詩〈歲晚〉、2010.3.10 刊水彩畫作及詩〈墨竹〉、2010.3.31 刊彩畫作及詩〈想念的季節〉、2010.4.19 刊彩畫及詩〈四月的夜風〉、2010.5.2 刊生命書寫版〈難忘的畫面〉，2010.5.20 刊彩畫作及詩〈春已歸去〉、2010.7.7 刊彩畫作及詩〈流螢〉，2010.7.23 副刊散文〈在我深深的足跡上〉，2010.9.21 刊彩色水彩畫作及詩〈光之湖〉、2010.11.15 刊彩色水彩畫作及詩〈月光〉。

5-5.《人間福報》2011.1.14 刊彩色水彩畫及詩〈靜海〉，2011.3.7 刊詩〈兩岸青山連天碧-陪海基會走過二十年感時〉，2011.3.8 散文〈古道尋幽〉、2011.4.11 刊水彩畫作及詩〈禪月〉、2011.5.23 副刊刊畫評〈高好禮的書畫藝術〉、2011.5.30 刊水彩畫及詩〈靜寂的黃昏〉、2011.7.12 刊彩色水彩畫作及詩〈春日的玉山〉、2011.9.12 刊水彩畫作及詩〈中秋懷想〉、2011.10.4 刊水彩畫作及詩〈山韻〉、2011.10.25 刊水彩畫作及詩〈夜之聲〉、2011.12.12 刊水彩畫及詩〈靜湖〉。

5-6.《人間福報》2012.1.31 刊副刊散文〈越野單車散紀〉，2012.5.22 副刊刊作者彩畫一幅，2012.6.5 刊水彩畫作及詩〈夕陽，驀地沉落了〉，2012.6.18 副刊刊作者照及散文〈卑南樂山的心影〉，2012.7.22 閱讀版刊書評〈讀《生活有書香》，2012.9.4 副刊刊詩〈永懷鍾鼎文老師〉及作者與鍾鼎文合照〉、2012.10.1 刊水

彩畫作及詩〈沒有第二個拾荒乞討婦〉、2012.10.15 刊畫作及詩〈挺進吧,海上的男兒〉,2012.11.12 刊水彩畫作及詩〈給司馬庫斯〉、2012.12.3 刊攝影作 1 件及詩〈旗山老街的黃昏〉。

5-7.《人間福報》副刊 2013.1.1 刊水彩畫作及散文〈學佛之路〉,2013.1.7 刊水彩畫及詩〈冬憶-泰雅族祖靈祭〉,2012.7.23-7.24 刊副刊散文〈山裡的慈光〉〈上、下〉及作者照、水彩畫作,2013.1.29 副刊書評〈夜讀沈鵬詩〉及沈鵬、魯光贈書畫圖 2 張。2013.2.19 副刊刊水彩畫作及散文《髻鬃花》的邂逅〉,2013.3.26 刊水彩畫及詩〈冬之雪〉,2013.4.30 刊水彩畫作及詩〈魯凱族黑米祭〉,2013.5.28 刊水彩畫作及詩〈母親〉,2013.6.16 閱讀版刊書評〈夜讀《成就的秘訣:金剛經》〉,2013.7.2 刊水彩畫作及詩〈月桃記憶〉,2013.7.8 副刊刊詩〈重生的喜悅〉,2013.8.12 刊詩〈曲冰橋上的吶喊〉,2013.9.16 副刊詩〈坐在秋陽下〉,2013.9.23 副刊詩評〈扎根於泥土的臺灣詩人:林煥彰〉。2013.11.18 刊詩〈海影〉。

5-8.《人間福報》副刊 2014.1.7 書評〈夜讀張騰蛟《書註》〉,2014.2.18 刊詩〈墾丁冬思〉,2014.5.13 副刊散文〈鞏伯伯的菜園子〉及水彩畫作。2014.6.5 副刊散文〈山居散記〉及水彩畫作。2014.6.30 副刊散文〈在匆匆一瞥間〉及水彩畫作。2014.7.16 刊論壇版〈受國際尊重 要團結一致〉。2014.7.25 副刊散文〈初鹿牧場記遊〉及攝影作 3 張。2014.8.18 刊詩〈傷悼——前鎮氣爆受難者〉及水彩畫作。2014.9.17 刊副刊散文〈都蘭紀行〉及攝影作 1 張、水彩畫 1 幅。2014.9.24 刊投書版〈人間處處有溫暖 詩人獻愛心 盼弱勢原住民重生〉。2014.10.6 刊副刊散文〈意外的訪客〉及水彩畫 1 幅。2014.10.24 副刊刊散文詩〈竹子湖之戀〉及水彩畫 1 幅。2014.11.14 副刊刊新詩〈無論是過去或現在〉及水彩畫 1 幅。2014.12.2 副刊刊新詩〈回鄉〉及水彩蠟筆畫 1 幅。

5-9.《人間福報》副刊 2015.1.23 刊副刊散文〈秋在花蓮〉,水彩畫 1 幅及攝影作品 2 張。2015.3.17 刊詩〈葛根塔拉草原之戀〉及水彩畫 1 幅。2015.4.20 刊散文〈阿里山記遊〉及攝影作品 3 張。2015.5.29 副刊刊詩〈陽光下的時光〉及水彩畫 1 幅。2015.7.17 副刊刊詩〈甘南,你寬慰地向我呼喚〉及水彩畫 1 幅。2015.8.17

副刊刊散文〈赤柯山散記〉及攝影 1 張。2015.9.8 刊詩〈月河行〉及水彩畫 1 幅。2015.11.4 刊散文〈宋伯伯的的五彩饅頭〉及水彩畫 1 幅攝影 2 張。2015.12.3 刊散文〈不凋的欖仁樹〉及水彩畫 1 幅。

5-10.《人間福報》副刊 2016.01.13 刊散文（紅葉部落之秋）及攝影照 4 張，水彩畫一幅。2016.3.22 副刊散文（冬日鸞山之美）及水彩畫 1 幅。2016.4.20 刊散文（墾丁遊蹤）及水彩畫 1 幅，攝影 1 張。2016.6.8 刊散文（美濃紀行）及水彩畫 2 幅。2016.8.9 刊詩（嵩山之夢）及水彩畫一幅。2016.10.11 刊詩（佳節又重陽）及水彩畫 1 幅。2016.10.24 刊詩（新埔柿農）及水彩畫 1 幅。

2016.11.11 刊詩（水沙連之戀）及攝影一張。2016.12.20 刊散文（驟雨過後）及攝影一張。

5-11.《人間福報》副刊 2017.01.17 刊詩（米故鄉-池上）及水彩畫 1 幅。2017.2.17 刊詩（東勢林場）及水彩畫 1 幅。2017.4.24 刊詩（春語）及水彩畫 1 幅。2017.7.7 刊詩（**給最光耀的騎士──Prof. Ernesto Kakan**）及水彩畫 1 幅。2017.9.18 刊詩（馬丘比丘之頌）及水彩畫 1 幅。2017.10.11 刊詩（秋的懷念）及水彩畫 1 幅。2017.12.01 刊散文（冬季遐思）及攝影作 4 張。

5-12.《人間福報》副刊，2018.01.25 刊詩（如果我是隻天堂鳥）及水彩畫 1 幅。

5-13.《人間福報》副刊，2018.07.12 刊詩（七月的思念）及水彩畫 1 幅。

5-14.《人間福報》副刊，2018.08.23 刊詩（在愉悅夏夜的深邃處）及油畫 1 幅。

5-15.《人間福報》副刊，2018.10.04 刊詩（秋日田野的搖曳裡）及油畫 1 幅。

5-16.《人間福報》副刊，2019.01.07 刊詩（南湖溪之歌）及油畫 1 幅。

5-17.《人間福報》副刊，2019.03.20 刊散文（利稻，心中的桃花源）及攝影 2 張。

5-18.《人間福報》副刊，2019.05.02 刊散文（舞鳳部落遊蹤）及攝

影 2 張。

5-19.《人間福報》副刊，2019.06.05 刊詩〈南庄油桐花開時〉及油畫 1 幅，攝影 1 張。

5-20.《人間福報》副刊，2019.07.17 刊詩〈緬懷山寺之音〉及水彩畫 1 幅。

5-21.《人間福報》副刊，2019.10.07 刊散文〈部落之歌 拉勞蘭〉及油畫 1 幅，攝影 2 張。

5-22.《人間福報》副刊，2019.11.21 刊散文〈漫步在林間小徑〉及攝影 3 張。

5-23.《人間福報》副刊，2020.01.03 刊散文〈走過崁頂百年歲月〉及攝影 3 張。

6.《乾坤》詩刊，自 2010 年至 2014 年春季號，第 50 至 69 期，共發表新詩 43 首、古詩 4 首及詩評 14 篇。

6-1.《乾坤》詩刊 50 期，2009 夏季號詩〈夏日長風〉〈江岸暮色〉〈來自大海的聲音〉〈風的默思〉，51 期，2009 秋封底刊作者照簡介詩觀及詩〈山桐花開時〉、52 期，2009 冬刊詩〈末日地窖〉及詩評尹玲，53 期，2010 春詩〈稻草人〉〈夜思〉及詩評辛鬱，54 期，2010 夏刊新詩〈大冠鷲的天空〉〈貓尾花〉〈霧〉及詩評向陽及舊詩 4 首〈暮春〉〈默喚〉〈湖山高秋〉〈秋盡〉，55 期，2010 秋刊新詩〈月橘〉〈芍藥〉〈馬櫻丹〉，56 期，2010 冬刊詩〈靜海〉〈因為愛〉及詩評徐世澤，57 期，刊中英譯詩〈十月秋雨〉〈星河〉及詩評翬華，58 期，2011 夏詩評辛牧，59 期，2011 秋刊詩〈黎明時分〉〈雖已遠去〉及詩評錦連，60 期，2011 冬刊詩〈夜之聲〉〈我握你的手〉及詩評〈李瑞騰詩〈坎坷〉〈流浪狗〉的再解讀〉，61 期，2012 春詩評藍雲，62 期，2012 夏詩〈又是雨幕的清晨〉〈問愛〉及詩評〈一支臨風微擺的青蓮─淺釋莫云的詩〉，63 期，2012 秋刊詩〈玉山，我的母親〉〈秋之楓〉及詩評藍雲，64 期，2012 冬刊詩〈在積雪最深的時候〉及詩評楊宗翰，65 期，2013 春刊詩〈冬之雪〉〈詠車城〉，66 期，2013 夏刊詩〈追憶─鐵道詩人錦連〉，67 期，2013 秋刊詩評蘇紹連，69 期，2014 春刊書評〈讀丁文智詩集《重臨》隨感〉。

7.《秋水》詩刊 CHU SHUI POETRY，136 期，2008.01 刊新詩〈松
　林中的風聲〉〈剪影〉、137 期 2008.04 詩〈林中漫步〉〈春雪
　飛紅〉、138 期 2008.07 詩〈煙雲〉、139 期 2008.10 詩〈露珠
　兒〉〈過客〉、140 期 2009.01 詩〈浪花〉〈夜思〉、141 期 2009.04
　詩〈雨意〉〈清雨塘〉、142 期 2009.07 詩〈北窗下〉〈聽雨〉、
　143 期 2009.10 詩〈晚秋〉144 期 2010.1〈在瀟瀟的雪夜〉、145
　期 2010.4 詩〈暮煙〉〈剪影〉、146 期 2010.07 詩〈在邊城〉
　〈懷舊〉、147 期 2010.10 書評〈讀張堃的《調色盤》〉、148
　期 2011.01 書評〈夢幻詩境的行者─淺釋《綠蒂詩選》〉、149
　期 2011.04 詩〈林中小徑的黃昏〉〈枷鎖〉、150 期 2011.07 詩
　評〈淺釋屠岸的詩〈露臺下的等待〉〉、151 期 2011.11 詩評〈淺
　釋林錫嘉詩三首〉、152 期 2012.01 詩〈在寂靜蔭綠的雪道中〉、
　153 期 2012.04 詩評〈讀向明詩集《閒愁》、155 期 2012.10 詩
　〈秋林〉、156 期 2013.01〈靜寫生命的芬芳─淺釋綠蒂詩二首〉。
7-1.《秋水》詩刊，161 期，2014.10，刊書評〈一隻優雅昂起的九
　色鹿──讀梅爾的詩〉及新詩 2 首〈憶友-Kahan〉〈勇者的畫像
　-致綠蒂〉。162 期，2015.01 刊詩 2 首〈想妳，在墾丁〉、〈冬
　日神山部落〉。164 期，2015.07 刊英譯詩 1 首〈雨，落在故鄉
　的泥土上〉非馬譯。165 期，2015.10 刊詩〈夢見中國〉，頁 37。
7-2.《秋水》詩刊，166 期，2016.01 刊詩〈夢見中國〉，頁 38。
　167 期，2016.04 刊詩〈我的生命如風〉、〈夢見中國〉，頁 36。
　168 期，2016.07 刊詩〈頌長城〉，〈冬日湖畔的柔音〉，頁
　51。
　169 期，2016.10 刊詩〈屈原頌〉，頁 59。
7-3.《秋水》詩刊，170 期，2017.01 刊詩〈曇花的故事〉，〈我怎
　能停止為你而歌〉，頁 36 及〈詩苑奇葩-林凱旋《茶韻清歌》，
　頁 86-89。171 期，2017.04 刊詩〈歌飛阿里山森林〉，張智中
　教授英譯，頁 86。172 期，2017.07.刊詩二首，〈平靜的湖面〉、
　〈春之歌〉，頁 41 及導讀詩評綠蒂詩〈北港溪的黃昏〉，頁
　91.
173 期，2017.10 刊中英譯〈憶〉，非馬英譯，頁，100。及詩評〈慢
　讀綠蒂〈北港溪的黃昏〉，頁 92-93。174 期，2018.1，中英譯

詩〈帕德嫩神廟〉、〈冬之歌〉，非馬譯。175 期，2018.04，刊詩〈永懷文學大師－余光中〉，頁 52，詩〈在白色的森林下面〉，中英詩，非馬譯，頁 96。176 期，2018.07，刊詩〈我一直在看著你〉，非馬譯，頁 72，詩〈山野的蝴蝶〉，頁 15。177 期，2018.10，刊詩〈如風往事〉，非馬譯，頁 87，詩〈大安溪夜色〉，非馬譯，頁 88。178 期，2019.01，刊詩〈永安鹽田濕地〉，非馬譯，頁 91。

7-4.《秋水》詩刊，179 期，2019.04，刊林明理詩〈南湖溪之歌〉，頁 43，詩評〈一隻勇敢飛翔的海燕〉，頁 74-76，詩〈我將獨行〉，非馬英譯，頁 93。

《秋水》詩刊，180 期，2019.07，刊林明理詩〈在愉悅夏夜的深邃處〉，頁 69-70，非馬英譯。

7-5.《秋水》詩刊，181 期，2019.10，刊林明理詩 1.〈小野柳漫步〉頁 40，詩 2.〈山中冥想〉頁 41，詩 3.中英〈大雪山風景〉及非馬英譯，頁 76，詩 4.中英〈思念在彼方〉及非馬譯，頁 77，詩評〈綠蒂詩歌的藝術成就試論〉，頁 59-64。

7-6.《秋水》詩刊 182 期，2020.01，刊林明理詩 1.〈緬懷億載金城〉，頁 37，詩 2.〈在那恬靜的海灣〉，頁 37。詩 3.〈正月賞梅〉，非馬譯，頁 79。詩 4.〈黃永玉和他的名畫〉，非馬英譯，頁 80。

《秋水》詩刊，自 136 期至 182 期，共發表詩 56 首、譯詩 16 首及詩評 12 篇。

7-7.《戀戀秋水》秋水四十周年詩選，涂靜怡主編，2013.06 出版，收錄林明理詩 3 首〈煙雲〉〈在邊城〉〈懷舊〉，頁 186-187。

8.《海星》詩刊，2011 年 9 月創刊號，第 1 期，刊詩 2 首〈在蟲鳥唧唧鳴鳴的陽光裡〉〈雨後的夜晚〉，頁 52-53。

8-1.《海星》詩刊，2011 年 12 月，第 2 期，刊詩 4 首〈回到過去〉〈悼紐西蘭強震罹難者〉〈致貓頭鷹的故鄉〉〈來自珊瑚礁島的聲音〉頁 86-87，詩評 1 篇〈喬林詩歌的哲學意蘊〉頁 12-15。

8-2.《海星》詩刊，2012 年 3 月，第 3 期春季號，刊詩 4 首〈鐫痕〉〈在靜謐花香的路上〉〈惦念〉〈風滾草〉頁 94-95，詩評 1 篇〈風中銀樹碧　雨後天虹新－淺釋鄭愁予的詩三首〉，頁 16-19。

8-3.《海星》詩刊，2012 年 6 月，第 4 期夏季號，刊詩詩評 1 篇〈引

人注目的風景-淺釋白萩的詩三首〉，頁 21-26。

8-4.《海星》詩刊，2012 年 9 月，第 5 期秋季號，刊詩 3 首〈海頌〉〈夏之吟〉〈夏至清晨〉頁 69，詩評 1 篇〈簡潔自然的藝術風韻-讀余光中的鄉土詩〉，頁 16-19。

8-5.《海星》詩刊，2012 年 12 月，第 6 期冬季號，刊作者畫封面彩色水彩畫、詩 2 首〈拂曉時刻〉〈默念〉頁 59，詩評 1 篇〈輕酌曉月賦詩葩-讀羅智成《現代詩的 100 種可能》〉，頁 27-29。

8-6.《海星》詩刊，2013 年 3 月，第 7 期春季號，刊詩 1 首〈一如白樺樹〉，頁 102.詩評 1 篇〈遠離塵囂的清淨與自然-淺釋白靈的詩〉，頁 18-21。

8-7.《海星》詩刊，2013 年 6 月，第 8 期夏季號，刊詩 2 首〈歌飛阿里山森林〉〈老街吟〉頁 101，詩評 1 篇〈光明的歌者-讀非馬《日光圍巾》〉，頁 14-17。

8-8.《海星》詩刊，2013 年 9 月，第 9 期秋季號，刊詩評 1 篇〈以詩為生命的苦吟者-讀詹澈的詩〉，頁 18-21。

8-9.《海星》詩刊，2013 年 12 月，第 10 期冬季號，刊詩評 1 篇〈對純真美的藝術追求-讀蕭蕭的詩〉，頁 16-19。

8-10.《海星》詩刊，2014 年 3 月，第 11 期春季號，刊詩評 1 篇〈抒情詩的創造性─讀林文義的《旅人與戀人》〉，頁 16-19。

8-11.《海星》詩刊，2014.06，第 12 期夏季號，書評〈夜讀鍾玲詩集《霧在登山》，頁 15-19。

8-12.《海星》詩刊，2014.09，第 13 期秋季號，詩評〈走進周夢蝶的沉思歲月〉。

8-13.《海星》詩刊，2014.12，第 14 期冬季號，詩評〈夜讀莫云《夜之蠱》〉及詩〈那年冬夜〉。

8-14.《海星》詩刊，2015.03，第 15 期春季號，詩評〈陳義芝的浪漫與沉思〉及刊「翰墨詩香」詩書聯展參展活動照。

8-15.《海星》詩刊，2015.06，第 16 期夏季號，書評〈《小詩・隨身帖》讀後〉，頁 15-18 及《山居歲月》書介。

8-16.《海星》詩刊，2015.09，第 17 期秋季號，書評〈讀莫渝詩集《陽光與暗影》〉，頁 17-20。

8-17.《海星》詩刊，2015.12，第 18 期冬季號，詩評〈真情蘊藉詩

情—讀方艮的詩〉〉，頁 17-20。

8-18.《海星》詩刊，2016.03，第 19 期春季號，詩評〈孤獨的手風琴—讀辛勤的詩〉〉，頁 19-22 及詩作兩首〈給普希金〉、〈黃昏的潮波-給 Athanase Vantchev de Thracy de Tracy〉。

8-19.《海星》詩刊，2016.06，第 20 期夏季號，詩評〈透過藍色的風-評楊風《原來你還在唱歌》〉，頁 19-22。

8-20.《海星》詩刊，2016.09，第 21 期秋季號，詩評〈生命風景的畫冊-讀李若鶯詩集《謎•事件簿》〉，頁 16-19，書介《名家現代詩賞析》。

8-21.《海星》詩刊，2016.12，第 22 期冬季號，詩評〈詩與思：辛波絲卡〉，頁 17-20.

8-22.《海星》詩刊，2017.03，第 23 期春季號，詩評〈〈孤獨的行吟讀里爾克的詩〉〉，頁 15-18，詩〈倒影〉及攝影作 1 張，頁 79。

8-23.《海星》詩刊，2017.06，第 24 期夏季號，詩評〈讀葉慈詩歌的意象藝術〉，頁 15-18。英譯詩兩首〈黃昏〉、〈冥想〉，頁 79，馬為義博士譯，及林明理參展海星詩刊【詩的影像】名單，頁 35，林明理書訊〈我的歌 MY SONG〉一則，頁 141。

8-24.《詩海星光》——海星詩刊選集，收錄林明理詩二首〈那年冬夜〉頁 76、〈風滾草〉頁 77，2017.11.01，秀威出版，莫云主編。

9.臺南市政府文化局出版《鹽分地帶文學》雙月刊，第 37 期，2011 年 12 月，刊登詩 1 首〈越過這個秋季〉，頁 150。

9-1.《鹽分地帶文學》雙月刊，第 45 期，2013 年 4 月，刊登詩 1 首〈白河：蓮鄉之歌〉，頁 168。

9-2.《鹽分地帶文學》雙月刊，第 59 期，2015 年 8 月，刊登詩 1 首〈雨落在故鄉的泥土上〉，頁 164-165。

9-3.《鹽分地帶文學》雙月刊，第 64 期，2016 年 6 月，刊書評〈讀東行詩集《水果之詩》〉，頁 177-182 及李若鶯攝影林明理照。

9-4.《鹽分地帶文學》雙月刊，第 65 期，2016 年 8 月，刊詩 1 首〈故鄉，我的愛〉，頁 196-197。

9-5.《鹽分地帶文學》雙月刊，第 67 期，2016 年 12 月，刊詩評〈寄

意於象的詩風——細讀秀實詩〉，頁 147-151。

9-6.《鹽分地帶文學》雙月刊，第 68 期，2017 年 02 月，刊評〈民族詩人林梵〉，頁 166-171，作者合照。

10. 鶴山 21 世紀國際論壇《新原人》雜誌季刊，第 70 期，2010 夏季號，發表詩 2 首〈懷鄉〉〈午夜〉，頁 152。

10-1.《新原人》季刊，2011 冬季號，第 76 期，書評 1 篇〈簡論米蘭‧裏赫特《湖底活石》的自然美學思想，頁 214-220。10-2.《新原人》季刊，2012 秋季號，第 79 期，詩評 1 篇〈伊利特凡‧圖奇詩作及其價值〉，頁 228-231。

10-3.《新原人》季刊，2013 春季號，第 81 期，詩評〈一隻慨然高歌的靈鳥-讀普希金詩〉，頁 164-173。10-4.《新原人》季刊，2013 夏季號，第 82 期，〈中英譯〉書評伊利‧戴德切克著〈夜讀詩集《身後之物》，頁 150-160。

11.臺灣「中國文藝協會」會刊《文學人》季刊，革新版第 6 期 2009.08，畫評蔡友教授，頁 67-68.該畫評發表於佛光山，出席兩岸畫展研討會。

11-1.《文學人》季刊，革新版第 7 期 2009.11，刊詩 4 首〈原鄉-詠六堆〉〈北埔夜歌〉〈風雨之後〉〈在我的眼睛深處〉，頁 104-105。

11-2.《文學人》季刊，革新版第 9 期，總 22 期，2010.12，刊詩評〈辛牧的詩化人生〉，頁 74-76。及新詩 2 首〈遙寄商禽〉〈破曉時分〉。

11-3.《文學人》季刊，革新版第 11 期 2013.05，刊作者獲 54 屆文藝獎章〈新詩類〉得獎名錄，頁 9。

12.《新地文學》季刊，第 18 期，2011.年 12 月，刊登詩 2 首〈九份之夜〉〈生命的樹葉〉，頁 54-55。

12-1.《新地文學》季刊，第 22 期，2012 年 12 月，刊登詩 2 首〈冬日〉〈詠車城〉，頁 172-173，及作者簡介。

　　2012 年 12 月，第 22 期刊登詩 2 首。

13.高雄市《新文壇》季刊，自第 13 期至 2017 年 01 月，共發表詩 28 首，詩畫評論共 22 篇、畫作 3 幅。13 期 2009.1 刊新詩〈夜航〉〈湖山高秋〉、14 期 2009.04 刊詩〈冬之湖〉〈聽雨〉〈草

露〉、15 期 2009.7 詩評辛牧及詩〈山桐花開時〉〈秋暮〉、16
期 2009.10 藝評〈非馬詩畫的審美體驗〉及詩〈致黃櫨樹〉〈春
深〉〈光之湖〉、17 期 2010.1 詩〈雨中的綠意〉〈珍珠的水田〉、
18 期 2010.04 散文〈真純的慈心―星雲大師〉及詩〈漁唱〉〈牧
歸〉、19 期 2010.07 刊書封面水彩畫及封底作者簡介照片及詩
評〈讀瘂弦〈歌〉〈瓶〉〉及詩〈停雲〉〈稻草人〉、20 期 2010.10
刊水彩畫及詩評謝明洲及詩〈秋日的港灣〉、21 期 2011.1 刊水
彩畫及詩評〈淺釋吳鈞的詩四首〉及詩〈秋城夜雨―悼商禽〉
〈昨夜下了一場雨〉、22 期 2011.4 詩評林莽及詩〈在清靜的茵
綠裡〉、24 期 2011.07 畫評蔡友教授及詩〈憂鬱〉、25 期 2011.10
書評馮馮、26 期 2012.1 詩評傅天虹及詩〈一棵雨中行的蕨樹〉、
27 期 2012.4 書評楊奉琛及詩〈啊，卡地布〉、28 期 2012.7 刊
書評〈略論陳義海的詩歌藝術〉及詩〈歌飛阿里山茶香〉、29
期 2012.10 詩〈當時間與地點都變了〉、30 期 2013.01 畫評賀
慕群、31 期 2013.04 詩〈原鄉，咏撫順〉、32 期 2013.7 書評斯
聲的詩、33 期 2013.10 詩評〈辛鬱的抒情詩印象〉及詩〈原鄉〉、
34 期 2014.1 書評《讀楊濤詩集心窗》。39 期 2015.04 詩評〈深
秋裡的白鷺―獨鄭勁松的詩〉。40 期 2015.07 畫評〈與自然共
舞-楊惠珺的繪畫藝術〉。41 期 2015.10 詩評〈為故鄉而歌 ―
讀 鄭 衛 國 的 詩 〉， 本 文 刊 中 國「 根 在 黃 梅 官 網」
http://www.huangmei100.com/portal.php?mod=view&aid=467

42 期 2016.01 詩評屈金星《煤啊，我的情人 我的黑姑娘》，
中 國 「 中 華 文 化 財 富 網 」 刊 登
http://www.wenhuacaifu.net/a/mtsd/wczx/20151129/1070.html
43 期，2016.04 詩評〈溫雅中見真醇--崔金鵬的詩〉。

44 期，2016.07 詩評〈穿越浪漫的深邃思想-讀劉蓉的詩〉，
頁 58-62。

45 期，2016.10 詩評〈一座沉思的雕像―讀若澤·薩拉馬戈的
詩〉，頁 67-74。

46 期，2017.01 詩評〈雅羅斯拉夫.塞弗特的詩歌藝術〉，頁
31-40.
14. 高雄市《大海洋》詩雜誌 LARGE OCEAN POETRY

QUARTERLY，第 85 期，2012.07 刊登林明理簡介照片及英詩〈吳鈞譯〉4 首〈秋日的港灣〉〈海上的中秋〉〈海祭〉〈霧〉於頁 48-49、書評一篇〈試論《周世輔回憶錄》的文學價值〉，頁 50-51。

14-1.《大海洋》詩雜誌，第 86 期，2012.12 刊登林明理英詩 4 首〈吳鈞譯〉〈想念的季節〉〈樹林入口〉〈曾經〉〈十月秋雨〉於頁 20-21 及詩評一篇〈愛倫‧坡的詩化人生〉，頁 22-27。

14-2.《大海洋》詩雜誌，第 87 期，2013.07 刊登詩評 1 篇〈傑克‧斐外詩歌的意象藝術探微〉於頁 23-27 及獲第 54 屆中國文藝獎章新詩類報導照片、證書資料於頁 22。

14-3.《大海洋》詩雜誌，第 88 期，2014.1 刊登詩評 1 篇〈一隻慨然高歌的靈鳥—讀普希金的詩〉頁 26-31 及詩 1 首〈重生的喜悅〉於頁 26。

14-4.《大海洋》詩雜誌，第 89 期，2014.7 刊登詩評 1 篇〈評葦子的詩世界〉頁 74-76 及作者與 Prof.Kahan 諾貝爾和平獎得主合照一張。

14-5.《大海洋》詩雜誌，第 90 期，2015.01 刊登書評 1 篇〈從孤獨中開掘出詩藝之花—淺釋《艾蜜莉‧狄金生詩選》〉，頁 120-124。

14-6.《大海洋》詩雜誌，第 91 期，2015.07 刊登詩評 1 篇〈讀鄭勁松的詩〉頁 62-63.及新詩〈憶友—prof.Kahan〉，頁 60、合照於馬來西亞世詩一張，。

14-7.《大海洋》詩雜誌，第 92 期，2016.01 刊登詩評 1 篇〈飛越海洋的詩情—讀朱學恕的詩〉頁 10、合照及新詩 5 首〈生命的樹葉〉、〈越過這個秋季〉、〈綠淵潭〉、〈等著你，岱根塔拉〉、〈秋夕〉及散文一篇及攝影照，頁 94-95。

14-8.《大海洋》詩雜誌，第 93 期，2016.07 刊書評〈多種力量的交織與愛—讀《suggestion》詩歌中視角的延伸〉，新詩兩首〈給 Athanase Vantchev de Thracy〉，林明理中英法簡介照片，《林明理散文集》書封面前後掃描，頁 98-103.。

14-9.《大海洋》詩雜誌，第 94 期，2017.01 刊詩〈寫給「飛閱文學地景製作之友」〉、〈聽海〉頁 41，及頁 1 合照。

14-10.《大海洋》詩雜誌，第 95 期，2017.07 刊詩評〈約瑟夫·布羅茨基的生平及其詩藝成就〉，頁 **29-31** 及詩〈詩與白冷圳的間奏曲〉及合照 2 張，頁 32-33，詩〈【詩的影像】感思及合照及攝影詩作品照〉，頁 31。

14-11.《大海洋》詩雜誌，第 96 期，2018.01 刊書評〈孫曉東教授的《淮劇藝術通論》，頁 43-44。新詩〈鵝鑾鼻燈塔〉，非馬譯，頁 42。

14-12.《大海洋》詩雜誌，第 97 期，2018.07，刊詩 1.〈寫給麗水的詩〉，詩 2.〈你的微笑是我的微風〉，非馬譯，詩 3.〈夕陽落在沙丘之後〉，非馬譯，詩 4.〈黑面琵鷺〉，頁 86-89，非馬譯。

14-13.《大海洋》詩雜誌，第 98 期，2019.01，頁 18-19，林明理中英詩五首，1.〈西子灣夕照〉，2.〈致青山〉，3.〈我倆相逢絕非偶然〉，4.〈長城〉及水彩畫 1 幅，5.〈原野之聲〉，非馬英譯。

14-14.《大海洋》詩雜誌，第 99 期，2019.07，詩 1.〈棉花嶼之歌〉，頁 140，詩 2.〈富源觀景台冥想〉，頁 140，詩 3.〈思念在彼方〉（中英譯，非馬譯），頁 141，詩 1.〈西湖，你的名字在我的聲音裡〉，頁 142，詩 2.〈龍田桐花祭之歌〉，頁 142。詩評〈彈響心靈的古琴－試析瘂弦的詩〉，頁 14-17。

14-15.《大海洋》詩雜誌，第 100 期，2020.01，散文〈閱讀魯蛟〉及合照，頁 87，詩評〈論布洛克詩歌中的象徵意蘊〉，頁 117-120。

15.臺北市保安宮主辦，《大道季刊》第 62 期，2011 年 1 月，發表古蹟旅遊論述〈雨抹輕塵　清聲疏鐘－觀臺北市大龍峒保安宮有感〉，頁 10-13。

16.《臺灣時報》Taiwan Times，2011 年 12 月至 2020 年 01 月止，共刊登新詩 105 首，散文 45 篇，書詩畫評論 23 篇及刊林明理繪畫作品 90 攝影作品 47 件、照片 25 張。

16.2011.12.16，臺灣文學版，刊登作者與丁旭輝等合照及散文 1 篇〈高應大「佛文盃」觀禮有感〉，頁 18。2013.2.5 刊書訊〈用詩藝開拓美-林明理談詩〉。

16-1.《臺灣時報》，2013.6.3，臺灣文學版，刊登書評〈夜讀梁正宏《如果，轉九十度》〉，頁 18。

16-2.《臺灣時報》，2013.6.16，臺灣文學版，刊登詩評〈蓉子詩中的生命律動〉，頁 18。16-3.《臺灣時報》，2013.7.4-7.5，臺灣文學版，刊登詩評〈林泠的抒情詩印象〉，頁 18。16-4.《臺灣時報》，2013.8.5，臺灣文學版，刊登詩評〈走進路寒袖的詩世界〉，頁 21。16-5.《臺灣時報》，臺灣文學版，刊登詩評 2013.8.18-8.19，臺灣文學版，刊登書評伊利‧戴德切克著〈夜讀詩集《身後之物》，頁 21。16-6.《臺灣時報》，臺灣文學版，2013.9.16，刊詩評印度前總統〈夜讀阿布杜‧卡藍詩〈我原鄉的欖仁樹〉，頁 21。16-7.《臺灣時報》，臺灣文學版，2013.11.24，刊林明理的書序散文〈在時光的倒影中〉及獲文學博士頒獎照，頁 21。16-8.《臺灣時報》，臺灣文學版，2013.12.1-12.2 刊詩評〈淺析余光中的新詩三首〉，頁 21 及林明理與 prof.Ernesto Kahan 合照於馬來西亞世詩會。16-9.《臺灣時報》，臺灣文學版，2013.12.15-12.16 刊書評〈綠蒂詩歌的藝術成就及與綠蒂合照於馬來西亞 33 屆世詩大會參訪，頁 21。

16-10.《臺灣時報》，臺灣文學版，2014.5.4，刊散文 1 篇〈鞏伯伯的菜園子〉，水彩畫 1 幅及住家門前照，頁 21。16-11.《臺灣時報》，臺灣文學版，2014.5.11-12，.刊登詩評〈關懷情 赤子心─讀焦桐的詩〉，頁 21。16-12.《臺灣時報》，臺灣文學版，2014.5.25 刊登詩評〈為故鄉而歌-讀陳黎的詩〉，頁 21。16-13.《臺灣時報》，臺灣文學版，2014.8.15 刊登散文〈遷移記〉。16-14.《臺灣時報》，臺灣文學版，2014.9.7-9/8 刊登詩評〈淺談羊令野的詩藝人生〉。16-15.《臺灣時報》，臺灣文學版，2014.9.18 刊登新詩〈蘿蔔糕〉及攝影圖片 1 張。16-16.《臺灣時報》，臺灣文學版，2014.10.12 刊登詩及水彩畫一幅〈流浪漢〉。16-17.《臺灣時報》，臺灣文學版，2014.12.14-15 刊詩評〈堅守與理想 ─讀葉笛的詩〉。16-18.《臺灣時報》，臺灣文學版，2014.12.21-22 刊詩評〈讀吳晟的詩隨感〉。

16-19.《臺灣時報》，臺灣文學版，2015.1.4 刊書評〈讀傅予《籬笆外的歌聲》〉、與林明理合照一張。16-20.《臺灣時報》，臺

灣文學版，2015.1.11 刊散文〈縱浪翰墨詩香〉及林明理與隱地、向明、魯蛟合照 1 張。16-21.《臺灣時報》，臺灣文學版，2015.2.1-2.2 刊詩評〈美麗的瞬間－讀吳翔逸的詩〉。16-22.《臺灣時報》，臺灣文學版，2015.3.1 刊新詩 2 首〈四草湖中〉〈恬靜〉及攝影圖 1 幅。16-23. 2015.4.2 刊新詩〈致出版家彭正雄先生〉及《山居歲月》書封面。16-24. 2015.4.26 刊新詩〈野桐〉及攝影作品一張。16-25. 2015.5.11 刊詩評〈敻虹詩的神性寫作〉及《山居歲月》書封面。16-26. 2015.6.8 刊散文〈布農部落遊踪〉〈圖文〉。16-27. 2015.6.20 刊散文〈夢中的，母親〉及水彩畫一幅。16-28. 2015.7.20 刊詩〈相見居延海〉及水彩畫一幅。16-29. 2015.8.2 刊散文〈鹿野高台記遊〉及水彩畫作 1 幅。16-30. 2015.8.9 台灣文學版刊「文學名家大展」林明理專頁，收錄新詩 6 首〈想妳，在墾丁〉〈綠淵潭〉〈越過這個秋季〉〈秋夕〉〈等著你，岱根塔拉〉〈生命的樹葉〉，散文一篇〈在我南灣的風景中〉，水彩畫作 5 幅，攝影 1 張。16-31. 2015.8.16 台灣文學版刊詩評〈 飛越海洋的詩情──讀朱學恕的詩〉，攝影合照 1 張。16-32. 2015.9.6 台灣文學版刊新詩〈縱然剎那〉及水彩畫 1 幅。16-33. 2015.9.13 台灣文學版刊散文〈生命的樂章〉及水彩畫 1 幅。 16-34. 2015.9.27 台灣文學版刊散文〈野薑花的回憶〉及水彩畫 1 幅。16-35. 2015.11.30 台灣文學版刊詩二首〈 給 Athanase Vantchev de Thracy 〉及 水彩畫 1 幅。16-36.2015.12.14 台灣文學版刊詩〈六十石山小記〉及攝影照 1 幅。

16-37.《臺灣時報》，臺灣文學版，2016.1.4 台灣文學版刊散文〈富源賞蝶記〉及水彩畫 1 幅。16-38. 2016.2.27 台灣文學版刊詩〈老師，請不要忘記我的名〉及合照。16-38. 2016.3.7 刊詩評〈思與詩：漫談林佛兒〉及一水彩畫〈簡靜〉。16-39. 2016.3.16 刊評〈書的墨客：彭正雄〉。16-40. 2016.4.6.刊詩評〈思與詩：楊華〉及水彩畫一幅。

16-41. 2016.4.18. 刊詩評〈杜潘芳格愛的深沉〉及水彩畫一幅。

16-42. 2016.5.20 刊書評〈讀魯蛟贈書〉及水彩畫一幅斑馬。

16-43.2016.6.22 刊散文〈森林公園香頌〉及攝影圖片一張。

16-44.2016.7.6 刊詩〈仲夏寶島號〉及攝影圖片一張。

16-45.2016.7.13 刊散文〈明天過後〉及攝影圖片一張。

16-46.2016.7.22 刊詩〈睡吧，青灣情人海〉及水彩畫一幅。

16-47.2016.8.11 刊詩〈二林舊社田龜夢〉及水彩畫一幅。
　http://ep.swcb.gov.tw/EP/News.aspx 作品收存臺灣的行政院農業委
　員會水土保持局網。

16-48.2016.8.26 刊詩〈寫給你們〉及攝影合照 1 張。

16-49.2016.9.2 刊詩〈美在大安森林公園〉及水彩畫 1 幅。

16-50.2016.9.21 刊詩〈莫蘭蒂風暴〉，水彩畫 1 幅。

16-51.《臺灣時報》2016.9.30 刊詩〈颱風夜〉，水彩畫 1 幅。

16-52. 2016.10.13 刊詩〈佳節又重陽〉及水彩畫 1 幅。

16-53.2016.10.26 刊散文〈記得文學錄影處〉，合照 1 張。

16-54.2016.11.3 刊詩〈新埔柿農〉及水彩畫 1 幅。

16-55.2016.11.10 至 2016.11.11 刊散文〈迦路蘭東遊記〉，合照。

16-56.2016.11.18 刊散文〈驟雨過後〉，水彩畫 1 幅。

16-57.2016.12.8 刊散文〈旗津冬思〉，水彩畫 1 幅。

16-58.2016.12.21 刊詩〈重到石門水庫〉，作者攝影照 1 張。

16-59.2017.01.05 刊詩〈東勢林場之旅〉，水彩畫 1 幅。

16-60.2017.01.13 刊散文〈蘭陽藝術行〉，水彩畫 1 幅。

16-61.2017.01.19 刊詩〈白冷圳之戀〉，水彩畫 1 幅。

16-62.2017.02.22 刊詩〈感恩〉及攝影合照 1 張。

16-63.2017.03.02 刊詩〈黃昏的福州山〉及水彩畫 1 幅。

16-64.2017.3.15 刊詩〈啟示〉及水彩畫 1 幅。

16-65.2017.3.30 刊詩〈追悼——出版家劉振強前輩〉及水彩畫 1
　幅。

16-66.2017.4.19 刊詩〈林田山之歌〉及水彩畫 1 幅。

16-67.2017.4.26 刊詩〈幸福火龍果〉及水彩畫 1 幅。

16-68.2017.5.03 刊散文〈物理界怪傑-周建和〉及漫畫 1 幅。

16-69.2017.5.12 刊詩〈給 Ernesto Kahan 的祝禱〉及 prof.Ernesto
　Kahan 與林明理於 2013 年 10 月馬來西亞舉辦的世詩會後合
　照。

16-70.2017.5.19 刊詩〈珍珠的水田〉及水彩畫 1 幅。

16-71.2017.5.24 刊詩〈海廢危機〉及水彩畫 1 幅。

16-72.2017.5.31 刊詩〈吐瓦魯的悲歌〉及水彩畫 1 幅。

16-73.2017.6.7 刊詩〈牡丹水庫即景〉及水彩畫 1 幅。

16-74.2017.6.14 刊詩〈我的歌〉〉及水彩畫 1 幅。

16-75.2017.6.22 刊詩〈日月潭抒情〉及水彩畫 1 幅。

16-76.2017.7.5 刊詩〈哈特曼山斑馬〉及水彩畫 1 幅。

16-77.2017.7.12 刊詩〈山魈〉及水彩畫 1 幅。

16-78.2017.7.20 刊詩〈感謝您——Athanase Vantchev de Thracy〉
　　及水彩畫 1 幅。

16-79.2017.8.4 刊詩〈雲豹〉及水彩畫 1 幅。

16-80.《臺灣時報》2017.8.9 刊詩〈銀背大猩猩〉及水彩畫 1 幅。

16-81.《臺灣時報》，台灣文學版，2017.8.17 刊詩〈金風鈴〉及
　　水彩畫 1 幅。

16-82.《臺灣時報》，台灣文學版，2017.9.7 刊詩〈火車爺爺－鄧
　　有才〉及水彩畫 1 幅。

16-83.《臺灣時報》，台灣文學版，2017.9.15 刊詩〈巴巴里獅〉及
　　水彩畫 1 幅。

16-84.《臺灣時報》，台灣文學版，2017.9.28 刊詩〈巨石陣〉及水
　　彩畫 1 幅。

16-85.《臺灣時報》，台灣文學版，2017.10.5 刊詩〈秋的懷念〉
　　及水彩畫 1 幅。

16-86.《臺灣時報》，台灣文學版，2017.10.12 刊詩〈科隆大教堂〉
　　及水彩畫 1 幅。

16-87.《臺灣時報》，台灣文學版，2017.10.19 刊詩〈義大利聖母
　　大殿〉及水彩畫 1 幅。

16-88.《臺灣時報》，台灣文學版，2017.10.26 刊詩〈師恩無限〉
　　及合照 1 張。

16-89.《臺灣時報》，台灣文學版，2017.11.02 刊詩〈塞哥維亞舊
　　城〉及水彩畫 1 幅。

16-90.《臺灣時報》，台灣文學版，2017.11.10 刊詩〈秋在汐止晴
　　山〉及作者合照 1 張。

16-91.《臺灣時報》，台灣文學版，2017.11.29 刊詩〈冬之歌〉及

水彩畫 1 幅。

16-92.《臺灣時報》，台灣文學版，2017.12.13 刊詩〈早櫻〉及水彩畫 1 幅。

16-93.《臺灣時報》，台灣文學版，2017.12.27 刊詩〈森林之歌〉及水彩畫 1 幅。

16-94.《臺灣時報》，台灣文學版，2018.02.14 刊散文〈太麻里記遊〉，攝影照 1 張。

16-95.《臺灣時報》，台灣文學版，2018.03.14 刊詩〈悲傷的小企鵝〉，水彩畫 1 幅。

16-96.《臺灣時報》，台灣文學版，2018.03.21 刊詩〈我一直在看著你〉，水彩畫 1 幅。

16-97.《臺灣時報》，台灣文學版，2018.04.06 刊詩〈寂靜的遠山〉，水彩畫 1 幅。

16-98.《臺灣時報》，台灣文學版，2018.04.11 刊詩〈你我相識絕非偶然〉，水彩畫 1 幅。

16-99.《臺灣時報》，台灣文學版，2018.04.18 刊詩〈美麗的冰山〉，水彩畫 1 幅。

16-100.《臺灣時報》，台灣文學版，2018.04.25 刊詩〈致青山〉，水彩畫 1 幅。

16-101.《臺灣時報》，台灣文學版，2018.05.17 刊詩〈西子灣夕照〉，水彩畫 1 幅。

16-102.《臺灣時報》，台灣文學版，2018.05.23 刊詩〈重歸自然〉，水彩畫 1 幅。

16-103.《臺灣時報》，台灣文學版，2018.06.06 刊詩〈老橡樹〉，水彩畫 1 幅。

16-104.《臺灣時報》，台灣文學版，2018.06.13 刊詩〈原野之聲〉，水彩畫 1 幅。

16-105.《臺灣時報》，台灣文學版，2018.07.04 刊詩〈大安溪夜色〉，水彩畫 1 幅。

16-106.《臺灣時報》，臺灣文學版，2018.07.13 刊詩〈七月的思念〉，水彩畫 1 幅。

16-107.《臺灣時報》，台灣文學版，2018.07.18 刊詩〈路〉，水彩

畫 1 幅。

16-108.《臺灣時報》，台灣文學版，2018.08.01 刊詩〈時光裡的比
　　西里岸〉，攝影 1 張。

16-109.《臺灣時報》，台灣文學版，2018.08.15 刊詩〈鹿野高台之
　　歌〉，攝影 1 幅。

16-110.《臺灣時報》，台灣文學版，2018.08.29 刊詩〈六十石山小
　　夜曲〉，油畫 1 幅。

16-111.《臺灣時報》，台灣文學版，2018.09.05 刊詩〈永安鹽田濕
　　地〉，油畫 1 幅。

16-112.《臺灣時報》，台灣文學版，2018.09.12 刊詩〈最美的時刻〉，
　　油畫 1 幅。

16-113.《臺灣時報》，台灣文學版，2018.09.26 刊詩〈當黎明時分〉，
　　水彩畫 1 幅。

16-114.《臺灣時報》，台灣文學版，2018.10.03 刊詩〈秋在白沙屯〉，
　　油畫 1 幅。

16-115.《臺灣時報》，台灣文學版，2018.10.19 刊詩〈書寫王功漁
　　港〉，油畫 1 幅。

16-116.《臺灣時報》，台灣文學版，2018.10.24 刊詩〈把和平帶回
　　來〉，水彩畫 1 幅。

16-117.《臺灣時報》，台灣文學版，2018.10.31 刊詩〈秋雨，總是
　　靜靜地下著…〉，油畫 1 幅。

16-118.《臺灣時報》，台灣文學版，2018.11.14 刊詩〈寒冬過後〉，
水彩畫 1 幅。

16-119.《臺灣時報》，台灣文學版，2018.11.28 刊詩〈修路工人〉，
水彩畫 1 幅。

16-120.《臺灣時報》，台灣文學版，2018.12.19 刊詩〈大雪山風景〉，
　　油畫 1 幅。

16-121.《臺灣時報》，台灣文學版，2018.12.26 刊詩〈南湖溪之歌〉，
　　油畫 1 幅。

16-122.《臺灣時報》，台灣文學版，2019.01.04 刊詩〈讀莫云《時
　　間的迷霧》〉。

16-123.《臺灣時報》，台灣文學版，2019.01.11 刊詩〈魯花樹〉，

水彩畫 1 幅。

16-124.《臺灣時報》，台灣文學版，2019.01.25 刊詩〈正月賞梅〉，攝影 1 張。

16-125.《臺灣時報》，台灣文學版，2019.01.30 刊散文〈踏青尋梅記，水彩畫 1 幅。

16-126.《臺灣時報》，台灣文學版，2019.03.01 刊詩〈南湖溪之歌〉。

16-127.《臺灣時報》，台灣文學版，2019.03.13 刊詩〈台東尋幽記〉及合照 1 張。

16-128.《臺灣時報》，台灣文學版，2019.03.20 刊詩〈獻給勝興車站〉及水彩畫 1 幅。

16-129.《臺灣時報》，台灣文學版，2019.04.03 刊詩〈大霸尖山之頌〉及油畫 1 幅。

16-130.《臺灣時報》，台灣文學版，2019.04.10 刊詩〈記憶中的麥芽糖〉及水彩畫 1 幅。

16-131.《臺灣時報》，台灣文學版，2019.04.17 刊詩〈我的書房〉及照片 1 張。

16-132.《臺灣時報》，台灣文學版，2019.05.01 刊詩〈五分車的記憶〉及水彩畫 1 幅。

16-133.《臺灣時報》，台灣文學版，2019.05.15 刊散文〈樂山的心影〉及攝影 1 張。

16-134.《臺灣時報》，台灣文學版，2019.05.22 刊散文〈利稻，桃花源〉及攝影 1 張。

16-135.《臺灣時報》，台灣文學版，2019.05.29 刊散文〈崁頂部落之遊〉及攝影 1 張，照片 1 張。

16-136.《臺灣時報》，台灣文學版，2019.06.05 刊散文〈電光部落之旅〉及攝影 2 張。

16-137.《臺灣時報》，台灣文學版，2019.06.12 刊詩〈寫給我的老師〉及照片 1 張。

16-138.《臺灣時報》，台灣文學版，2019.06.21 刊散文〈下賓朗部落旅情〉及攝影 1 張。

16-139.《臺灣時報》，台灣文學版，2019.07.04 刊散文〈美的印象〉及照片 1 張。

16-140.《臺灣時報》，台灣文學版，2019.07.11 刊詩〈北回遐想〉及照片 1 張。

16-141 《臺灣時報》，台灣文學版，2019.07.25 刊散文〈武陵夏日亦桃源〉及攝影 1 張，作者照 1 張。

16-142.《臺灣時報》，台灣文學版，2019.08.07 刊散文〈在南王的星空下〉及攝影 2 張。

16-143.《臺灣時報》，台灣文學版，2019.08.21 刊散文〈古厝尋幽記〉及照片 1 張。

16-144.《臺灣時報》，台灣文學版，2019.08.28 刊詩〈閱讀布農部落〉及攝影 1 張。

16-145.《臺灣時報》，台灣文學版，2019.9.05 刊散文〈湖中的東美亭〉及照片 1 張。

16-146.《臺灣時報》，台灣文學版，2019.9.12 刊散文〈長濱山海詠微露〉及攝影 1 張。

16-147.《臺灣時報》，台灣文學版，2019.9.25 刊散文〈在都歷的天空上〉及攝影 1 張

16-148.《臺灣時報》，台灣文學版，2019.10.02 刊散文〈新馬蘭部落的記憶〉及攝影 1 張

16-149.《臺灣時報》，台灣文學版，2019.10.09 刊散文〈映象史博館〉及照片 1 張。

16-150.《臺灣時報》，台灣文學版，2019.10.16 刊散文〈重回恆春古城〉及攝影 1 張。

16-151.《臺灣時報》，台灣文學版，2019.10.23 刊散文〈遠方的綠島〉及攝影 1 張。

16-152.《臺灣時報》，台灣文學版，2019.10.31 刊散文〈漫步金龍湖〉及攝影 1 張。

16-153.《臺灣時報》，台灣文學版，2019.11.06 刊散文〈雪景的遐思〉及非馬攝影 1 張。

16-154.《臺灣時報》，台灣文學版，2019.11.15 刊散文〈初識玉長公路〉及攝影 1 張。

16-155.《臺灣時報》，台灣文學版，2019.11.20 刊散文〈池上田野漫步中〉及攝影 1 張。台灣文學版，2019.11.21 刊林明理旅遊

攝影 2 張，〈陸安部落〉。

16-156.《臺灣時報》，台灣文學版，2019.12.05 刊散文〈我在遠方眺望妳〉及攝影 2 張。

16-157.《臺灣時報》，台灣文學版，2019.12.12 刊散文〈金鑽海岸迎黎明〉及攝影 1 張。

16-158.《臺灣時報》，台灣文學版，2019.12.18 刊散文〈山寺清美〉及攝影 1 張，作者照片 1 張。

16-159.《臺灣時報》，台灣文學版，2019.12.26 刊散文〈瑪沙塔卡的深眸〉及攝影 1 張。

16-160.《臺灣時報》，台灣文學版，2020.01.01 刊散文〈鐵份部落有東豐〉及攝影 1 張。

17.《青年日报》〈Youth Daily News〉副刊，2012.11.17，刊詩 1 首〈詠車城〉，頁 10。17-1.《青年日报》副刊，2012.12.16，刊詩 1 首〈寄墾丁〉，頁 10。17-2.《青年日报》副刊，2013.3.9，刊詩 1 首〈野地〉，頁 10。17-3.《青年日报》副刊，2016.8.16，刊詩 1 首〈關山遊〉。17-4.《青年日报》副刊，2016.12.9 刊詩〈潟湖夕照〉。17-5.《青年日报》副刊，2016.12.26 刊詩〈時光裡的和平島〉。17-6.《青年日报》副刊，2017.03.08 刊詩〈踏青詠春〉。17-7.《青年日报》副刊，2017.6.21 刊詩〈鵝鑾鼻燈塔〉。

17-8.《青年日报》副刊，2017.12.20 刊散文〈冬季遐想〉。

17-9.《青年日报》副刊，2019.3.24 刊散文詩〈林田山林場之歌〉，攝影 1 張。

17-10.《青年日报》副刊，2019.4.8 刊詩〈觀景冥想〉。

17-11.《青年日报》副刊，2019.5.31 刊詩〈油桐花開時〉。

17-12.《青年日报》副刊，2019.7.30 刊散文〈夏遊武陵部落〉及攝影 1 張。

17-13.《青年日报》副刊，2019.8.21 刊散文〈金崙部落記遊〉及攝影 2 張。

17-14.《青年日报》副刊，2019.11.20 刊散文〈初遊楓林村〉。

17-15.《青年日报》副刊，2019.12.18 刊散文〈初識玉長公路〉。

18.《葡萄園》詩刊 THE VINEYARD POETRY QUARTERLY，第

177 期詩〈瓶中信〉2008.02，第 178 期詩〈夜之海〉〈風吹的早晨〉〈送別〉〈寒梅〉〈瓶中信〉2008.05，第 179 期 2008.08 秋季號刊詩〈追夢〉〈橄欖花〉〈被遺忘的角落〉〈昨日已逝〉〈山雨滿樓〉〈可仍記得〉，第 180 期 2008.11 冬季號刊詩〈靜夜〉〈春信〉〈夏日涅瓦河畔〉〈行雲〉〈江晚〉〈日落〉，第 181 期 2009.02 春季號刊散文〈重遊台北城〉及詩〈星空中的風琴手〉〈墨竹〉〈春日江中〉〈大貝湖畔〉〈一方寒影〉〈光點〉〈燈下憶師〉，第 182 期，2009.05 夏季號詩〈流螢〉〈驀然回首〉〈木棉花道〉，第 183 期 2009.08 秋季號，刊書評胡爾泰詩集及詩〈夢土的小溪〉〈秋暮〉〈岩川之夜〉〈春已歸去〉，第 184 期 2009.11 冬季號，刊書評〈讀吳開晉《游心集》〉及詩〈七月〉〈西湖秋柳〉〈夢裡的山谷〉。

19.臺北《世界論壇報》，第 143 期至 168 期止，共刊登新詩 19 首，自傳文 1 篇。

19-1.《世界論壇報》，143 期新詩〈冬的洗禮〉〈沉默的湖面〉〈我願是一片樹海〉、145 期 2008.11.20 詩〈考驗〉、146 期 2008.12.4 詩〈想念的季節〉〈北窗下〉、147 期 2008.12.18〈望鄉〉〈翠堤偶思〉〈逗留〉、148 期 2009.1.8 詩〈看白梅花開〉〈又還丁香〉、149 期 2009.1.22 詩〈在初冬湖濱〉，150 期詩〈春信〉，151 期 2009.3.5 詩〈老街〉〈枯葉蝶〉及書介《夜櫻》。152 期 2009.3.19 詩〈萊斯河向晚〉，153 期 2009.4.9 詩〈神農溪上的縴夫〉〈走在彎曲的小徑上〉，157 期 2009.6.18 詩〈逗留〉，158 期 2009.7.9 詩〈墨竹〉〈萊斯河向晚〉，168 期 2009.12.10 詩〈驀然回首〉。

20.臺南《國立台灣文學館》第 32 號，2011 年 9 月，頁 68，刊登詩會合照。第 36 期，2012 年 09 月「榴紅詩會」詩人全體合照 2 張紀念。

21.第 30 屆世界詩人大會編印，World Poetry Anthology 2010・2010 世界詩選，2010 年 12 月 1-7 日，臺北，臺灣。刊登簡介照片、中英譯詩 2 首〈雨夜〉〈夏荷〉，頁 328-331 及論文 1 篇〈詩美的極致與藝術開拓〉〈中英對照〉，吳鈞教授譯，頁 661-671。〈作者出席台北吟誦譯詩及發表論文〉

21-1.第 33 屆世界詩人大會編印，33rd World Congress of poets，2013.10.25 刊登作者簡介照片及譯詩〈樹林入口〉〈Tree on the bank〉於頁 66。〈作者出席馬來西亞吟誦譯詩及領頒授文學博士證書〉

22-2.第 35 屆世界詩人大會編印，Worid Poetry Anthology 2015，2015.11.5-10 日，臺灣，花蓮，收錄林明理詩〈想妳，在墾丁〉〈I Miss you，at Kending〉中英譯及簡介照片，頁 280-283.

22-3.第 32 屆世界詩人大會編印 32WCP／WAAC，Worid Poetry Anthology 2012 文選，2012.9.04-8 日，以色列印，Prof.Ernesto Kahan 主編，收錄林明理英詩〈When the Fog Rises 霧起的時候〉、〈Late autumn 晚秋〉，吳鈞教授譯，頁 275-276。

22.乾坤詩選〈2002-2011〉，《烙印的年痕》，林煥彰等編，收錄林明理詩〈末日地窖〉，頁 190-191，2011 年 12 月版。

23.葡萄園五十周年詩選，《半世紀之歌》，收錄〈瓶中信〉詩一首。2012 年 7 月版。

24.《詩人愛情社會學》，莫渝編，收錄林明理詩 1 首〈木框上的盆花〉，散文一篇〈愛情的巡禮〉。釀出版，頁 87-90，2011年 6 月版。

25.《蚱蜢世界》，非馬著，2012 年 7 月秀威出版，版收錄林明理詩評非馬〈「照夜白」的象徵—非馬〉，頁 245-252。

26.《花也不全然開在春季》，丁文智著，爾雅 2009 年 12 月版，收錄林明理詩評〈鏡湖映碧峰—讀丁文智的〈芒〉、〈自主〉〉一篇，頁 232-236。

26-1.《雪飛詩歌評論集》，雪飛著，2009 年海峽兩岸中秋詩歌朗誦會暨作品研討會論文，收錄林明理詩評 1 篇〈愛與美的洗禮-評雪飛《歷史進行曲》，頁 129-140。

26-2.《光之穹頂》，莫渝著，高雄市文化局策畫出版，2013.10，收錄林明理書評〈真樸、意趣與悲憫—讀莫渝《光之穹頂》〉。

27.《臺灣公論報》，2013.6.17，刊登詩 1 首〈生命的樹葉〉及林明理獲中國文藝獎章新詩類的報導照片。

28.《陳千武紀念文集》南投縣文化局出版，2014.05，收錄林明理詩一首〈追悼-陳千武前輩〉，頁 138。

29.《詩藝浩瀚》，中國詩歌藝術學會編，文史哲出版，2009 年 6 月，頁 339-348.刊簡介照片及新詩 8 首〈牧羊女的晚禱〉〈夜櫻〉〈瓶中信〉〈金池塘〉〈遲來的春天〉〈北極星〉〈雨夜〉〈寒松〉。

30.高雄市《太極拳雜誌》第 172 期 2007.8 刊〈習拳有感〉、173 期 2007.10 刊散文〈古道之旅感言〉、174 期 2007.12 刊〈野薑花的回憶〉、〈生命的樂章〉及詩〈殘照〉。

30-1.第 237 期臺北《太極拳研究專輯》，2008.1.15 刊詩〈縱然剎那〉。

31.「台灣詩學吹鼓吹詩論壇」網路推薦置頂 2007.10 詩〈青煙〉、2007.11 詩〈夢橋〉、2007.12 詩〈秋收的黃昏〉、2008.02 詩〈手心裡的束髮〉〈山影〉、2008.06 詩〈雨中冥想〉。

32.《藝文論壇》創刊號 2009.5.4，中國詩歌藝術學會出版，收錄林明理 1 文〈海峽兩岸兒童詩的發展方向〉，頁 98-99。第 2 期 2009.9.10 收錄書評〈評雪飛《歷史進行曲》〉，頁 76-80。

33.張默編著，《小詩‧隨身帖》，創世紀詩社出版，2014.9，頁 21，收錄新詩〈流星雨〉1 首。

34.第三屆海峽兩岸漂母杯文學獎，《母愛，愛母》獲獎作品集，刊登散文獎三等獎〈母親與我〉及新詩獎二等獎〈母親〉，台北，聯經出版社，2014.10 出版。

35.莫渝著，《陽光與暗影》，新北市政府主辦，2014.10 出版，收錄林明理書評〈讀莫渝《走入春雨》〉，頁 192—198。

36.《華文現代詩》Chinese modern poetry Quarterly，第 5 期，2015.05，台北市，華文現代詩社，刊新詩二首〈朱鸝〉、〈陽光下的時光〉，頁 61。

36-1.第 6 期，2015.8，刊詩二首〈西漢高速〉、〈華夏龍脈雕塑群〉，頁 84。36-2. 第 7 期，2015.11 刊詩 1 首〈大好河山張家口〉頁 61.及詩評〈真醇的詩音-張智中的詩〉，頁 36-38。第 8 期 2016.02,刊詩 1 首〈寫給觀音山國家森林公園的歌〉，頁 71-72。第 9 期，2016.05，刊〈歷下詩絮〉詩三首，〈懷柔千佛山〉、〈趵突泉即景〉、〈開元寺秋雨〉，頁 78。第 10 期，2016.08，刊詩二首〈漫步在烏鎮的湖邊〉、〈與菊城開封相會〉，頁 67。

第 11 期，2016.11，刊詩〈冬日羅山村〉、〈美在大安森林公園〉，頁 87。第 12 期，2017.02，刊詩〈書寫王功漁港〉、〈永安溪，我的愛〉，頁 102。第 13 期，2017.05 刊詩二首〈布農之歌〉，〈黃昏的福州山〉，頁 72。第 14 期，2017.08.刊詩〈南關清真寺〉，彩色攝影 2 張牡丹水庫，林明理畫當封面於義大利出版彩頁，林明理獲義大利〈國際閱讀委員會〉獎狀，頁 73-74。書封面底推薦林明理專著法譯詩集〈我的歌 My Song〉。第 15 期，2017.11，刊詩〈金風鈴〉、〈秋的懷念〉、〈大貓熊〉、〈金雕〉，頁 86-87，圖文。

36-2.《華文現代詩》，第 16 期，2018.02，刊詩畫〈悼－空拍大師齊柏林〉，〈火車爺爺－鄧有才〉，頁 90，圖文。

36-3.《華文現代詩》，第 17 期，2018.05，詩〈你在哪？孩子〉、詩畫，〈奔騰的河流〉，頁 75。

36-4.《華文現代詩》，第 18 期，2018.08，詩〈夏日慵懶的午後〉、攝影 1 張，詩〈原野之聲〉，頁 75。林明理當選中華民國新詩學會理事，資訊一則，頁 178。

36-5.《華文現代詩》，第 19 期，2018.11，詩〈致青山〉，詩〈在愉悅夏夜的深邃處〉及油畫 1 幅，頁 72。

36-6.《華文現代詩》，第 20 期，2019.02，詩〈南湖溪之歌〉及油畫 1 幅，頁 84。

36-7.《華文現代詩》，第 21 期，2019.05，詩 1〈大霸尖山之頌〉，詩 2〈五分車的記憶〉，頁 107。

36-8.《華文現代詩》，第 22 期，2019.08，詩 1〈南庄油桐花開時〉，及攝影 1 張，詩 2〈緬懷音樂家馬水龍教授〉，頁 60。

36-9.《華文現代詩》，第 23 期，2019.11，詩 1〈緬懷金瓜石老街〉，詩 2〈我的朋友杜立中〉及作者於書房照片，頁 94。

37.《母愛，愛母》和獲獎作品集，第四屆海峽兩岸漂母杯散文詩歌大賽，新詩組二等獎〈獻給抗癌媽咪〉，聯經出版，2015.6，頁 131-133。

38.楊允達著，《時間之時》，普音出版，2014.10.收錄林明理詩評〈融合寫實寫意的感事抒懷——楊允達其人及其作品〉。

39. 南投縣文化局編印，〈岩上作品論述〉第二集，陳明台等著，

頁 450-455. 2015.11 出版。收錄林明理詩評〈岩上：將孤獨輾轉於命運的軌跡之中〉。

40.秀實著，《台北翅膀》——秀實詩集，台北釀出版，2016．02，收錄林明理詩評內一小段文字當書簡介。

40-1.秀實主編，《呦呦鹿鳴　我的朋友 108 家精品詩辭典》，香港，紙藝軒出版，2019.07 初版，收錄林明理詩〈在每個山水之間〉，頁 61。

41.《人間佛教　學報藝文》雙月刊，佛光山人間佛教研究院，2016.04，收錄林明理散文〈在匆匆一瞥間〉，及圖畫一幅，頁 316-317，2016.07.16 出版。

41.-1.《人間佛教　學報藝文》雙月刊，第 11 期，佛光山人間佛教研究院，2017.09 收錄林明理散文〈曙光〉，頁 344-345，2017.9.16 出版。

42.古遠清著，《從陸臺港到世界華文文學》，書內第五節「林明理的詩作與詩評」，2012.07，秀威出版。

43.馬祖縣《馬祖日報》MA　TSU　DAILY　NEWS，副刊〈鄉土文學〉版，2016.9.28，刊詩〈母親的微笑〉。

43-1.馬祖縣《馬祖日報》MA　TSU　DAILY　NEWS，副刊〈鄉土文學〉版，2019.7.11 刊散文〈濁水溪上的星夜〉。

43-2.《馬祖日報》副刊〈鄉土文學〉版，2019.7.29 刊散文〈時光裡的利嘉部落〉及攝影 4 張。

43-3.《馬祖日報》副刊〈鄉土文學〉版，2019.10.8 刊散文〈秋遊知本森林遊樂區〉及攝影 5 張。

43-4.《馬祖日報》副刊〈鄉土文學〉版，2019.11.26 刊散文〈漫步在林間小徑〉及攝影 5 張。

44.金門縣，《金門日報》KENMEN DAILY NEWS，副刊 43-5.《馬祖日報》副刊〈鄉土文學〉版，2019.12.30 刊散文〈漫遊龍田村〉及攝影 5 張。

44-1.《金門日報》副刊，2016.11.01，刊散文〈三仙台的心影〉。轉載金門縣海洋教育資源中心，〈金門海洋文學〉2016.11.7. http://ocean.km.edu.tw/wordpress/index.php/2016/11/07/n-345/#more-2820

44-2.《金門日報》副刊，2017.1.10，刊詩〈我的歌〉。

44-3.《金門日報》副刊，2017.3.13，刊詩〈七股潟湖夕照〉，轉載金門縣海洋教育資源中心，〈金門海洋文學〉。

44-4.《金門日報》副刊，2017.3.31，刊散文〈旗津冬思〉。

44-5.《金門日報》副刊，2017.7.09，刊詩〈我的波斯菊〉。

44-6.《金門日報》副刊，2017.8.29，刊詩〈東勢林場〉。

44-7.《金門日報》副刊，2017.10.31 刊詩評〈詩與思：林佛兒〉。

44-8.《金門日報》副刊，2018.2.04 刊散文〈冬日金樽漁港〉。

44-9.《金門日報》副刊，2018.04.05 刊詩〈一則警訊〉。

44-10.《金門日報》副刊，2018.06.29 刊詩〈向亞城許月芳主編致意〉。

44-11.《金門日報》副刊，2018.07.13 刊詩〈致生態導演－李學主〉。

44-12.《金門日報》副刊，2018.11.02 刊詩〈我的朋友——祝賀亞城許月芳主編〉。

44-13.《金門日報》副刊，2019.01.13 刊詩〈黑面琵鷺〉。

44-14.《金門日報》副刊，2019.05.27 刊散文〈電光部落之旅〉及攝影 1 張。

44-15.《金門日報》副刊，2019.06.16 刊詩〈我的朋友〉。

44-16.《金門日報》副刊，2019.07.05 刊散文〈烏石鼻旅情〉及攝影 1 張。

44-17.《金門日報》副刊，2019.07.24 刊散文〈鹿野鄉記遊〉及攝影 1 張。

44-18.《金門日報》副刊，2019.08.24 刊散文〈富岡漁港掠影〉及攝影 1 張。

44-19.《金門日報》副刊，2019.12.26 刊散文〈初識南展館〉及攝影 1 張。

44-20.《金門日報》副刊，2020.01.05 刊散文〈鴛鴦花的邂逅〉及攝影 1 張。

45.《詩潮》，第八集，高準主編，詩潮社出版，收錄林明理新詩作品四首〈給愛浪潮的詩人－高準老師〉、〈歌飛阿里山森林〉、〈夢見中國〉、〈寫給蘭嶼之歌〉，頁 257-260 及林明理簡介於頁 364-365，2017.5.1 出版。

46.臺灣文學館，《臺灣現當代作家研究資料彙編》40 鄭愁予，收

編林明理詩評〈鄭愁予：站在中西藝術匯合處的詩人〉，頁
217-221，2013.12 出版。

46-1.臺灣文學館，《臺灣現當代作家研究資料彙編》96 許達然，
收編林明理詩評〈簡論許達然詩的通感〉，頁 273-280，2017.12
出版。

47.更生日報，Keng Sheng Daily News，KSDN，2018.06.24，副刊刊
散文〈冬日金樽漁港〉，攝影 1 張，照片 1 張。

47-1.更生日報，2019.07.13，副刊刊散文〈利稻，心中的桃花源〉，
攝影 4 張。

47-2.更生日報，2019.8.16，副刊刊詩〈一棵會開花的莿桐老樹〉
及攝影 1 張。

47-3.更生日報，2019.11.01，副刊刊詩〈阿美族傳奇－給黃貴潮〉。

47-4.更生日報，2019.12.03，副刊刊散文〈泰源幽谷遊記〉及攝影
5 張。

47-5.更生日報，2019.12.21，副刊刊散文〈秋遊知本森林遊樂區〉
及攝影 6 張，作者照片 1 張。

47-6.更生日報，20120.01.06，副刊刊詩〈夜讀林豐明：《荳蘭過
去七腳川》〉。

48.中華日報，China Daily News 副刊，2019.6.11，刊詩〈一棵開
花的莿桐老樹〉，攝影 1 張。

48-1.中華日報，China Daily News 副刊，2019.07.26，刊散文〈父
親的愛〉。

48-2.中華日報，China Daily News 副刊，2019.08.26，刊散文〈卑
南大圳水利公園記遊〉及攝影 1 張。

48-3.中華日報，China Daily News 副刊，2019.09.29，刊散文〈泰
源幽谷遊記〉及攝影 1 張。

48-4.中華日報，副刊，2019.10.30，刊散文〈小野柳冥想〉及攝影
1 張。

48-5.中華日報，副刊，2019.12.0 ，刊散文〈阿里山寺之美〉及攝
影 1 張。

49.中國時報，China Times，1998.06.05，輿論廣場刊〈南部服務
中心 盡力做到下情上達〉。1998.06.09 輿論廣場刊〈非法吸金

金融管理死角〉。

49-1.中國時報，China Times 副刊，2019.9.10 刊散文〈和風吹過達
　　魯瑪克〉及攝影 1 張。

◎海外詩刊物及報紙的作品紀錄

Published in overseas poetry and newspaper works record

1. 美國《poems of the world》季刊，2010年起至2017春秋季號，發
　　表非馬WILLIAM MARR博士英譯林明理詩22首，山東吳鈞教授英譯
　　林明理新詩19首，英國詩人prof.Norton Hodges英譯林明理詩1首，
　　天津張智中教授英譯林明理詩2首。
　　2010春季號刊詩1首〈光點〉〈非馬譯〉，2010夏刊詩1首〈夏
　　　荷〉，2010秋刊詩2首〈十月秋雨〉〈雨夜〉，2010冬刊詩1
　　　首〈流星雨〉。
　　2011春刊詩1首〈曾經〉，2011夏刊詩1首〈所謂永恆〉，2011
　　　秋刊詩2首〈想念的季節〉〈霧〉，2011冬刊詩1首〈在那星
　　　星上〉。
　　2012春刊詩1首〈四月的夜風〉，2012夏刊詩1首〈在白色的夏
　　　季裡〉。2012秋刊詩〈秋日的港灣〉，2012冬季刊詩2首〈午
　　　夜〉，〈流星雨〉。
　　2013.春季刊詩〈看灰面鵟鷹消逝〉，2013.夏季刊詩〈早霧〉，
　　　2013秋季刊詩〈秋復〉，2013冬季刊詩〈海影〉。
　　2014春季刊詩〈Recalling of my Friend----Ernesto Kahan〉，2014
　　　秋季號刊詩〈晚秋〉。2015春季號刊非馬譯林明理詩
　　　〈RAINDROPS FALLING IN MY HOMETOWN〉〈雨落在故
　　　鄉的泥土上〉，2015夏季號刊詩〈回憶的沙漏〉。2015秋季
　　　號刊詩2首，非馬英譯〈你的名字〉及〈你的微笑〉<to
　　　Athanase Vantchev de Thracy de Tracy>。2015冬季號刊非馬英
　　　譯詩1首〈The Soft Music on the Winter Lake Shore〉〈冬
　　　日湖畔的柔音〉。

2016 春季號非馬英譯〈你，深深銘刻在我的記憶之中〉You, deeply etched in my memory，頁 23，prof.Norton Hodges 英譯〈雨聲淅瀝...〉Patter of rain…，頁 26。2016.夏季號〈寫給科爾多瓦猶太教堂的歌〉非馬英譯 A Song for Cordoba Synagogue，頁 24.

2016 秋季號〈Dedicated to the girls killed in Syria ——tribute to the white helmets in the war zone〉，天津張智中教授譯，頁 32。2016 冬季號刊非馬英譯〈玉山頌〉頁 3、〈諦聽〉頁 9、〈炫目的綠色世界〉頁 41、天津張智中教授英譯〈寫給蘭嶼之歌〉頁 40。

2017 春季號刊非馬英譯林明理三詩〈平靜的湖面〉、〈致詩人－prof.Ernesto Kahan〉、〈致珍古德博士〈Dr. Jane Goodall〉〉。2017 夏季號刊非馬英譯林明理四詩〈致以色列特拉維夫－白城〉頁 16、〈致卡法薩巴〉頁 16、〈布拉格猶太人墓園〉頁 19、〈這一夏夜〉，頁 20。2017 秋季號刊非馬英譯林明理詩二首〈科隆大教堂〉、〈帕德嫩神廟〉，頁 41。

2. 美國報紙《亞特蘭大新聞》Atlanta Chinese News，2010 年 2 月起至 2019 年 09 月，共發表 31 篇散文、41 篇文學評論，新詩 341 首，翻譯詩 184 首，畫作 187 幅，攝影作 57 張，照片 92 張，古詩 3 首。

2010.8.6 刊新詩 1 首〈偶然的佇足〉，2016.1.15 書介一文，水彩畫 1 張。

2-1.2010.7.23 刊作者簡介照片及詩評〈商禽詩全集〉的哲學沉思〉、

2-2.2010 年 7.30 刊作者簡介照片及詩評〈讀林煥彰的詩〈候鳥過境〉〉。

2-3.2011 年 2 月 25 日刊簡介照片及詩畫評《葉光寒的美學思想》。

2-4.2011.3.25 刊作者簡介照片及詩評〈讀涂靜怡的詩〉。

2-5.2011.4.22 刊作者與古月合照及詩評〈古月的詩世界〉。

2-6.2011.1.28 刊〈走向璀璨的遠景－曾淑賢以人性打造圖書館〉。

2-7. 2011.1.14 書評〈簡論非馬的散文創作－讀《不為死貓寫悼歌》有感〉，

2-8.2011.4.15 書評〈略論臺灣高準的詩才〉。

2-9.2011.3.4 刊簡介照片及書評〈評李浩的《評許廣平畫傳》研究〉。

2-10.2011.6.10 刊作者照及詩評〈鍾順文的《六點三十六分》〉。

2-11.2015.11.13 刊作者與諾貝爾和平獎得主 Ernesto Kahan 合照 2 張及散文《世詩會記遊》。

2-12.2015.12.4 刊作者照及書評〈彈響心靈的古琴－試析瘂弦的詩〉。

2-13.2015.12.18.刊作者與非馬合照及詩評〈說不盡的非馬〉。

2-14.2015.12.25 刊詩評〈楊允達詩歌的藝術成就〉及作者合照 2 張及林明理博士詩集 Summer Song 書封面及簡介。
http://www.atlantachinesenews.com/News/2015/12/12-25/b-05.pdf

2-15.2015.12.25 刊林明理給美國亞特蘭大詩友賀年卡祝語及水彩畫一張。
http://www.atlantachinesenews.com/News/2015/12/12-25/b-08.pdf

2-16.2016.1.1 刊書評〈夜讀拉加蘭姆《蜜蜂－生命如時》〉及林明理與 Ernesto Kahan、印度詩人合照一張。
http://www.atlantachinesenews.com/News/2016/01/01-01/b-08.pdf

2-17.2016.1.15 刊林明理著〈默喚〉中英法譯詩集簡介、Athanase Vantchev de Thracy 寫的序言及明理簡介及照片。
http://www.atlantachinesenews.com/News/2016/01/01-15/b-05.pdf

2-18.2016.3.4 刊書評〈書的饗宴〉及 SUGGESTION 書封面及林明理與 Prof.Ernesto Kahan 合照。--Atlanta Chinese News Friday, March 4, 2016.
http://www.atlantachinesenews.com/News/2016/03/03-04/B_ATL_P08.pdf

2-19. Atlanta Chinese News，2016.3.11 刊散文〈在東岸中閃爍的大海〉，及水彩畫一幅，攝影一張。

2-20. Atlanta Chinese News，2016.3.18 刊林明理新詩〈和平的使者 --to Prof. Ernesto Kahan〉，由非馬 William Marr 英譯。〈A Peacemaker--to Prof. Ernesto Kahan〉，及 Kahan 的照片、和平鴿圖一張。

http://www.atlantachinesenews.com/News/2016/03/03-18/B_ATL_ P08.pdf

2-21. Atlanta Chinese News，2016.4.1 刊詩 ***DON'T*** BE SAD，由非馬 William Marr 英譯及水彩畫 1 張。

2-22. Atlanta Chinese News，2016.4.8 書評〈一首草原金秋交響曲── 讀門都右《新的家鄉》〉。

2-23. Atlanta Chinese News，2016.4.15.刊詩評〈鄒建軍詩歌的美學風格〉及水彩畫 1 幅。

2-24. Atlanta Chinese News，2016.4.22. 詩評〈夜讀莫渝的譯著：《石柱集》〉及水彩畫作一幅。

2-25. Atlanta Chinese News，2016.4.29 詩評〈論新詩的審美追求〉上。 http://www.atlantachinesenews.com/News/2016/04/04-29/B_ATL _P08.pdf

2-26. Atlanta Chinese News，2016.5.06 詩評〈論新詩的審美追求〉〈下〉及新詩〈頌長城〉。

2-27. Atlanta Chinese News，2016.5.13 詩評〈夜讀《時間之流》〉，畫作斑馬一幅及與魯蛟合照。

2-28. Atlanta Chinese News，2016.5.20 刊散文〈大龍峒保安宮紀行〉及作者照片 2 張。

2-29. Atlanta Chinese News，2016.5.27 刊新詩〈流蘇花開〉及水彩畫一幅及林明理攝於台大校園一張。

2-30. Atlanta Chinese News，2016.6.3 刊書評〈詩與思：秀實詩集《台北翅膀》〉及水彩畫「鹿鳴」一幅。

2-31. Atlanta Chinese News，2016.6.10.刊詩二首，給 Bulgarian poet Radko Radkov〉〈1940-2009〉及〈你，深深銘刻在我的記憶之中〉，非馬英譯，及林明理水彩畫一幅，書訊〈名家現代詩賞析〉一則。

2-32. Atlanta Chinese News，2016.6.17 刊新詩〈卑南溪〉，水彩畫 1 幅，攝影 1 張。

2-33. Atlanta Chinese News，2016.6.24 刊新詩〈森林公園之頌〉，攝影 2 張。

2-34. Atlanta Chinese News，2016.7.1 刊詩評〈My friend Prof.Ernesto

Kahan〉及與作者攝影合照，贈書及 Ernesto 照片 4 張。

2-35. Atlanta Chinese News，2016.7.8 刊詩〈我的愛，台鐵 CT273〉及攝影 1 張。

2-36. Atlanta Chinese News，2016.7.15 刊散文〈強颱過後〉及水彩畫 1 幅。

2-37. Atlanta Chinese News，2016.7.22 刊英譯詩〈我的歌〉〈My song〉，非馬譯，及水彩畫作 1 幅。

2-38. Atlanta Chinese News，2016.7.29. 刊詩〈寫給蘭嶼之歌〉及水彩畫一幅。

2-39. Atlanta Chinese News，2016.8.5 刊英譯詩〈寫給科爾多瓦猶太教堂的歌〉，圖片 2 張，馬為義博士翻譯。

2-40. Atlanta Chinese News，2016.8.12 刊詩〈為土地而歌〉，及攝影 2 張。

2-41. Atlanta Chinese News，2016.8.19 刊詩〈夏蟬，遂想起〉，及水彩畫 1 幅。

2-42. Atlanta Chinese News，2016.8.26 刊詩〈寫給「飛越文學地景」製作之友〉及攝影合照 2 張，作者照 1 張、〈夏日羅山村〉及作者照 1 張。首頁版刊詩作及民視〈FORMOSA TELEVISION〉《飛閱文學地景》節目文字及合照。

　　http://www.atlantachinesenews.com/News/2016/08/08-26/ATL_P01.pdf

2-43. Atlanta Chinese News，2016.9.2 刊詩兩首〈民視「飛閱文學地景」錄影記〉及合照攝影 1 張、〈憶陽明山公園〉及獨照 1 張，水彩畫 1 幅。

2-44. Atlanta Chinese News，2016.9.9 刊詩評〈一座沉思的雕像——讀若澤·薩拉馬戈的詩〉。

　　http://www.atlantachinesenews.com/News/2016/09/09-09/B_ATL_P08.pdf

2-45. Atlanta Chinese News，2016.9.16，刊散文〈有隻松鼠叫小飛兒〉及攝影 1 張，水彩畫 1 幅，詩〈莫蘭蒂風暴〉及水彩畫 1 幅，攝影 1 張。

2-46. Atlanta Chinese News，2016.9.23 刊詩 2 首〈布拉格之秋〉、

〈黃昏，賽納河〉及水彩畫 1 幅。

2-47. Atlanta Chinese News，2016.10.7，刊新詩〈你是一株半開的青蓮〉及水彩畫 1 幅、詩〈漫步黃昏林中〉及攝影作一張，詩〈大灰狼謳歌〉。

2-48. Atlanta Chinese News，2016.10.14，刊新詩〈咏王羲之蘭亭詩〉，水彩畫鵝 1 幅及古詩 3 首〈亭溪行〉〈黃陽隘即景〉〈寄霍童古鎮〉及水彩畫 1 幅。

2-49. Atlanta Chinese News， 2016.10.21，刊中英譯詩〈獻給敘利亞罹難的女童——為戰區的白盔志工致敬〉，天津師範大學張智中教授英譯。

2-50. Atlanta Chinese News，2016.10.28，刊新詩〈秋思〉，及水彩畫 1 幅，攝影作 1 張。

2-51. Atlanta Chinese News，2016.11.4 刊散文〈東岸之旅〉及照片 2 張。

2-52. Atlanta Chinese News，2016.10.28 刊詩評〈譚五昌其人其詩〉。

2-53. Atlanta Chinese News，2016.11.11 刊詩〈勇氣—祝賀川普〈Donald Trump〉〉及水彩畫 1 幅，散文〈驟雨過後〉及水彩畫 1 幅。

2-54. Atlanta Chinese News，2016.11.25 刊詩〈蘭嶼情——民視《飛閱文學地景》觀後〉及水彩畫 1 幅。

2-55. Atlanta Chinese News，2016.12.2 新聞首頁可點播林明理吟詩〈飛閱文學地景〉節目〈寫給蘭嶼之歌〉視頻，刊詩〈寫給妳們〉中英譯，及詩〈聽海〉、水彩畫 1 幅，詩〈憶阿里山〉、攝影 1 張。

http://www.atlantachinesenews.com/News/2016/12/120216.html

Atlanta Chinese News 首頁可點播

https://www.facebook.com/AtlantaChineseNews/?hc_ref=PAGES_TIMELINE&fref=nf

2-56. Atlanta Chinese News，2016.12.9 刊中英法譯詩〈我的朋友-to Athanase Vantchev de Thracy〉、阿薩納斯照片及詩〈你的影跡在每一次思潮之上〉、水彩畫 1 幅。

2-57. Atlanta Chinese News，2016.12.16 刊中英譯詩〈**致英國詩人 Norton Hodges**〉，**及詩〈重到石門水庫〉、獨照一張。**

2-58. Atlanta Chinese News，2016.12.23 刊中英譯詩〈歌飛阿里山森林〉，攝影 1 張及〈淡水黃昏〉、水彩畫 1 幅。

2-59. Atlanta Chinese News，2016.12.30 刊詩〈寫給鎮原的歌〉及水彩畫 1 幅。

2-60. Atlanta Chinese News，2017.1.6 刊書評〈詩苑裡的耀眼新葩—讀青峰詩選《瞬間 Moments》〉及新詩〈白冷圳之戀、水彩畫 1 幅〉。

2-61.Atlanta Chinese News，2017.1.13 刊譯詩畫一幅〈凝望〉、〈給月芳〉、〈摩洛哥之歌〉英譯、〈給雅雲〉、〈燈下讀〈田裏爬行的滋味〉〉、〈獻給青龍峽的歌〉、〈獻給湯顯祖之歌〉。

2-62. Atlanta Chinese News，2017.1.20 刊詩〈給敬愛的人——prof. Ernesto Kahan〉英譯、〈諦聽〉非馬英譯及水彩畫 1 幅，〈無比崇高的泰米爾詩人——To Vaa.mu.Sethuraman〉英譯，〈在四月桐的夢幻邊緣〉，〈七星潭之戀〉、〈在醉月湖的寧靜中〉、〈吹過島嶼的風〉、〈愛在德爾斐〉，〈米故鄉－池上〉及水彩畫 1 幅、〈龍田桐花祭之歌〉、〈在難以表明的喜悅中〉、〈我的波斯菊〉、〈因為你〉英譯及水彩畫 1 幅、〈給 Lucy〉非馬英譯及攝影 1 張。

2-63. Atlanta Chinese News，2017.1.27 刊詩〈玉山頌〉非馬英譯、〈炫目的綠色世界〉非馬英譯及水彩畫 1 幅、詩〈張家界之夢〉。

2-64. Atlanta Chinese News，2017.2.3.刊詩〈春歸〉非馬英譯，及水彩畫 1 幅、〈寫給包公故里——肥東〉。

2-65. Atlanta Chinese News，2017.2.10.刊詩〈為王漢藏師畫像〉及水彩畫 1 幅。

2-66. Atlanta Chinese News，2017.2.17 刊詩〈致 KALANIT〉非馬英譯，ERNESTO 攝影以色列花，刊詩〈【詩的影像】感思，攝影合照。〉。

2-67. Atlanta Chinese News，2017.2.24 刊詩〈布農之歌〉及水彩畫 1 幅，詩〈你的故事〉英譯。

2-68. Atlanta Chinese News，2017.3.3 刊英譯詩二首〈啟示〉水彩
　　畫 1 幅、〈封仔餅〉攝影 1 張，馬為義博士譯。

2-69. Atlanta Chinese News，2017.3.10 刊詩〈致珍古德博士〈Dr. Jane
　　Goodall〉〉，非馬英譯及水彩畫 1 幅。

2-70. Atlanta Chinese News，2017.3.17 刊詩〈珠江，我怎能停止對
　　你的嚮往〉、〈致出版家彭正雄〉、〈企鵝的悲歌〉非馬英譯
　　及水彩畫 1 幅。

2-71. Atlanta Chinese News，2017.3.24 刊詩〈白冷圳的間奏曲〉及
　　攝影合照 2 張，〈在初冬湖濱〉吳鈞教授英譯及水彩畫。

2-72. Atlanta Chinese News，2017.3.31 刊二首法詩〈噢，摩洛哥〉，
　　〈致訪遊中的詩人─Athanase Vantchev de Thracy〉，Athanase
　　Vantchev de Thracy 法譯。

2-73. Atlanta Chinese News，2017.4.7 刊詩〈致詩人──Prof. Ernesto
　　Kahan〉，非馬英譯，詩〈安義的春天〉，水彩畫 1 幅，林明理
　　新書〈我的歌〉〈My song〉法譯書訊一則。

2-74. Atlanta Chinese News，2017.4.14 刊詩〈致生態導演─李學主〉
　　及水彩畫 1 幅，非馬英譯。詩〈春語〉及水彩畫 1 幅。

2-75. Atlanta Chinese News，2017.4.21 刊詩〈春在溟濛處〉，攝影
　　3 幅及詩〈在風中，寫你的名字〉，水彩畫 1 幅。

2-76. Atlanta Chinese News，2017.4.28 刊林明理中英詩〈你的話語
　　─To Giovanni〉及桃花〈 Peach blossom〉，詩〈幸福火龍果〉
　　及攝影 1 張，義大利女詩人 **Sara Ciampi 詩集由林明理畫水彩
　　畫〈台灣日出〉於封面 2017.4 月義大利出版書。**

2-77. Atlanta Chinese News，2017.5.5 刊中英譯詩〈給 Ernesto KAhan
　　的祝禱〉，Dr.William Marr 譯，及與林明理合照。

2-78. Atlanta Chinese News，2017.5.19 刊詩〈珍珠的水田〉及水彩
　　畫 1 幅。

2-79. Atlanta Chinese News，2017.5.26 刊詩〈春之歌〉及水彩畫 1
　　幅。

2-80. Atlanta Chinese News，2017.6.2 刊詩〈吐瓦魯的悲歌〉及水
　　彩畫 1 幅。

2-81.Atlanta Chinese News，2017.6.9 刊中英譯詩〈迷人的雕像

——TO PROF.ERNESTO KAHAN〉及水彩畫 1 幅，照片 2 張，非馬英譯。刊中英譯詩〈棕熊〉及水彩畫 1 幅，非馬英譯。

2-82. Atlanta Chinese News，2017.6.16，刊詩畫〈悼空拍大師——齊柏林〉及水彩畫 1 幅，非馬英譯，詩〈致追夢的勇士**——Jennifer Bricker**〉，及水彩畫 1 幅，非馬英譯。

2-83. Atlanta Chinese News，2017.6.23，非馬英譯 2 首，詩畫〈致摯友非馬 DR.William Marr〉水彩畫 1 幅，詩〈諾言〉，水彩畫 1 幅。

2-84. Atlanta Chinese News，2017.6.30 詩畫〈給最光耀的騎士－Prof.Ernesto Kahan〉、〈現代的史懷哲－Prof.Ernesto Kahan〉、〈祝賀 Prof.Ernesto Kahan 被授予"榮譽之騎士"〉。

2-85. Atlanta Chinese News，2017.7.7 刊 DR.WILLIAM MARR 英譯三首詩及水彩畫 3 幅〈致以色列特拉維夫－白城 To Tel Aviv，Israel〉、〈這一夏夜 This summer night〉、〈致卡法薩巴 To Kfar Saba，Israel〉。

2-86. Atlanta Chinese News，刊 2017.7.14 詩畫非馬英譯三首及水彩畫 3 幅，〈我祈禱〉2.〈山的呢喃〉3.〈梅花鹿〉。

2-87. Atlanta Chinese News，2017.7.21 刊英譯詩水彩畫三首：1.致以色列拿撒勒 To Israel Nazareth；2. Thanks to you－Athanase Vantchev de Thracy，及英法譯；3.我哭，在西牆 I cry at the West Wall，Dr.William Marr 英譯。

2-88. Atlanta Chinese News，2017.7.28，DR.WILLIAM MARR 英譯林明理詩畫三首，1.一則警訊〈Prof.Ernesto Kahan 西班牙語譯〉2.致少年的 Ernesto Kahan3.消失的湖泊 1.A warning Sign 2.To the juvenile Ernesto 3.Disappearance of the lake.

2-89. Atlanta Chinese News，2017.8.4 刊中英詩〈小象〉水彩畫 1 幅、〈夜思〉水彩畫 1 幅、〈自由〉三詩，William Marr 譯。

2-90. Atlanta Chinese News，2017.8.11 刊中英詩〈致 John Lennon's song–Imagine〉，2.〈To Giovanni Campisi〉非馬譯，3.〈Golden Bells Forsythia〉金風鈴，非馬譯，三詩及三幅畫。

2-91. Atlanta Chinese News， 2017.8.18 刊非馬英譯林明理 3 詩〈布拉格猶太人墓園〉，〈師恩無限〉合照 1 張，〈北極熊〉。

2-92. Atlanta Chinese News，2017.8.25 刊詩三首 1.佛羅里達山獅〈及水彩畫 1 幅〉〈張智中教授英譯〉2.戰爭〈非馬英譯〉3.在每個山水之間〈張智中教授英譯〉。

2-93. Atlanta Chinese News，2017.9.1 刊詩三首 1.〈憶〉非馬英譯，水彩畫 1 幅。2.〈馬丘比丘之頌〉，張智中教授英譯，水彩畫 1 幅，3.〈只是一個夢〉。

2-94. Atlanta Chinese News，2017.9.8 刊詩三首 1.〈洪患〉非馬英譯。2.〈火車爺爺－鄧有才〉，非馬英譯，水彩畫 1 幅，3.〈頌黃梅挑花〉及照片 1 張。

2-95. Atlanta Chinese News，2017.9.15 刊詩三首，1.〈詩河〉，水彩畫 1 幅，非馬英譯。2.〈巴巴里獅〉，水彩畫 1 幅，非馬英譯。3.獻給 Daniel Martini－Sumerian princess。

2-96. Atlanta Chinese News，2017.9.22 刊詩二首，1.〈寂靜的遠山〉及水彩畫 1 幅，2.詩〈光耀的夜從大峪溝上升起〉。

2-97. Atlanta Chinese News，2017.9.29 刊詩三首 1.詩〈金雕，非馬英譯，水彩畫 1 幅，2.詩〈巨石陣〉，非馬英譯，水彩畫 1 幅，3 詩〈通海秀山行〉。

2-98. Atlanta Chinese News，2017.10.6 刊詩二首 1.秋的懷念，英譯，水彩畫 1 幅 2.我願，英譯，及散文〈母子情〉。

2-99. Atlanta Chinese News，2017.10.13，刊英譯詩畫三首 1.〈雪豹〉張智中教授英譯、2〈科隆大教堂〉非馬英譯、3.〈帕德嫩神廟〉非馬英譯。

2-100. Atlanta Chinese News，2017.10.20，刊詩畫三首 1.〈雲豹〉詩畫，2.〈塞哥維亞舊城〉非馬英譯，3.〈我的夢想〉非馬英譯。刊詩〈寫給包公故里－肥東〉及獲三等獎狀資料介紹。

2-101. Atlanta Chinese News，2017.10.27 刊詩畫三首 1.〈大貓熊〉、2.〈義大利聖母大殿〉張智中教授譯，3.〈黑面琵鷺〉非馬英譯。

2-102. Atlanta Chinese News，2017.11.3 刊詩〈致爾泰〉及攝影 1 張。刊詩評〈詩與思：林佛兒〉及水彩畫 1 幅。

2-103. Atlanta Chinese News，2017.11.10 刊書評〈讀秀實英譯詩集《與貓一樣孤寂》〉。

2-104. Atlanta Chinese News，2017.11.17 刊詩三首，1.〈黑面琵鷺〉、

水彩畫 1 幅，非馬英譯，2.〈冬之歌〉，水彩畫 1 幅、非馬英譯，3.〈時光裡的台大校園〉、作者照 1 張。詩〈秋在汐止晴山〉及作者合照 1 張。

2-105. Atlanta Chinese News，2017.11.24刊詩〈亞城雪景〉，照片 1張，詩評〈淒美的翔舞——讀Sara Ciampi詩集《SO I KEEP THE MEMORY LIGHT ON》，攝影照1張。

2-106. Atlanta Chinese News，2017.12.1 刊譯詩三首 1.〈冬之歌〉，非馬譯，2.〈你的靜默 – to Giovanni〉3.〈你的詩——給喬凡尼〉及喬凡尼照片 1 張。詩評〈崇高與優美的融合——讀 Ernesto 的〈The Man and His Narrative〉，詩〈觀白鷺〉及攝影作 1 張。http://www.atlantachinesenews.com/News/2017/12/12-01/B_ATL_P08.pdf

2-107. Atlanta Chinese News，2017.12.8 刊詩評〈馬東旭的盼望與詩歌之路〉。

2-108. Atlanta Chinese News，2017.12.15 刊詩評〈悲憫的歌者——喬凡尼的詩印象〉，水彩畫 1 幅，張智中教授英譯，詩〈在白色的森林下面〉，非馬英譯及照片 1 張。

2-109.Atlanta Chinese News，2017.12.22 刊詩〈時光裡的台大校園〉、照片 1 張，散文〈靜謐的黃昏〉、水彩畫 1 幅，詩〈永懷文學大師 – 余光中〉、水彩畫 1 幅。

2-110. Atlanta Chinese News，2017.12.29 刊詩 1.〈森林之歌〉及水彩畫 1 幅，2.詩〈時光裡的比西里岸〉及攝影 1 張 3.詩〈我將前往美麗的松蘭山〉。

2-111. Atlanta Chinese News，2018.1.5 刊詩〈給我最好的朋友一個聖誕祝福〉中英譯、水彩畫 1 幅，詩〈淡水紅毛城之歌〉、作者照片 1 張，詩〈早櫻〉、水彩畫 1 幅。

2-112. Atlanta Chinese News，2018.1.12 刊詩〈寫給屈原之歌〉及水彩畫 1 幅，詩〈臨夏頌〉、詩〈在我窗前起舞〉。

2-113. Atlanta Chinese News，2018.1.19 刊詩〈雲豹〉及水彩畫 1 幅，書評〈瑞簫抒情詩印象〉。

2-114. Atlanta Chinese News，2018.1.26 刊中英詩〈信天翁〉，非馬譯，及水彩畫 1 幅，散文〈冬日金鐏漁港〉，攝影 1 張。

2-115. Atlanta Chinese News，2018.2.02 刊詩〈當你變老〉，非馬英譯，Athanase Vantchev de Thracy 法譯，prof.Ernesto Kahan 西班牙語譯，及水彩畫 1 幅，林明理著詩集《諦聽 LISTEN》書訊，詩〈有您真好－給彭正雄大哥〉中英譯。刊〈國際詩新聞〉〈INTERNATIONAL POETRY　N E W S〉2018.1.24Giovanni Campisi 以義大利語翻譯推介林明理新書〈諦聽 LISTEN〉及照片，書封面。

2-116. Atlanta Chinese News，2018.2.09 刊中英詩畫三首，1.〈致小說家－鄭念〉2.〈北極燕鷗〉3.〈請允許我分享純粹的喜悅〉，非馬英譯 3 詩。

2-117. Atlanta Chinese News，2018.2.16 刊中英譯詩畫四首 1.〈你在哪？孩子〉、2.〈你的微笑是我的微風〉，Athanase Vantchev de Thracy 法譯、3.〈麥田圈之謎〉、4.〈冬日的魔法〉，非馬英譯 4 詩。

2-118. Atlanta Chinese News，2018.2.23 刊中、英、法、義翻譯詩畫二首，1.〈夕陽落在沙丘之後〉，中英法翻譯詩畫，2.〈當濃霧散去〉，非馬英譯，Athanase Vantchev de Thracy 法譯，Giovanni G.Campisi 義大利語譯。

2-119. Atlanta Chinese News，2018.03.2 刊 1.〈致吾友-Ernesto〉，中英〈非馬譯，Athanase 法譯〉法譯及畫 1 幅，2.〈給 Giovanni G.Campisi〉中英譯〈張智中譯〉及照片 1 張，3.〈戰爭仍茫無盡頭〉中英譯，〈向月芳主編致意〉中英譯及畫 1 幅。

2-120. Atlanta Chinese News，2018.03.9 刊 1.〈長城〉中英譯，非馬譯，水彩畫 1 幅，2.〈為搶救童妓而歌〉中英譯，非馬譯，水彩畫 1 幅，3.〈在遠方的巴列姆山谷〉中英譯，非馬譯，水彩畫 1 幅。

2-121. Atlanta Chinese News，2018.03.16 刊 1.〈寄語〉中英譯，非馬譯，水彩畫 1 幅，2.〈鯨之舞〉中英譯，非馬譯，水彩畫 1 幅，3.〈用心說話〉中英譯，非馬譯，水彩畫 1 幅。

2-122. Atlanta Chinese News，2018.03.23 刊 1.〈季雨來了〉中英，非馬譯，水彩畫 1 幅，2.〈你的呼喚--to 普希金 Aleksandr　Pushkin〈1799-1837〉〉中英法 Athanase 法譯。

2-123. Atlanta Chinese News，2018.03.30 刊詩 1.〈悲傷的小企鵝〉，水彩畫 1 幅，非馬譯 2.〈我將獨行〉，水彩畫 1 幅，非馬譯 3.〈我一直在看著你〉，水彩畫 1 幅，非馬譯。

2-124. Atlanta Chinese News，2018.04.06 刊詩 1.〈奔騰的河流〉水彩 1 幅，非馬譯 2.〈愛的宣言〉水彩 1 幅，非馬譯，3.〈美麗的冰山〉，非馬譯。

2-125. Atlanta Chinese News，2018.04.13 刊詩 1.Google＋，攝影 1 張，非馬譯，2.朋友，水彩 1 幅非馬譯，3.山野的蝴蝶，攝影 1 張，非馬英譯。

2-126. Atlanta Chinese News，2018.04.20 刊詩 1.我倆相識絕非偶然，非馬譯，水彩畫 1 幅，詩評〈詩與思：P.K.SINGH 的詩〉。

2-127. Atlanta Chinese News，2018.04.27 刊詩〈寒冬過後〉，水彩畫 1 幅，非馬譯，散文〈太麻里記遊〉，攝影 1 張。

2-128. Atlanta Chinese News，2018.05.04 刊詩〈寫給鞏義之歌〉，詩〈把和平帶回來〉，水彩畫 1 幅，非馬譯。

2-129. Atlanta Chinese News，2018.5.11 刊詩 1.當黎明時分，水彩畫 1 幅、非馬譯，詩評〈詩美的信徒──評陳銘堯的詩〉。

2-130. Atlanta Chinese News，2018.5.18 刊詩〈致青山〉，水彩畫 1 幅，非馬譯，詩評〈詩與思：析李敏勇《告白與批評》〉。

2-131. Atlanta Chinese News，2018.06.01 刊 1.詩〈老橡樹〉，水彩畫 1 幅，非馬譯，2.詩〈別哭泣，敘利亞小孩〉，非馬譯，3.詩〈夏日慵懶的午後〉，攝影照 1 張，非馬英譯。

2-132. Atlanta Chinese News，2018.06.08 刊 1.詩〈原野之聲〉，水彩畫 1 幅，非馬譯，2.詩〈如風往事〉，非馬譯，3.詩〈在那雲霧之間〉，水彩畫 1 幅，非馬英譯。

2-133. Atlanta Chinese News，2018.06.15 刊 1.詩〈淡水紅毛城之歌〉，林明理照片 1 張，張智中教授英譯，及林明理第 20 書《現代詩賞析》書介及書封面。

2-134. Atlanta Chinese News，2018.06.22 刊詩評〈論布洛克(Alexander Blok)詩歌中的象徵意蘊〉。

2-135. Atlanta Chinese News，2018.06.29 刊詩 1.〈黃昏的福州山〉，非馬譯，2 詩〈.黃昏〉，水彩畫 1 幅，非馬譯，3 詩〈平靜的

湖面〉，攝影照 1 張，Athanase 法譯。刊散文〈民視「飛閱文學地景」節目錄影紀實〉，合照 3 張。

2-136. Atlanta Chinese News，2018.07.06 刊詩 1.〈大安溪夜色〉非馬英譯，水彩畫 1 幅。詩 2.〈愛的宣言〉，Athanses 法譯，Giovaani 義大利語譯，攝影 1 張。刊詩〈向亞城許月芳主編致意〉。

2-137. Atlanta Chinese News，2018.07.13 刊詩 1.〈玉山，我的母親〉吳鈞教授 Wu Jun 英譯。詩 2.〈憶夢〉，吳鈞教授 Wu Jun 英譯，睡彩畫 1 幅。刊詩 3.〈早霧〉，吳鈞教授 Wu Jun 英譯。

2-138. Atlanta Chinese News，2018.07.20 刊詩 1.〈山居歲月〉，油畫 1 幅，吳鈞教授 Wu Jun 英譯。詩 2.〈拂曉時刻〉，吳鈞教授 Wu Jun 英譯，刊詩 3.〈雨，落在愛河的冬夜〉，吳鈞教授 Wu Jun 英譯。

2-139. Atlanta Chinese News，2018.07.27 刊詩 1.〈夏至清晨〉，吳鈞教授 Wu Jun 英譯。詩 2.〈夕陽，驀地沉落了〉，吳鈞教授 Wu Jun 英譯，刊詩 3.〈漁唱〉，林明理油畫 1 幅，吳鈞教授 Wu Jun 英譯。

2-140. Atlanta Chinese News，2018.08.03 刊詩 1.〈七月的思念〉，非馬英譯，林明理油畫 1 幅。詩 2.〈給月芳〉，刊詩 3.〈致青山〉，非馬英譯，水彩畫 1 幅。

2-141. Atlanta Chinese News，2018.08.10 刊詩 1.〈想妳，在墾丁〉，吳鈞譯，林明理油畫 1 幅。詩 2.〈恬靜〉，吳鈞譯。刊詩 3.〈書寫王功漁港〉。

2-142. Atlanta Chinese News，2018.08.17 刊詩 1.〈鹿野高台之歌〉，林明理油畫 1 幅。詩 2.〈最美的時刻〉，刊散文〈糖蛋的秘蜜〉。

2-143. Atlanta Chinese News，2018.08.24 刊詩 1.〈詠菊之鄉－開封〉，水彩畫 1 幅，獎狀 1 張，吳鈞英譯，詩 2〈.冬日神山部落〉，吳鈞譯。

2-144. Atlanta Chinese News，2018.08.31 刊詩 1.〈懷鄉〉，詩 2.〈午夜〉，詩 3.〈在愉悅夏夜的深邃處〉，非馬譯，油畫 1 幅。

2-145. Atlanta Chinese News，2018.09.07 刊詩 1.〈六十石山小夜曲〉，油畫 1 幅。

2-146. Atlanta Chinese News，2018.09.14 刊散文〈海濱散記〉，照

片 1 張。

2-147. Atlanta Chinese News，2018.09.21 刊詩 1.〈Love is…〉，非馬譯，油畫 1 幅，詩 2.〈Stay with my heart〉，油畫 1 幅。

2-148. Atlanta Chinese News，2018.09.28 刊詩 1.〈永安鹽田濕地〉，非馬譯，油畫 1 幅，詩 2.〈秋日的港灣〉，吳鈞譯。

2-149. Atlanta Chinese News，2018.10.05 刊散文〈愛情的巡禮〉，油畫 1 幅。

2-150. Atlanta Chinese News，2018.10.12 刊詩 1.〈秋在白沙屯〉，油畫 1 幅，張智中英譯，詩 2.〈晚秋〉，油畫 1 幅。

2-151. Atlanta Chinese News，2018.10.19 刊詩 1.〈秋日田野的搖曳裡〉，油畫 1 幅，詩 2.〈我的朋友－祝賀亞城許月芳主編〉，照片 1 張，詩 3.〈向 G＋BTP 致謝〉，獲獎攝影作品 1 張，非馬英譯，張智中教授譯，散文〈初鹿牧場記遊〉，攝影 1 張。

2-152. Atlanta Chinese News，2018.10.26 刊詩 1.〈憶友-prof. Ernesto Kahan〉，Kahan 照片 1 張，詩 2.〈十月秋雨〉，水彩畫 1 福，英譯，詩 3.〈在後山迴盪的禱告聲中〉，攝影作品 1 張。

2-153. Atlanta Chinese News，2018.11.02 刊詩 1.〈秋雨，總是靜靜地下著…〉，水彩畫 1 幅，非馬譯。詩 2.〈悼〉，攝影 1 張，詩 3.〈給我的朋友——Heinfried Küthe〉，獲獎攝影 1 張，非馬英譯。2-154. Atlanta Chinese News，2018.11.09 刊詩評 1.〈真醇的琴音—讀張智中的詩三首〉，詩 2.〈獻給民視「飛閱文學地景」首播感言〉，合照等 3 張照片。

2-155. Atlanta Chinese News，2018.11.16 刊詩 1.〈修路工人〉，非馬英譯，水彩畫 1 幅詩 2.散文〈海濱散記〉，水彩畫 1 幅。

2-156. Atlanta Chinese News，2018.11.23 刊散文 1.〈赤柯山散記〉2.散文 2.〈鹿野高台記遊〉及水彩畫 1 幅。

2-157. Atlanta Chinese News，2018.11.30 刊散文〈墾丁遊蹤〉，照片 1 張。

2-158. Atlanta Chinese News，2018.12.07 刊散文〈蘭陽藝術行〉，照片 2 張，文學書評 1 篇，賴淑賢：《雪泥鴻爪異國情》。

2-159. Atlanta Chinese News，2018.12.14 刊散文〈旗津冬思〉，詩〈大雪山風景〉，油畫 1 幅，非馬英譯。

2-160. Atlanta Chinese News，2018.12.21 刊詩 1.〈讀李浩的新書有感〉，張智中教授英譯，詩 2.〈南湖溪之歌〉、油畫 1 幅，詩 3.讀莫云《時間的迷霧》。

2-161. Atlanta Chinese News，2018.12.28 刊散文〈美濃紀行〉、照片 2 張，詩〈讀彭正雄：《圖說中國書籍演進小史》〉。

2-162. Atlanta Chinese News，2019.1.04 刊散文〈三仙台心影〉，照片 2 張。

2-163. Atlanta Chinese News，2019.01.11 刊詩〈你的榮光——給 prof. Ernesto Kahan〉，非馬譯。

2-164. Atlanta Chinese News，2019.01.18 刊詩〈重歸自然〉，非馬譯及水彩畫 1 幅。散文〈踏青尋梅記〉及照片 2 張。

2-165. Atlanta Chinese News，2019.02.01 刊詩〈正月賞梅〉，非馬譯及攝影 1 張。2019 年林明理書訊中英譯詩集《原野之聲》簡介，非馬譯。

2-166. Atlanta Chinese News，2019.02.08 刊詩〈魯花樹〉，及水彩畫 1 幅。詩〈寒風吹起〉，油畫 1 幅。

2-167. Atlanta Chinese News，2019.02.15 刊詩〈思念在彼方〉，非馬譯，及水彩畫 1 幅。

2-168. Atlanta Chinese News，2019.2.22 刊詩〈內灣夜景〉及水彩畫 1 幅，詩評〈一隻勇敢飛翔的海燕——讀梅爾的詩〉。

2-169. Atlanta Chinese News，2019.03.01 刊詩〈永不遺忘的歌聲－鄭烱明的詩〈瓊花〉〉及合照 1 張，詩〈一即便在遠方〉，非馬譯，畫作 1 幅。

2-170. Atlanta Chinese News，2019.03.08 刊詩〈台東尋幽記〉及合照 1 張。

2-171. Atlanta Chinese News，2019.03.15 刊詩〈利稻，心中的桃花源〉及攝影 2 張。

2-172. Atlanta Chinese News，2019.03.22 刊詩 1.〈獻給勝興車站〉，水彩畫 1 幅，詩 2.〈月光小棧之讚〉，攝影 1 張，照片 1 張。

2-173. Atlanta Chinese News，2019.03.29 刊詩 1.〈向神農陳添麟致敬〉，水彩畫 1 幅，2.詩〈富源觀景台冥想〉及攝影 1 張。

2-174. Atlanta Chinese News，2019.04.05 刊詩 1.〈棉花嶼之歌〉，

水彩畫 1 幅，2.詩〈林田山林場之歌〉及攝影 2 張。

2-175. Atlanta Chinese News，2019.04.12 刊詩 1.〈新蘭漁港風情〉，攝影 1 張，2.詩〈記憶中的麥芽糖〉及水彩畫 1 幅。

2-176. Atlanta Chinese News，2019.04.19 刊散文〈樂山的心影〉，攝影 3 張。

2-177. Atlanta Chinese News，2019.04.26 刊詩 1.〈大霸尖山之頌〉，油畫 1 幅，詩 2.〈我的書房〉，攝影 1 張，詩 3.〈良醫邱宏正的側影略傳〉，照片 1 張，非馬英譯。

2-178. Atlanta Chinese News，2019.05.03 刊詩 1.〈柴山自然公園遐思〉，照片 2 張，詩 2.〈東華大學校園印象〉，照片 1 張，攝影 1 張，詩 3.〈雪落下的聲音〉。

2-179. Atlanta Chinese News，2019.05.10 刊詩 1.〈丁方教授和他的油畫〉，照片 2 張，詩 2.〈黃永玉和他的名畫〉，照片 1 張，非馬英譯，詩 3.〈油桐花開時〉，攝影 1 張。

2-180. Atlanta Chinese News，2019.05.17 刊詩 1.〈五分車的記憶〉，水彩畫 1 幅，非馬譯，詩 2.〈北回歸線標誌公園遐想〉，照片 1 張，詩 3.〈緬懷音樂家馬水龍教授〉，非馬英譯。

2-181. Atlanta Chinese News，2019.05.24 刊詩 1.〈觀霧，雲的故鄉〉，水彩畫 1 幅，詩 2.〈向開闢中橫公路的榮民致敬〉，水彩畫 1 幅，詩 3.〈武陵農場風情〉，油畫 1 幅。

2-182. Atlanta Chinese News，2019.05.31 刊詩 1.〈茂林紫蝶幽谷〉，水彩畫 1 幅，詩 2.〈南庄油桐花開時〉，油畫 1 幅，詩 3.〈向科爾沁草原的防護林英雄致敬〉。

2-183. Atlanta Chinese News，2019.06.07 刊詩 1.〈和風吹過鯉魚潭〉，攝影 1 張，詩 2.〈向建築大師貝聿銘致上最後的敬意〉，照片 1 張，詩 3.〈崁頂部落遊〉，照片 1 張。

2-184. Atlanta Chinese News，2019.06.14 刊詩 1.〈知本溼地的美麗和哀愁〉，水彩畫 1 幅，詩 2.〈寫給我的老師〉，照片 1 張，詩 3.〈夢回大學時代〉，照片 1 張，詩 4.〈想當年〉照片 2 張，詩 5.〈我的朋友杜立中〉，照片 2 張。

2-185. Atlanta Chinese News，2019.06.21 刊詩 1.〈懷念烓土窯〉，水彩畫 1 幅，詩 2.〈與詩人有約〉，照片 1 張，非馬英譯，詩

　　3.〈緬懷瑞穗牧場〉，照片 1 張。

2-186. Atlanta Chinese News，2019.06.28、2019.07.05、2019.07.12
　　刊詩評〈論阿赫馬托娃的詩歌藝術〉，分上、中、下篇。

2-187. Atlanta Chinese News，2019.07.05 刊詩 1.〈緬懷金瓜石老
　　街〉，水彩畫 1 幅，詩 2〈我的朋友許月芳社長〉。

2-188. Atlanta Chinese News，2019.07.19 刊詩 1.〈幸福的滋味〉及
　　照片 1 張，詩 2.〈花蓮觀光漁港風情〉及攝影 1 張，散文〈史
　　前館觀感〉及攝影 1 張。

2-189. Atlanta Chinese News，2019.07.19 刊詩 1.〈阿美族傳奇－給
　　黃貴潮〉，水彩畫 1 幅，散文〈卑南遺址公園記遊〉及攝影 1
　　張，詩。

2-190. Atlanta Chinese News，2019.07.26 刊詩 1.〈夜讀《華痕碎影
　　上海魯迅紀念館藏魯迅先生手跡、藏品擷珍》〉，詩 2〈致巴
　　爾札克 1799-1850〉，非馬英譯，及照片 1 張，散文〈在星空下
　　閱讀南王部落〉，攝影 1 張。

2-191. Atlanta Chinese News，2019.08.02 刊詩 1.〈山中冥想〉及油
　　畫 1 幅，詩 2.〈湖畔冥想〉，非馬英譯，及照片 1 張，散文〈夏
　　日武陵部落〉及攝影 1 張。

2-192. Atlanta Chinese News，2019.08.09 刊詩 1.〈小野柳漫步〉及
　　攝影 1 張，詩 2.〈高雄煉油廠的黃昏〉，及攝影 1 張，中英詩
　　3.〈回眸恆春夕照〉，非馬譯，及照片 1 張。

2-193. Atlanta Chinese News，2019.08.16 刊散文 1.〈山海情•長濱
　　鄉〉及油畫 1 幅，詩 1.〈二二八紀念公園冥想〉，及照片 1 張，
　　詩 2.〈時光的回眸：中山大學〉，及照片 2 張。

2-194. Atlanta Chinese News，2019.08.23 刊詩 1.〈敘利亞內戰悲歌〉
　　及水彩畫 1 幅，詩 2.〈觀想藝術－世外桃源－龐畢度中心收藏
　　展〉，及照片 1 張，詩 3.〈秋晨在鯉魚山公園〉，及攝影 1 張，
　　詩 4.〈關山親水公園遊〉及攝影 1 張。

2-195. Atlanta Chinese News，2019.08.30 刊詩 1.〈讀你，在微雨的
　　黃昏中〉及照片 2 張，詩 2.〈珍重，吾愛〉，及照片 1 張，中
　　英詩 3.〈感謝您，吾友 Tim Lyden〉，非馬英譯，詩 4.〈鐵花
　　村之夜〉及攝影 2 張。

2-196. Atlanta Chinese News，2019.09.6 刊散文〈湖中的東美亭〉及照片 1 張，詩 1.〈白鹿颱風下〉，詩 2.〈閱讀布農部落〉攝影 1 張，詩 3.〈自由廣場前冥想〉及照片 1 張。

3. 美國《新大陸》雙月詩刊，2008.12 任林明理為名譽編委，2009 年第 111 期迄 138 期 2013.10 止，共發表新詩 43 首。第 117 期詩評葉維廉、113 期詩評非馬共 2 篇。

111 期刊詩〈讀月〉〈一方小草〉〈小雨〉〈想年的季節〉。112 期〈又見寒食〉〈海上的中秋〉。113 期〈一滴寒星〉〈河階的霧晨〉。114 期詩〈野渡 1〉〈野渡 2〉，詩評〈如歌之徜徉-讀瘂弦〈歌〉〈瓶〉〉。115 期詩〈漁隱〉〈暮鴉〉。116 期詩〈夢裡的山谷〉〈清雨塘〉。117 期詩評〈葉維廉〈愛與死之歌〉索隱〉。119 期詩〈愛無疆域〉〈夜裡聽到礁脈〉。120 期詩〈風吹來的時候〉。121 期詩〈黑夜無法將妳的光和美拭去〉。122 期詩〈傾聽紅松籽飄落〉〈岸畔〉。123 期詩〈當時間與地點都變了〉〈瑪家鄉的天空〉。124 期〈破曉時分〉〈三義油桐花畔〉。125 期〈燈塔〉〈致黃櫨樹〉。126 期詩〈水鏡〉〈在霧掩的絕頂上，我醒著〉。127 期〈在山丘的彼方〉〈風河〉。128 期〈風滾草〉〈森林之歌〉。130 期〈夜宿南灣〉〈在淺溪邊的茵綠角落裡〉。131 期〈夏風吹起的夜晚〉〈山居歲月〉。132 期〈悼〉〈蘆花飛白的時候〉。133 期〈凜冬之至〉〈冬日〉。134 期〈我曾在漁人碼頭中競逐〉。138 期詩〈我原鄉的欖仁樹〉〈致雙溪〉。

111 期刊詩〈讀月〉〈一方小草〉〈小雨〉〈想年的季節〉。112 期〈又見寒食〉〈海上的中秋〉。113 期〈一滴寒星〉〈河階的霧晨〉。114 期詩〈野渡 1〉〈野渡 2〉，詩評〈如歌之徜徉-讀瘂弦〈歌〉〈瓶〉〉。115 期詩〈漁隱〉〈暮鴉〉。116 期詩〈夢裡的山谷〉〈清雨塘〉。117 期詩評〈葉維廉〈愛與死之歌〉索隱〉。119 期詩〈愛無疆域〉〈夜裡聽到礁脈〉。120 期詩〈風吹來的時候〉。121 期詩〈黑夜無法將妳的光和美拭去〉。122 期詩〈傾聽紅松籽飄落〉〈岸畔〉。123 期詩〈當時間與地點都變了〉〈瑪家鄉的天空〉。124 期〈破曉時分〉〈三義油桐花畔〉。125 期〈燈塔〉〈致黃櫨樹〉。126 期詩〈水鏡〉〈在霧掩的絕頂上，我醒著〉。127 期〈在山丘的彼方〉〈風河〉。128 期〈風

滾草〉〈森林之歌〉。130 期〈夜宿南灣〉〈在淺溪邊的茵綠角落裡〉。131 期〈夏風吹起的夜晚〉〈山居歲月〉。132 期〈悼〉〈蘆花飛白的時候〉。133 期〈凜冬之至〉〈冬日〉。134 期〈我曾在漁人碼頭中競逐〉。138 期詩〈我原鄉的欖仁樹〉〈致雙溪〉。

4..泰國《中華日報》，2009 年 8 月 11 日，刊登新詩 3 首〈笛在深山中〉〈江岸暮色〉〈草露〉。

5.馬尼拉出版，《世界日報》，2009 年 8 月 6 日，刊新詩 1 首〈夢裡的山谷〉，頁 14。

6.美國版《僑報》，總第 410 期，2016 年 9 月 2 日，刊中國《浙江日報》主辦，美國〈僑報〉〈我與浙江的故事〉徵文，詩作〈西湖，你的名字在我聲音裡〉，2016.9.2。僑報網 uschinapress.com

http://www.uschinapress.com/2016/0902/1077588.shtml

http://www.usqiaobao.com/zhejiang/ 僑報網首頁

http://epaper.uschinapress.com:81/#/issue/2027/15

－刊美國版〈僑報〉C9 版〈今日浙江〉。

7. 2012 年第 32 屆世界詩人大會 WCP，Prof.Ernesto Kahan 編書中頁 276-277 收錄林明理英詩 2 首〈霧起的時候〉〈晚秋〉，山東大學外文系教授吳鈞翻譯。

http://www.worldacademyofartsandculture.com/english/images/documents/ANTOLOGY32WCP.pdf

8.澳洲雪梨版《人間福報》，2014.5.22 刊散文〈鞏伯伯的菜園子〉及水彩畫 1 幅。

http://nantien.org.au/cn/sites/default/files/sydney_newspaper/20140522.pdf

9. 義大利 EDIZIONI UNIVERSUM（埃迪采恩尼大學）《國際詩新聞》（INTERNATIONAL POETRY N E W S）2016.11 刊林明理英詩〈寫給蘭嶼之歌〉〈Ode to the Orchid Island〉，張智中教授英譯。

9-1. 義大利 EDIZIONI UNIVERSUM〈埃迪采恩尼大學〉〈國際詩新聞〉〈INTERNATIONAL POETRY N E W S〉2016.12.8 刊林明理英譯詩評全版及個人照，〈悲憫的歌者－喬凡尼 Giovanni Campisi 的詩印象〉。

9-2.義大利〈INTERNATIONAL POETRY ＮＥＷＳ〉2016.12.刊英詩〈耶誕卡素描〉〈Sketch of A Christmas Card〉，非馬〈馬為義博士〉英譯。

9-3. 義大利 EDIZIONI UNIVERSUM〈埃迪采恩尼大學〉《國際詩新聞》〈INTERNATIONAL POETRY ＮＥＷＳ〉2017.06.12，刊登一則林明理的書訊《我的歌 MY SONG》，並把此書列為 2018 年度諾貝爾 NOBEL 文學獎提名名單之一。

9-4.義大利 EDIZIONI UNIVERSUM〈埃迪采恩尼大學〉《國際詩新聞》〈INTERNATIONAL POETRY ＮＥＷＳ〉2017.10.22 刊義大利詩人出版家 Giovanni Campisi 以義大利語翻譯林明理的中英譯詩畫〈義大利聖母大殿〉，張智中教授英譯，Giovanni 以全版推介林明理的詩。

9-5. 義大利 EDIZIONI UNIVERSUM〈埃迪采恩尼大學〉《國際詩新聞》〈INTERNATIONAL POETRY ＮＥＷＳ〉2018.1.7 刊 Giovanni Campisi 翻譯林明理詩〈義大利聖母大殿〉，及介紹林明理女詩人照片於 "2017 年度詩歌"。

9-6.《國際詩新聞》〈INTERNATIONAL POETRY ＮＥＷＳ〉2018.1.14 刊 Giovanni Campisi 以義大利語翻譯林明理中文詩畫〈假如我是隻天堂鳥〉，非馬英譯，及介紹林明理女詩人照片。

9-7.《國際詩新聞》〈INTERNATIONAL POETRY ＮＥＷＳ〉2018.1.24Giovanni Campisi 以義大利語翻譯推介林明理新書《諦聽 LISTEN》及照片，書封面。

9-8.《國際詩新聞》〈INTERNATIONAL POETRY ＮＥＷＳ〉2018.2.15 Giovanni Campisi 以義大利語翻譯林明理詩〈夕陽落在沙丘之後〉及非馬英譯。

10.義大利 Giovanni 出版，2017.04 義大利女詩人 Sara Ciampi 譯詩集《時代的片斷》《FRAGMENTS OF TIME》書封面採用林明理的水彩畫作〈台灣日出〉。

11.加拿大中華詩詞研究會，《詩壇》第 570 期，《華僑新報》，第 1033 期，2010.12.10，刊古詩 4 首〈暮春〉、〈默喚〉、〈湖山高秋〉、〈秋盡〉。

林明理

Dr. Lin Ming-Li
簡　介

　　林明理，1961 年生，臺灣雲林縣人，中國文化大學大陸問題研究所法學碩士，美國世界文化藝術學院榮譽文學博士（2013.10.21 頒授）。曾任屏東師範學院講師，現任臺灣「中國文藝協會」理事、中華民國新詩學會理事，北京「國際漢語詩歌協會」理事，詩人評論家。2013.5.4 獲第 54 屆「中國文藝獎章」文學類「詩歌創作獎」。2012. 9.9.人間衛視『知道』節目專訪林明理 1 小時，播出於第 110 集「以詩與畫追夢的心—林明理」。台灣「文化部」贊助，民視『飛越文學地景』拍攝林明理四首詩作錄影〈淡水紅毛城之歌〉（2018.11.03 民視新聞首播）、〈白冷圳之戀〉（2017.7.15 民視新聞首播）、〈歌飛阿里山森林〉（2016.12.24

民視新聞首播）、〈寫給蘭嶼之歌〉（2016.11.19 民視新聞首播）、〈淡水紅毛城之歌〉（2018.11.03 民視新聞首播）。

著有《秋收的黃昏》、《夜櫻 — 詩畫集》、《新詩的意象與內涵--當代詩家作品賞析》、《藝術與自然的融合--當代詩文評論集》、《湧動著一泓清泉—現代詩文評論》、《用詩藝開拓美—林明理談詩》、《林明理報刊評論》、《行走中的歌者—林明理談詩》、《海頌—林明理詩文集》、《林明理散文集》、《名家現代詩賞析》、《現代詩賞析》、《思念在彼方 散文暨新詩》。以及詩集《山楂樹》、《回憶的沙漏》（中英對照）、《清雨塘》、（中英對照）、《山居歲月》（中英對照）、《夏之吟》（中英法對照）、《默喚》（中英法對照）、《我的歌》（中法對照）、《諦聽》（中英對照）、《原野之聲》（中英對照）。她的詩畫被收錄編於山西大學新詩研究所 2015 年編著 《當代著名漢語詩人詩書畫檔案》、詩作六首被收錄於《雲林縣青少年臺灣文學讀本》，評論作品被碩士生研究引用數十篇論文，作品包括詩畫、散文與評論散見於海內外學刊及詩刊、報紙等。中國學報刊物包括有《南京師範大學文學院學報》、《青島師範學院學報》、《鹽城師範學報》等三十多篇，臺灣的國圖刊物《全國新書資訊月刊》二十六篇，還有在中國大陸的詩刊報紙多達五十種刊物發表，如《天津文學》、《安徽文學》、《香港文學》等。在臺灣《人間福報》已發表上百篇作品，在《臺灣時報》、《笠詩刊》與《秋水詩刊》等刊物也常發表作品，另外，在美國的刊物《世界的詩》或報紙《亞特蘭大新聞》等也有發表作品。總計發表的創作與評論作品已達千篇以上。

Dr. Lin Ming-Li was born in 1961 in Yunlin, Taiwan. She holds a Master's Degree in Law and lectured at Pingtung Normal College. A poetry critic, she is currently serving as a director of the Chinese Literature and Art Association, the Chinese New Poetry Society, and Beijing's International Association of Chinese Poetry. On the 4th of May, 2013, she won the Creative Poetry Prize in the 54th Chinese Literature and Arts Awards. On the 21st of October 2013, she received a Doctor of Literature degree from America's World Culture and Art Institute. On the 9th of September 2012, the World Satellite TV Station in Taiwan broadcast her interview, "Lin Ming-Li: The Heart that Pursues a Dream with Poetry and Painting". FTV (FORMOSA TELEVISION) videoed four poems by her, namely, "Fortress San Domingo, Song of Danshui" (2018.11.03 premiere). "Love of the Bethlehem Ditch" (2017.07.15 premiere). "Songs Fill the Forest of Mt. Ali " (2016.12.24 premiere) and "Ode to the Orchid Island" (2016.11.19 premiere).

Her publications include *An Autumn Harvest Evening*, *Night Sakura: Collection of Poems and Paintings*, *Images and Connotations of New Poetry : Reading and Analysis of the Works of Contemporary Poets*, *The Fusing of Art and Nature: Criticism of Contemporary Poetry and Literature*, *The Gushing of a Pure Spring: Modern Poetry Criticism*, *Developing Beauty with Poetic Art: Lin Ming-Li On Poetry*, *A Collection of Criticism from Newspapers and Magazines*, *The Walking Singer: Lin Ming-Li On Poetry*, *Ode to the Sea: A Collection of Poems and Essays of Lin Ming-Li*, *Appreciation of the Work of Famous Modern Poets*,

Appreciation of the work of Modern Poets and *Lin Ming-Li's Collected*

Essays, Longing over the other side（prose and poetry.）

Her poems were anthologized in *Hawthorn Tree, Memory's Hourglass,* (Chinese/English), *Clear Rain Pond* (Chinese/English), *Days in the Mountains* (Chinese/English), *Summer Songs* (Chinese/English/French) , *Silent Call* (Chinese/English/French) and *My song* (Chinese/French) ,Listen (Chinese/English) , Voice of the Wilderness(Chinese/English).

Many of her poems and paintings are collected in *A Collection of Poetry, Calligraphy and Painting by Contemporary Famous Chinese Poets,* compiled in 2015 by New Poetry Research Institute of Shanxi University. Six of her poems are included in *Taiwanese Literary Textbook for the Youth of Yunlin County.* Her review articles have been quoted in theses by many graduate students. Over a thousand of her works, including poems, paintings, essays, and criticisms have appeared in many newspapers and academic journals at home and abroad.

Le Docteur Lin Ming-Li est née en 1961 à Yunlin, Taïwan. Titulaire d'une maîtrise en droit, elle a été maître de conférences à l'École Normale de Pingtung. Critique de poésie, elle occupe actuellement le poste d'administrateur de l'Association Art et Littérature chinois, de l'Association Nouvelle Poésie chinoise et de l'Association internationale de poésie chinoise de Pékin. Le 4 mai 2013, elle a obtenu le Prix de Poésie créative lors du 54e palmarès de littérature et d'art chinois. Le 21 octobre 2013, l'Institut de la Culture et des Arts du Monde d'Amérique lui a attribué le titre de Docteur. Le 9 septembre 2012, la Station Mondiale de télévision par satellite de Taiwan a diffusé une interview d'elle intitulée « Lin Ming-Li, le cœur qui poursuit ses rêves par la Poésie et la Peinture ». «Célèbre poésie moderne Appréciation». Appréciation du travail des poètes modernes. " Lin Ming-Li　Collected Essays ".FTV (FORMOSA TELEVISION) vidéo LIN MING-LI quatre poèmes "Forteresse San Domingo, Chant de Danshui"　(2018.11.03 première). "Love of the Bethlehem Ditch" (2017.07.15 première). (chansons volent Alishan Forest) **(2016.12.24 première)** et (Orchid a écrit la chanson) (Première 2016.11.19).

Ses publications comprennent　les titres suivants : « Soir de moisson d'automne », «　Nuit des Cerisiers -　recueil de poèmes et de peintures »,　« Images et connotations de la Nouvelle Poésie - lecture et analyse des œuvres de poètes contemporains », « Fusion de l'Art et de la Nature - critique sur la Poésie et la Littérature contemporaines »,　« Le Jaillissement d'une source pure – étude sur la poésie moderne », « Rehaussement de la Beauté grâce à l'Art poétique - Lin Ming-Li au sujet de la poésie », « Recueil de critiques tirées de journaux et de revues », « Les Chanteurs errants - Lin Ming-Li au sujet de la poésie » et « Ode à la mer – recueil de poèmes et

d'essais de Lin Ming-Li》. Ses autres livres de poésie sont :
«L'Aubépine 》, « La clepsydre de la mémoire » (bilingue :
chinois – anglais), « L'Étang de pluie claire » (bilingue :
chinois – anglais), « Jours passés dans les montagnes »
(bilingue : chinois – anglais), « Chants d'été » (trilingue :
chinois – anglais – français) et « L'appel silencieux » (trilingue :
chinois – anglais – français) , «Ma poésie» (trilingue : chinois –
français) , « ÉCOUTE : chinois – anglais » , «Le son de vaste
plaine : chinois – anglais » , Nostalgie de l'autre côté （ prose et
poésie.）

（ ）

Certains de ses poèmes et peintures figurent dans le
« *Recueil de poésies, calligraphies et peintures des plus
notables poètes chinois contemporains »* publié en 2015 par
l'Institut de Recherches sur la nouvelle poésie de l'Université
de Shanxi.

Six de ses poésies figurent dans le « *Manuel de littérature
taïwanaise pour la jeunesse du comté de Yunlin ».* Ses articles
publiés dans différents magazines ont été cités dans les thèses
de nombreux diplômés. Des milliers de ses œuvres de poésie, de
peinture, d'essai et de critique ont eu l'honneur des colonnes de
revues et journaux du monde entier.

得獎及榮譽事項記錄：

1. 2011 年臺灣的「國立高雄應用科技大學 詩歌類評審」校長聘書。

2. 詩畫作品獲收入中國文聯 2015.01 出版「當代著名漢語詩人詩書畫檔案」一書，山西當代中國新詩研究所主編。

3. 2015.1.2 受邀重慶市研究生科研創新專案重點項目「中國臺灣新詩生態調查及文體研究」，訪談內文刊於湖南文聯《創作與評論》2015.02。

4. 《中國今世詩歌導讀》編委會、國際詩歌翻譯研討中心等主辦，獲《中國今世詩歌獎（2011-2012）指摘獎》第 7 名。

5. 獲 2013 年中國文藝協會與安徽省淮安市淮陰區人民政府主辦，"漂母杯"兩岸「母愛主題」散文大賽第三等獎。2014"漂母杯"兩岸「母愛主題」散文大賽第三等獎、詩歌第二等獎。2015"漂母杯"兩岸「母愛主題」詩歌第二等獎。

6. 新詩〈歌飛霍山茶鄉〉獲得安徽省「霍山黃茶」杯全國原創詩歌大賽組委會「榮譽獎」榮譽證書。

7. 參加中國河南省開封市文學藝術聯合會「全國詠菊詩歌創作大賽」，榮獲銀獎證書（2012.12.18 公告），詩作〈詠菊之鄉─開封〉。

8. "湘家蕩之戀"國際散文詩徵文獲榮譽獎，散文詩作品：〈寫給相湖的歌〉，嘉興市湘家蕩區域開發建設管理委員會、中外散文詩學會舉辦，2014.9.28 頒獎於湘家蕩。

9. 獲當選中國北京「國際漢語詩歌協會」理事（2013-2016）。

10. 獲當選中國第 15 屆「全國散文詩筆會」臺灣代表，甘肅舉辦「吉祥甘南」全國散文詩大賽，獲「提名獎」，2015.7.26 頒獎於甘

南，詩作〈甘南，深情地呼喚我〉，詩作刊於《散文詩·校園文學》甘南采風專號 2015.12（總第 422 期）及《格桑花》2015"吉祥甘南"全國散文詩筆會專號。

11.2015.08　中國·星星「月河月老」杯（兩岸三地）愛情散文詩大賽獲「優秀獎」，詩作〈月河行〉。

12.北京新視野杯"我與自然"全國散文詩歌大賽獲獎於 2015.10 獲散文〈布農布落遊蹤〉及詩歌〈葛根塔拉草原之戀〉均「二等獎」。

13.河南省 2015 年 8 月首屆"中國詩河 鶴壁"全國詩歌大賽，獲「提名獎」，詩作〈寫給鶴壁的歌〉。

14.2015.9 中央廣播電臺、河南省中共鄭州市委宣傳部主辦"待月嵩山 2015 中秋詩會詩歌大賽"獲三等獎，新詩作品〈嵩山之夢〉，獲人民幣 1 千元獎金及獎狀。

15.2012 年 9 月 9 日人間衛視『知道』節目專訪林明理 1 小時，播出於第 110 集「以詩與畫追夢的心－林明理」。
http://www.bltv.tv/program/?f=content&sid=170&cid=6750

16. 雲林縣政府編印，主持人成功大學陳益源教授，《雲林縣青少年臺灣文學讀本》新詩卷，2016.04 出版，收錄林明理新詩六首，〈九份黃昏〉〈行經木棧道〉〈淡水紅毛城〉〈雨，落在愛河的冬夜〉〈生命的樹葉〉〈越過這個秋季〉於頁 215-225。

17.北京，2015 年全國詩書畫家創作年會，林明理新詩〈夢見中國〉獲「二等獎」，頒獎典禮在 2015.12.26 人民大會堂賓館舉行。

18.福建省邵武市，2015.12.15 公告，文體廣電新聞出版局主辦，邵武"張三豐杯海內外詩歌大賽"，林明理新詩〈邵武戀歌〉獲「優秀獎」。

19.安徽詩歌學會主辦，肥東縣文聯承辦，第二屆"曹植詩歌獎"華語詩歌大賽，林明理獲二等獎，獎狀及獎金人民幣兩千，

2016.3.28　中　國　煤　炭　新　聞　網　公　告　。
　　http://www.cwestc.com/newshtml/2016-4-2/406808.shtml
http://www.myyoco.com/folder2288/folder2290/folder2292/2016/04/
　　2016-04-22706368.html 來源：肥東縣人民政府網站 發佈時間：
　　2016-04-22。詩作（〈寫給曹植之歌〉外一首）刊於中共肥東
　　縣委宣傳網 http://www.fdxcb.gov.cn/display.asp?id=37800
20.北京市寫作學會等主辦，2016 年"東方美"全國詩聯書畫大賽，
　　新詩〈頌長城〉，榮獲「金獎」。
21. 2016"源泉之歌"全國詩歌大賽，林明理新詩〈寫給成都之歌〉
　　獲 優 秀 獎 ， 中 國 （ 華 西 都 市 報 ） 2016.6.16　公 告 於
　　http://www.kaixian.tv/gd/2016/0616/568532.html
22.2016.11.19 民視新聞（FORMOSA TELEVISION）下午三點五十
　　七分首播〈飛閱文學地景〉節目林明理吟誦〈寫給蘭嶼之歌〉。
　　https://www.youtube.com/watch?v=F95ruijjXfE
　　https://v.qq.com/x/page/e0350zb01ay.html 騰訊視頻
　　http://www.atlantachinesenews.com/ 2016.12.2 美國《亞特蘭大新
　　　聞》刊
民視【飛閱文學地景】林明理吟詩〈寫給蘭嶼之歌〉於首頁網，
　　可點播
　　http://videolike.org/video/%E9%A3%9B%E9%96%B1%E6%96%87%
　　E5%AD%B8%E5%9C%B0%E6%99%AF　【飛閱文學地景】video
　　https://www.facebook.com/WenHuaBu/posts/1174239905989277
23.2016.12.24 民視新聞晚上六點首播（飛閱文學地景）節目林明
　　理 吟 誦 〈 歌 飛 阿 里 山 森 林 〉 。
　　https://www.youtube.com/watch?v=3KAq4xKxEZM
　　http://www.woplay.net/watch?v=3KAq4xKxEZM
　　騰訊視頻 https://v.qq.com/x/page/s03601s7t0z.html

（飛閱文學地景）IVEP25

【飛閱文學地景】林明理吟詩（歌飛阿里山森林）編入 108 年度的彰化縣國中小學課程計畫審查系統【尋根文學】的（彈性課程學習單）。

https://course108.chc.edu.tw/file/108&074533&c14&13-108%E5%AD%B8%E5%B9%B4%E5%BA%A6%E4%B8%83%E5%B9%B4%E7%B4%9A%E5%B0%8B%E6%A0%B9%E6%96%87%E5%AD%B8%E5%BD%88%E6%80%A7%E8%AA%B2%E7%A8%8B%E5%AD%B8%E7%BF%92%E5%96%AE/open

24.詩作（夏之吟），2015.1.2 應邀於《海星詩刊》舉辦【翰墨詩香】活動於台北市長藝文中心聯展。

24.-1 詩作〈那年冬夜〉，2017.2.4 應邀於《海星詩刊》舉辦【詩的影像】活動於台北市長藝文中心聯展。

http://cloud.culture.tw/frontsite/inquiry/eventInquiryAction.do?method=showEventDetail&uid=586f3b1acc46d8fa6452ca16 臺灣的「文化部網」

25.義大利（國際閱讀委員會）（international Reading Committee）頒獎狀給林明理於 2017.04.21.

義大利 EDIZIONI UNIVERSUM（埃迪采恩尼大學）（國際詩新聞）（INTERNATIONAL POETRY Ｎ Ｅ Ｗ Ｓ）2017.06.12，刊登一則林明理的書訊《我的歌 MY SONG》，並把此書列為 2018 年度諾貝爾 NOBEL 文學獎提名名單之一。

＊25-1.義大利 EDIZIONI UNIVERSUM（埃迪采恩尼大學）（國際詩新聞）（INTERNATIONAL POETRY Ｎ Ｅ Ｗ Ｓ）2017.06.12，刊登一則林明理的書訊《我的歌 MY SONG》，並把此書列為 2018 年度諾貝爾 NOBEL 文學獎提名名單之一。

義大利（國際閱讀委員會）（international Reading Committee）

特聘 EDIZIONI UNIVERSUM（埃迪采恩尼大學）選擇來自歐洲和歐洲以外的發表作品，提交入圍 2018 年諾貝爾文學獎候選人名單的一個參考選擇。其中，也包括林明理於 2017 年在臺北市出版的文學專著《我的歌 MY SONG》。此項資訊被刊登在義大利 EDIZIONI UNIVERSUM（埃迪采恩尼大學）（國際詩新聞）（INTERNATIONAL POETRY N E W S）2017 年 06 月 12 日的推薦書訊及名單中。

26. 2017.7.15 民視新聞 FTV（Taiwan Formosa live news HD）晚上六點首播（飛閱文學地景）節目林明理吟誦詩（白冷圳之戀）。
https://www.youtube.com/watch?v=6b17mmHQG3Q
http://videolike.org/view/yt=f2pgDDqzScz

27. 林明理散文作品〈寫給包公故里－肥東〉，獲 2017 年第三屆中國包公散文獎徵文比賽 B 組散文詩三等獎，收編入中共安徽省肥東縣委宣傳部，肥東縣文聯舉辦，第三屆"中國•包公散文獎"獲獎作品集，【中國散文之鄉】。

28. 林明理新詩《寫給麗水的歌》獲得浙江省麗水市"秀山麗水·詩韻處州"地名詩歌大賽三等獎。2018 年 1 月 4 日下午 2 點在麗水市麗水學院音樂廳參加麗水市"秀山麗水·詩韻處州"地名詩歌朗誦暨頒獎儀式。麗水新聞網
http://www.lishui88.com/n36567.htm

29. 2018.11.03 民視新聞 FTV（Taiwan Formosa live news HD）下午 4 點 55 分首播（飛閱文學地景）節目林明理吟誦詩（淡水紅毛城之歌）。https://www.youtube.com/watch?v=ky76TlKxe8M

30. 2019 年 12 月止，林明理的 300 筆手稿、畫作及 60 多篇文學、詩歌評論收編入臺灣的「國圖」【當代名人手稿典藏系統】。
http://manu.ncl.edu.tw/nclmanuscriptc/nclmanukm?@@1521794309

林明理專書 monograph

1. 《秋收的黃昏》*The evening of autumn*。高雄市：春暉出版社，2008。
2. 《夜櫻-林明理詩畫集》*Cherry Blossoms at Night*。高雄市：春暉出版社，2009。
3. 《新詩的意象與內涵-當代詩家作品賞析》*The Imagery and Connetation of New Poetry-A Collection of Critical Poetry Analysis*。臺北市：文津出版社，2010。
4. 《藝術與自然的融合-當代詩文評論集》*The Fusion Of Art and Nature*。臺北市：文史哲出版社，2011。
5. 《山楂樹》*HAWTHORN Poems*，by Lin Mingli（林明理詩集）。臺北市：文史哲出版社，2011。
6. 《回憶的沙漏》*Sandglass Of Memory*（中英對照譯詩集）英譯：吳鈞。臺北市：秀威出版社，2012。
7. 《湧動著一泓清泉－現代詩文評論》*A GUSHING SPRING-A COLLECTION OF COMMENTS ON MODERN LITERARY WORKS*。臺北市：文史哲出版社，2012。
8. 《清雨塘》*Clear Rain Pond*（中英對照譯詩集）英譯：吳鈞。臺北市：文史哲出版社，2012。
9. 《用詩藝開拓美──林明理讀詩》*DEVELOPING BEAUTY THOUGH THE ART OF POETRY* – Lin Mingli On Poetry。臺北市：秀威出版社，2013。
10. 《海頌──林明理詩文集》*Hymn To the Ocean*（poems and Essays）。臺北市：文史哲出版社，2013。

11.《林明理報刊評論 1990-2000》*Published Commentaries1990-2000*。臺北市：文史哲出版社，2013。

12.《行走中的歌者—林明理談詩》*The Walking singer-Ming-Li Lin On Poetry*。臺北市：文史哲出版社，2013。

13.《山居歲月》*Days in the Mountains*（中英對照譯詩集）英譯：吳鈞。臺北市：文史哲出版社，2015。

14.《夏之吟》*Summer Songs*（中英法譯詩集）。英譯：馬為義（筆名：非馬）（William Marr）。法譯：阿薩納斯‧薩拉西（Athanase Vantchev de Thracy）。法國巴黎：索倫紮拉文化學院（The Cultural Institute of Solenzara），2015。

15.《默喚》*Silent Call*(中英法譯詩集)。英譯：諾頓‧霍奇斯（Norton Hodges）。法譯：阿薩納斯‧薩拉西（Athanase Vantchev de Thracy）。法國巴黎：索倫紮拉文化學院（The Cultural Institute of Solenzara），2016。

16.《林明理散文集》*Lin Ming Li´s Collected essays*。臺北市：文史哲出版社，2016。

17.《名家現代詩賞析》*Appreciation of the work of Famous Modern Poets*。臺北市：文史哲出版社，2016。

18.《我的歌 *MY SONG*》。法譯：阿薩納斯‧薩拉西(Athanase Vantchev de Thracy)，中法譯詩集。臺北市：文史哲　出版社，2017。

19.《諦聽 *Listen*》，中英對照詩集，英譯：Dr.William Marr（馬為義，筆名非馬），臺北市：文史哲出版社，2018。

20.《現代詩賞析》，*Appreciation of the work of Modern Poets*，臺北市：文史哲出版社，2018。

21.《原野之聲》*Voice of the Wilderness*。英譯：馬為義（筆名：非馬），臺北市：文史哲出版社，2019。

22.《思念在彼方（散文暨新詩）》*Longing over the other side*（prose and poetry）。臺北市：文史哲出版社，2020。

學者&教授評論林明理詩及專著

Scholars & Professors Comments

Dr.Lin Ming Li Poems & Monographs:

1. 古遠清：〈一支浪漫的笛琴－讀林明理的詩〉，中國大陸《文藝報》，2009.7.4。

2. 吳開晉：〈以詩為文 妙筆探幽〉——臺灣《人間福報》，2010.3.14。

3. 莊偉傑：〈詩情畫意的天籟清音——讀臺灣女詩人林明理詩畫集《夜櫻》，廣西大學文學院，《閱讀與寫作》，2010 年 第 02 期。

4. 吳開晉：〈心靈與大自然相通 —— 讀林明理的詩〉－刊臺灣（中國文藝協會），《文學人》季刊，總 18 期，2009.5。

5. 葉繼宗：〈夢想作筆 妙筆生花 —— 初讀明理老師的詩〉，臺灣《葡萄園》詩刊，183 期，2009.秋季刊。

6. 耿建華：〈林明理《藝術與自然的融合——當代詩文評論集》序〉，收錄林明理著《藝術與自然的融合——當代詩文評論集》。

7. 古遠清：〈她繞過了冬烘式學院派泥潭——讀林明理的詩〉，山東省《華夏文壇》2009.第 2 期。

8. 古遠清：〈兼備學術性和普及性的一部力作——讀林明理《新詩的意象與內涵》〉，台灣《文訊》雜誌，第 296 期，2010.06。

9. 吳開晉：〈用細膩靈敏的感覺擁抱大自然——序《山楂樹》〉，西南大學《中外詩歌研究》，2011.03 期，2011.09，頁 20-21。收錄林明理著《山楂樹》。

10. 古遠清：〈對藝術真締孜孜不倦的求索 —— 評林明理《藝術與自然的融合》〉，台灣《詩報》復刊第 9 期，2011.09。

11. 古遠清：〈《回憶的沙漏 —— 中英對照詩集》序〉，北京朝陽區文化局《芳草地》，2011 年第 4 期，總第 46 期，頁 99-102。收錄林明理著《回憶的沙漏 —— 中英對照詩集》。

12. 古遠清著，《從陸臺港到世界華文文學》，第五節，林明理的詩作與詩評。台北出版社：新銳文創(秀威代理)，2012.07。

13. 葉光寒：〈她在傳播人間佛愛—淺析臺灣著名女詩畫家兼評論家林明理的文藝精神〉，中國湖南長沙，國學國醫岳麓論壇組委會編，（國家中醫藥局、中華中醫藥學會等主管辦的中國第五屆國學國醫岳麓論壇，精選論文集〉，2011.05，頁 306-313。

14. 張立群，〈追夢的足跡及其他 —— 讀林明理的詩〉，台灣《新文壇》季刊，17 期，2010.01。

15. 吳開晉：〈以詩為文　妙筆探幽〉，台灣《人間福報》，2010.03.14。

16. 法國 Athanase Vantchev de Thracy序，收錄林明理著《Sillent Call 默喚》，法國巴黎出版，2016.12。

17. 吳鈞，《ClearRainPond 清雨塘》中英譯詩集〉序，收錄林明理著《清雨塘》，台灣文史哲，2012.12。

18. 胡其德，〈夜的獨白 —— 讀林明理詩〉，台灣《葡萄園詩刊》，第 182 期，2009.05。

附錄二　義大利《INTERNATIONAL POETRY NEWS》主編暨名詩人 *Giovanni Campisi* 給林明理的詩

1. INTERNATIONAL POETRY NEWS 2019.05.01 刊出

2019 年 5 月 1 日 於 上午 10：40

Hi Ming-Li,

I send my poetry magazine translated into Italian by me from different languages.

At the top right you will find a poem of my for you.

　　A big hug

　　　Giovanni

Direzione Editoriale

Edizioni Universum

EDIZIONI UNIVERSUM

INTERNATIONAL POETRY

NEWS

Renza Agnelli - Scrittrice
immagina la luce
illuminare l'alba
della tua rinascita
e abbraccerai tutti
i popoli del mondo.
G.C.

LA TRADUZIONE DELLA POESIA UNO STRUMENTO IMPORTANTE
PER LA DIFFUSIONE DELLA CULTURA E DELLE IDEE NEL MONDO
THE TRANSLATION OF POETRY AN IMPORTANT TOOL
FOR THE DIFFUSION OF CULTURE AND IDEAS IN THE WORLD

Lin Ming Li - Poetess, Essayst
Imagine the light
illuminating the dawn
of your rebirth
and you will embrace
all the peoples
in the world.
G.C.

ALTES STADTVIERTEL

Kurt F. Svatek

Du bist durch die Straßen gestolpert
aus denen du seinerzeit fliehen musstest.
Sogar die Häuser sind anders geworden,
von denen ihre Besitzer schwören,
nichts verändert zu haben.

Wie fremd ist erst alles,
an das du dich nicht mehr erinnerst.
Die fehlenden Geheimnisse rühren an.
Erst der einsetzende graue Regen
stimmt versöhnlich.

VECCHIO QUARTIERE

Traduzione dal tedesco di **Giovanni Campisi**

Hai inciampato lungo le strade
dalle quali a suo tempo sei dovuto fuggire.
Perfino le case sono diventate diverse,
alle quali i loro proprietari giurano
di non avere cambiato niente.

Come ti sembra estraneo,
tutto ciò di cui non ti ricordi più.
I segreti che mancano ti toccano.
La grigia pioggia iniziale
scroscia conciliante.

***

ESTRELA CHAMADA FREDDIE
(Para Freddie Mercury)

Tamara Zimmermann Fonseca

A aparência forte
Guardava
Um ser frágil e carente
A voz capaz de vibrar multidões,
Não foi capaz de ser ouvida
Nos momentos mais precisos.
Não foi ouvida ou se calou?
[...]

STELLA DI NOME FREDDIE
(A Freddie Mercury)

Traduzione dal portoghese di **Giovanni Campisi**

L'aspetto forte
Mostrava
Un essere fragile e bisognoso
La voce in grado di far vibrare le folie,
Non fu capace d'essere ascoltata
Nei momenti più precisi.
Non fu ascoltata o si zitti?
[...]

HOLIDAY NIGHT

Jane Stuart

A pine-smelling wreath
Shimmers with small silver bells,
Glimmers from starlight

Suet cake hangs from trees.
Strung popcorn and cranberries
Feed cold winter birds

A cascading snow
Falls at dawn on Christmas Eve
When the moon is fun

NOTTE DI FESTA

Traduzione dall'inglese di **Giovanni Campisi**

Una fragrante ghirlanda di pino
Scintillii di campanelline argentate,
Bagliori di stelle lucenti

Dolci di strutto pendono dagli alberi.
Popcorn e mirtilli appesi
Cibo per gli uccelli nei freddi inverni

Una cascata di neve
Scende all'alba della Vigilia di Natale
Mentre la luna è spassosa

***

シチリア島・イタリア

Noriko Mizusaki

長き旅の
果てに見上げる
シチリアの
エトナの山は
空に煙吐く

SICILIA – ITALIA

Traduzione dal giapponese di **Giovanni Campisi**

Dopo un lungo viaggio
alla fine vedo
- in Sicilia – Italia -
l'Etna emettere
del fumo
in alto nel cielo

PARA ESTA NOCHE EN LA ERA

José-Ramón Navarro Carballo

No hay tierra del todo mala
ni tierra del todo buena;
que también tiene su culpa
quien a destiempo la siembra.
Que la semilla no arraiga
donde perece la hierba,
ni prende bien en los surcos
que otros arados abrieran.
La tierra tiene su alma
cabe su carne morena.

A STASERA NELL'AIA

Traduzione dallo spagnolo di **Giovanni Campisi**

Non c'è terra del tutto cattiva
né terra del tutto buona;
ha anche la sua colpa
chi infine la semina.
Il seme non germoglia
dove l'erba perisce,
né attecchisce bene nei solchi
che altri aratri aprirono.
La terra ha una propria anima
che si adatta alla carne bruna.

***

蒲公英

William Marr

天边太遥远
蒲公英
把原始的激游梦
分成一代代
去
接力
飞扬

DENTE DI LEONE

Traduzione dal cinese di **Giovanni Campisi**

L'orizzonte
per il dente di leone
è così lontano
che rende il sogno vagante
un evento a staffetta

di generazione
in generazione

Per partecipare alla diffusione della poesia nel mondo, basta inviare una silloge di 12 poesie e specificare nei coupon a tergo in
quali lingue si desidera tradurla. Un team di eccellenti traduttori (anche poeti) tradurrà le vostre opere con alta professionalità
e competenza, mettendo a vostra disposizione, non solo le proprie conoscenze linguistiche di entrambi i paesi, ma soprattutto
il tocco dei poeta, per dare nuovi suoni melodici alla vostra poesia nella lingua o nelle lingue in cui sarà tradotta.

Notiziario d'informazione culturale non periodico a cura di Giovanni Campisi - Tiratura: 15.000 esemplari – Data di pubblicazione, 1 maggio 2019
Edizioni Universum | Via Italia 6 | 98070 Capri Leone (ME) | E-mail, edizioni_universum@hotmail.it | Sito:eduniversum.altervista.org

Lin Ming-LI- poetess，Essayist

Imagine the light
illuminating the dawn
of your rebirth
and you will embrace
all the peoples
in the world.

G.C.

林明理－女詩人，作家

想像光線
照亮你再生的
早晨
而你將擁抱
世上
所有的人

Caivanni Campisi
（非馬中文譯）

附錄三　林明理詩作〈愛的宣言〉

由義大利名詩人 Giovanni Campisi 翻譯成西班牙語入其新書《POEMAS DEL MUNDO》，頁 77，2019.06 義大利出版。

愛的宣言

*林明理

這看起來是必然的，
就算穿越時空
也無法再那樣瘋狂
甚而愛上你。
愛，它需要一點奇蹟，
一點冒險，
加上一些勇氣；
哪怕從叢林到沙漠，
從黑海沿岸到太平洋，
我都在初遇的橄欖山
──等著你。

　　　－2018.3.25

*義大利名詩人 Giovanni Campisi 翻譯成西班牙語

DECLARACIÓN DE AMOR

Me parece inevitable.
también a través del tiempo y el espacio,
no hay nada que me vuelva loco,
como el amor por ti
Para amar, se necesita un pequeño milagro,
una pequeña aventura,

Agregue algo de coraje
también desde la jungla hasta el desierto,
desde la costa del Mar Negro hasta el Pacífico.
Te esperaré en el Monte de los Olivos
donde te conocí por primera vez

LIN MING-LI–TAIWAN (R.O.C.)

Tradotta da Giovanni Campisi

Direzione Editoriale
Edizioni Universum
Via Italia 6
98070 Capri Leone (ME)

Antología de poesía contemporánea

POEMAS DEL MUNDO

EDIZIONI UNIVERSUM

ISABEL GUERRA GARCIA – ESPAÑA
EGINE 57
TOMÁS PÉREZ GARCIA – ESPAÑA
A LA LIBERTAD 58
JUAN MANUEL HERNANSANZ GONZALO
EL TIEMPO, EL AGUA Y LA CENIZA 59
VÍCTOR CORCOBA HERRERO – ESPAÑA
BAJO EL UNIVERSO DEL VERSO 66
MELITA TOKA-KARACHALIOU - GRECIA
EL CERO 67
MARIA CONSUELO PONS LAFUENTE – ESPAÑA
CUANDO EL CANSANCIO DEL DÍA 68
JUAN CARLOS GARCÍA-OJEDA LOMBARDO
MUSICAS DE AMOR EN EL CIELO 69
CARMINE MANZI - ITALIA
EL CARGANTE DE LAS NUBES 70
LUIS ARIAS MANZO - CHILE
SOLO EN MI LECHO 71
WILLIAM MARR – U.S.A.
CÉZANNE AÚN EN VIDA 73
ANGEL BLÁZQUEZ MATAS – ESPAÑA
HACIA EUROPA 74
OTILIA JIMENO MATEO – ESPAÑA
MI TIERRA 75
LIN MING-LI - CHINA
DECLARACION DE AMOR 77
EMPERATRIZ TORRES MORALES - PERÚ
A RENZA AGNELLI DE EDIZIONI UNIVERSUM 78
CESÁREO MOURELLE – ESPAÑA

5

附錄四　綠蒂詩歌的藝術成就試論

◎台灣　林明理

摘要：綠蒂（1942-），本名王吉隆，在臺灣當代新詩發展史上，是一位具有獨特貢獻的詩人。在他走過的五十多年創作歷程中，未曾放棄對真善美的熱烈嚮往與追求。他從大學拿起詩筆、進而創刊及執教退休，直到擔任起三任中國文藝協會理事長開始，就以澎湃的熱情為海峽兩岸文藝界搭起一座座交流的橋樑，為世界詩人大會的舉辦而付出心力，並以清逸的詩筆及充滿了禪思的浪漫主義氣息，描繪出各具其態的藝術形象，在華文界和世界詩壇都做出了巨大的貢獻。從其詩藝的精心探索，及其反映生活、抒情狀物與詩作風格進行探討，可見其藝術上的成就。

關鍵詞：綠蒂　台灣詩人　浪漫主義　藝術風格

與綠蒂先生相識有五年了。後來雖因南北之距，難以見面，但他在詩藝上的成就一直是我所關注的。今年五月四日意外獲得「中國文藝協會」詩歌創作獎章，十月下旬，隨從他帶團抵達馬來西亞參加第三十三屆世界詩人大會。頒獎及吟誦後，再度收到他的新詩集《四季風華》，令人驚喜。書裡，不僅系統地展現了他的詩學思想，同時，也顯示出他生活行旅與寬容面對世間萬物幻化的心境寫照。對於綠蒂來說，詩，

一直奔湧於他的血液中，是他生命存在的脈搏和顫動。直到今天，他出版了 16 部詩集及一本譯詩集，就總體特點來看，早期的詩多為清麗、雅美的直抒情懷，中年以後則對自然風光及對現實生活感悟多加描繪。晚期之作，除抒情氣氛更為濃郁外，又多了對生命的思考，禪境色彩更為增強。

　　綠蒂，本名王吉隆。可以斷言，在臺灣當代新詩發展史上，是一位具有獨特貢獻的詩人。在他走過的五十多年創作歷程中，未曾放棄對真善美的熱烈嚮往與追求。綠蒂畢業於淡江大學中文系，任教退休後，專職於寫作並擔任《秋水》詩刊發行人，三任中國文藝學會理事長等職。他從大學時代拿起詩筆開始至今，總是以澎湃的熱情為海峽兩岸文藝界搭起一座座交流的橋樑，為世界詩人大會的舉辦而付出心力，並以清逸的詩筆及充滿了禪思的浪漫主義氣息，描繪出各具其態的藝術形象，在華文詩界和世界詩壇都做出了巨大的貢獻。以下擬從其詩藝的精心探索，及其反映生活、抒情狀物與詩作風格在藝術上的成就展開一番探討。

一、閃著幽雅光彩的《四季風華》

　　詩集《四季風華》是作者一生詩情的精彩回顧與心靈的記錄，共收 143 首詩。在第一卷《春天記事》裡，作者把在中國大陸、臺灣旅遊的吉光片羽、歐美記遊的真切感受，在詩中生動地展現出來，難得的是，詩中所流露的為癡心寫詩而獻身的精神。當然，令人最受感動的乃是詩人寫家鄉、寫惦記的那些場景與細節，如《返鄉》、《野宴》、《聯想》、《好久不見》等詩作。這些都給人以精神上強烈感染和情感共鳴。

（一）詩情創造的禪思境界

　　從藝術上看，《春天記事》裡的詩作，最鮮明的審美傾向，是詩情——浪漫想像——禪思的完美結合。綠蒂的可貴之處，恰恰在於：他駕馭語言的非凡功夫和能力，既能滿懷深情去揭示世間物換星移的感慨，又能充滿無限的信心地去迎接每一黎明的到來而引吭高歌。比如，在《和南寺鐘聲》一詩中，既寄託著一種思念與期待，又寫得唯美而富有禪思：

　　蟬聲與禪聲
　　鳥語與誦音
　　混凝成野百合清香的午后
　　寺院飛簷掩映天際的湛藍

　　立在這方高高的淨土
　　是心離天空最近的地方
　　是意境最遼闊的清晰視野
　　黃昏款款走近
　　秋意悄悄襲來
　　披上金色夕陽的海
　　遠眺成變幻多端的色相

　　暮鼓的節奏
　　擂動追夢的心思
　　晚鐘的迴盪

喚醒孤寂的無常
山風簌簌垂落的
是遠方鄉愁的聲音
回首的暮色
流淌在遠處
模糊又清晰地
逐漸亮起夜初的燈暉
將往事拓印成典雅的紋路
風隨鐘聲夜泊
於和南寺美麗的清寂

這裡，有許多細節描繪，讓人讀之猶如置身其中。開頭的「蟬聲與禪聲」渲染了山寺中蕭穆靜謐的氣氛，而最後暮鼓晚鐘的叩醒，又給人在聽覺上造成一種舒緩縈迴的旋律感。看來作者對愚溪先生所建立的和南寺所展開的豐富藝術想像，不僅能生發出一種博大莊嚴之情，而且在品讀之際可觸可感。

（二）詩中的繪畫美與音樂美

《四季風華》中特有的繪畫美也使詩作增色不少。這可能與詩人的生活環境緊密相關。綠蒂生於雲林縣北港的小鎮上，從小聰慧過人；常跟著教授私塾的父親飽讀古書、學下棋、猜謎題，深受薰陶。在無形之中培養了詩人神奇而大膽的藝術想像、靈動的聽覺及敏銳的視覺感染力。在他的多數詩篇中，喜愛把那些色彩感極強的語匯調遣到詩筆下，從而創造出大自然多彩的畫面與某種超塵的境地。有的清麗如

水，有的樸實如玉，有的幽靜而清謐，有的淒美如夕顏。綠蒂總是力爭上游，把自己擺渡成一個文學人或思想者。他的詩常以「自然」為主題，能把自己胸中的不同感受，盡情地用其多彩的詩筆表現出來。如書中第二卷《夏日山城》的《觀海》一詩，詩人是這樣描繪的：

> 望海的孩子
> 瞭解千年珊瑚的手語
> 聽懂海豚歡唱的音符
> 卻無法分辨歸人與過客
> 在眾人紛沓重複的足痕
> 滿風的濤聲　宣讀
> 蒼茫無聲的自語
>
> 反復的潮汐
> 吹響貝殼記憶的風洞
> 傳遞預言與故事的神話
> 卻無法複製曾經的滄海
> 往前推湧的後浪
> 觸岩拍岸的瞬間
> 濺起似曾相識的水花
>
> 煙雲　飄忽而健忘
> 不斷消失
> 不斷升起
> 他又將我帶回去歲的納風亭上

　　觀海

　　詩中的音韻活潑，已跳脫浪漫詩的程式常規。顯然，詩人充分調動起視、觸、聽的多種感覺，描繪了觀海的優美情境。整首詩似乎是由繪畫美生發出的一種意境美，旨在通過觀海的描景記事，引申到詩人對美好事物易逝的悵然之情，以此構成為淡遠而異常恬靜的詩意空間，即一種藝術境界，從而完成了詩美的藝術創造。

　　（三）感情深藏於詩行的形式美

　　綠蒂在詩美的追求上，其特質在於凝練、含蓄的詩語表達中，透出極為深沉、專注的感情。確切地說，伴隨著詩集《四季風華》的閱讀過程，我們隱約可見，詩人感情的大門始終是打開的。其思想感情裡，除了具有濃郁的詩味和盎然的情趣外，還具有藝術特色的形式美。試看第三卷《秋光雲影》裡的這首《四個背影》：

　　　　有四個背影
　　　　從未走出我視線的遠方

　　　　父親的背影
　　　　微微佝僂　諄諄叮嚀
　　　　交付我一生筆墨的負荷

　　　　愛妻的背影
　　　　恬靜優雅　長髮飄逸

毋須面對也能洞悉眼神的關愛

詩人的背影
扶杖前行　猶如先知
讓我孤寂獨處而不感孤獨

無法定義的背影
在不可觸及的懸崖高處
瞬間闖入而永恆封印於詩的深層

背影遠去對我告別
消隱在前方的光輝或陰暗
從未期待它驀然回首的牽引
也從未真正地讓它離我遠去

　　這是詩人寫自己對親友的愛，他把感情濃縮進深處埋藏，並滲入到一個獨特的藝術境地。掩卷之後，雖使人感傷，但詩的藝術感染力也隨之增強。從作者表達的思想感情講，詩人運用的是暗示手法，但給人心靈的搖撼卻是難禁的。如果說大學時代，綠蒂就展現出橫溢的詩歌才情，詩句多純摯；那麼其後期的詩，則主張形式完美、文字純淨，有極端的溫柔，卻總能不落俗套。

（四）形象描繪的巧思與多種修辭手段的運用

　　綠蒂在詩歌語言上最突出的特色，是他對形象描繪的巧

思與多種修辭手段的運用。他在自序裡曾希望，以「春天記事」、「夏日山城」、「秋光雲影」到「冬雪冰清」這四部曲來精裝其生命裡的「四季風華」，存檔為「詩美學」的永恆風景。（註1）由此而知，他善於講求用比喻，總是能將抽象的概念加以形體化。其晚年的詩，成熟的思想與細膩的感覺，更加重了詩的思辯性。如第四卷裡的詩作《六十五歲的城堡》，詩人對世界的理解和感悟已進入一種深度，並表現在他所創造的形象的明確度上：

　　鴿影散落在城堡的暮靄
　　城垣的色調漸次灰暗下來
　　記憶的故居迤邐了黃昏的身影
　　梧桐葉落滿地
　　因風乾而縮縐的往事
　　模糊了眼前裝飾的繁華

　　半價的機票與車票
　　伯伯的尊稱與讓座
　　搜尋懷舊的老店在琳瑯滿目的市招中
　　猶如現實畫布上開始剝落的粉彩
　　不適合群居的人，即使
　　再多相識與不識的

　　聚光燈
　　明了又暗，攏了又散
　　獨自吟唱的

　　　還是心中的那首歌
　　　在鐘樓的高處　　眺望
　　　山的蔥鬱　　海的浩瀚
　　　我的六十五歲就圍困成一座小小孤城
　　　芝麻與綠豆閒散為必需的囤糧
　　　灰白的鬢色是嚴肅的衛士
　　　閱讀與書寫築成寂靜的護城河

　　看得出，詩人通過形象的描繪，把自己晚年仍喜愛閱讀與書寫的影像，做出恰切而又生動的比喻。其高明處，乃是詩人能以冷靜的筆調、寫出心理的靈敏反應與嚮往佛學的內省，禁不住引人深思。由此可見，詩人綠蒂總是自覺地把自己的詩當作一件造型幽雅的藝術品去雕塑，並以此折射自己的心靈之光。

二、淡雅、幽靜的藝術風格

　　多年來，對綠蒂詩歌的藝術風格，曾有多種評論，但最確切的恐怕是「淡雅、幽靜」四字。記得北魏祖瑩曾說：「文章當自出機杼，成一家風骨，不可寄人籬下。」（註2）這說的應是，風格獨創的重要性。或許，這正是他的這種藝術風格形成的主客觀原因。誠然，詩人從單純的童年到古稀之年，生命中曾有過複雜曲折的經歷以及眾多美麗或哀傷的過程，社會現實帶給他的苦悶與痛處，使得詩人在感情上形成比較細膩而溫婉的性格。但更重要的，還是他在五十多年的生涯中對詩的珍愛從未停止過。對此，詩人曾介紹自己寫詩的心

境與旅程，從北港小鎮到臺北，從故鄉的磚砌小屋到十五層上的公寓，再到客居新店小屋，詩人以精美而簡練的語言去捕捉每一次心靈的悸動與最美麗的聲音。因而，綠蒂的詩才具備了自己的深沉思想、豐沛感情與詩意性格。

迄今，綠蒂的抒情詩仍受到廣大讀者的喜愛。究其原因，首要一點，正是他的詩作中所抒發的細膩感人的真情和創作時對追求美感與純粹的堅持，以及強調藝術化的結構與音韻，因而常能激起讀者情感的共鳴。他的詩篇包含著自己的孤獨、情愛、心靈、生存際遇、痛苦與歡欣，且深具禪思。綠蒂也是一位以詩為生命的詩人，能忠於生命又追求簡靜的生活。在他的詩歌裡，有著詩人自知的別一個世界的哀愁，也有詩人自知的喜悅與沉痛的鮮明。詩人也是風的捕手，他常把自己柔軟的心窩緊貼著孤寂的星空，卻不住地唱著等待星光溫柔的投遞與放眼遼闊的蒼茫。作為一名詩人，他的痛苦與快樂，其實是渾成一體的；作為一個歌者，他把自己的感情透過柔美流利的抒情語調，如同喜愛馳騁想像的一隻癡鳥。

三、綠蒂：詩美的精湛創造和對華文界新詩發展的開拓者

在臺灣，投身於新詩園地耕耘最長久、對華文詩界及推動世界詩人大會交流貢獻良多者，屈指可數。綠蒂在詩界可說是始終不懈怠的領航人物。他雖貌似平凡、身形不高，卻有錚錚硬骨，從不向苦難和貧困低頭；行事不卑不亢，個性溫和是其慣有的作風。他熱愛鄉土及人民，也愛大自然，且悲憫於社會中的弱小者。晚年仍繼續寫詩，並致力於促進兩

岸大型文藝聯展及學術界聯誼活動，甚獲好評。不妨欣賞他
的那首《漂流之歌》的末兩段：

> 在不同的河道與海域
> 你我的歲月奔流不歇
> 載浮載沉的
> 不管是泡沫或漂木
> 相隔的不只是風浪與黑夜
> 交會成為永遠的等待
>
> 燈塔與星辰一樣是遙遠處
> 稀微的光源與救贖
> 所有的流動是同一首歌
> 在漂流中定居
> 也在定居中漂流

　　在詩中，詩人不同於某些浪漫主義詩人的直抒胸懷，而
是具有深刻的思想，又能抓住漂流是詩人孤獨的本質；這恰
恰是他痛苦而又豐富的人生感慨。在個人情感的表達上，綠
蒂也很少直露淺白的敘說，而是借助於形象曲折地抒發。從
這幾個側面，就可知詩人在詩歌語言上的一番用心了。對他
而言，寫詩是神聖的使命；其中涵蘊的溫柔、豐盛或憂傷，
常能深入人心，而又別具魅力。
　　值得一提的是，綠蒂曾於 1994 年擔任臺北舉行的第十五
屆世界詩人大會會長，2003 年第二十三屆世界詩人大會會
長；2010 年世界詩人大會獲頒「桂冠詩人」，2010 年在台灣

獲頒「中國榮譽文藝獎章」，並榮獲香港廣大學院文學博士、
日本東京創價大學最高榮譽獎等殊榮。

　　應該說，詩人綠蒂是秋夜現出銀河裡的一顆藍星，其清
影不僅在臺灣新詩史上留下了重要的一席之地，而且他的詩
觀，在今天看來仍有寶貴的價值和啟示。他在代序中提到，「記
憶是唯一的真實，意念是瞬間的不滅。」他的詩心永遠年輕，
語言不尚雕琢，總是在平靜、自然的敘述和生動的描繪中去
創造詩美。行文至此，為了表達對這位老同鄉詩人帶領筆者
加入國際詩壇交流行列，以及不時地鼓勵與支持的敬意，即
興賦詩一首《勇者的畫像—致綠蒂》：

　　　天上的雲啊，和我一樣
　　　秋光的飄泊者
　　　我們源自同一故鄉
　　　那兒有閃耀的蔗田，懷舊的小巷
　　　那兒有蟬嘶的童年，華燈的廟堂
　　　從銀河的北面奔向南方

　　　是誰驅趕著你？
　　　遊牧的行吟？命運的神話？
　　　鄉愁的悸動？曠原的呼喊？
　　　或是駐留使你倦息？
　　　是不息的血脈相連的山？
　　　還是一生深長的眷想？

　　噢，不，你已棲息靈魂中……
　　歌聲在星夜中倍感清妙
　　那曾經的華麗與愁悵
　　已幻成合掌的真誠
　　隨著鐘鼓、海風，喜悅飛翔
　　你沒有行腳，無所謂陽光

註 1. 綠蒂：《四季風華》，台北：普音出版公司，2013 年 7 月版，第 312 頁。

註 2. 袁枚：《隨園詩話》，北京：人民文學出版社，1962 年版，第 216 頁。

　　　林明理，女，1961 年生，臺灣雲林縣人，法學碩士，曾任屏東師院講師，現任台灣中國文藝協會理事，主要從事詩歌寫作與評論。

　　　　　　　　　－刊登浙江《語言與文化研究》Language and Cultural Studies，浙江越秀外國語學院主辦，光明日報出版社出版，評論（綠蒂詩歌的藝術成就試論），2017 年冬季號，總第 10 輯，頁 125-132，2018 年 3 月第 1 版。
　　　　　　　　　－刊臺灣《秋水詩刊》，第 181 期，2019/10，頁 59-64。

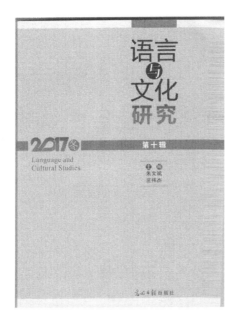

附錄五
鄭愁予詩中的自然意象與美學思維

台灣 林明理

摘要：鄭愁予詩歌浪漫優美，音律諧婉，強調回復愛情的本然境界；尤其對女性意象的描繪上，仍保有中國含蓄柔約的抒情曲調。就他本人的美學精神，歸根究底是高尚人格的產物，也是詩人創作的寶貴組成部分。詩人個性豪邁不羈，有冒險、堅持的遊俠傾向，也有宏遠的國際觀。其詩風趨向自由、靈動，崇尚自然的節奏，以致氣宇浩瀚又無限超越世俗。詩人揚棄了重形輕神的審美哲學，其美學的靈魂及追求生命的韻味，激起了無數讀者鑒賞其詩歌，探究其人生的的熱情。

關鍵詞：鄭愁予詩歌；自然意象；美學思維

一、追求詩藝與浩然正氣的歌者

鄭愁予〈1933-〉是當代台灣最具深刻思想的傑出詩人。籍貫河北省寧河，生於山東濟南，童年隨父征戰南北。在抗戰避難期間，由母親教讀古詩詞，這對詩人早期作品帶有中國古典美學意境影響頗深。1949 年遷徙來台，成長於新竹。

中興大學法商學院畢業後，曾在基隆港務局任職。37 歲負笈美國愛荷華大學進修，獲藝術碩士學位，並長期任教於耶魯大學，第一本詩集是《夢土上》（1955）。詩作主要收集在《衣缽》（1966）、《燕人行》（1980）、《雪的可能》（1985）、《寂寞的人坐著看花》（1993）等十餘冊。其中《鄭愁予詩集》被台北《聯合報》選入 50 年代的 30 部經典中，名列前茅。曾獲青年文藝獎（1966）、中山文藝獎（1967）、中國時報「新詩推薦獎」（1968）及臺灣的「國家文藝獎」（1995）。

　　鄭愁予詩歌浪漫優美，音律諧婉，強調回復愛情的本然境界；尤其對女性意象的描繪上，仍保有中國含蓄柔約的抒情曲調。就他本人的美學精神，歸根究底是高尚人格的產物，也是詩人創作的寶貴組成部分；或許喜歡古典文學的母親，也影響了早期詩作的形象性。詩人個性豪邁不羈，有冒險、堅持的遊俠傾向，也有宏遠的國際觀。他身上流著延平郡王鄭成功第 14 代後裔子孫的血脈，這或是其詩風趨向自由、靈動，崇尚自然的節奏，以致氣宇浩瀚又無限超越世俗的根本原因。他揚棄了重形輕神的審美哲學，其美學的靈魂及追求生命的韻味，也激起了無數讀者鑒賞其詩歌，探究其人生的的熱情。

二、詩風瀟灑　超逸絕俗轉

　　鄭愁予是個早慧的詩人，15 歲即開始創作新詩。他寫詩不單追求一種風格，不依靠任何詩歌體制的形式；大多著墨於旅遊、即物興情或抒情、懷鄉等寫意方面的題材，語意妥

帖，承平氣象。時而慷慨悲壯、時而淡泊自然；既簡遠又同
時看到了蘊藉動人的神采。既縱橫瀟灑，又有著沉潛溫柔的
一面。

　　詩人早期之作，最為人津津樂道的是這首 21 歲時寫下的
《錯誤》，樹立了愛情「本真」與「自然」的美學理想：「我
打江南走過／那等在季節裡的容顏如蓮花的開落／／東風不
來，三月的柳絮不飛／你底心如小小的寂寞的城／恰若青石
的街道向晚／跫音不響，三月的春帷不揭／你底心是小小的
窗扉緊掩／我達達的馬蹄是美麗的錯誤／我不是歸人，是個
過客……」本詩使用許多自然景物或古典字詞，如蓮花、東
風、柳絮、青石、向晚，完美巧妙地串連於故事發展的過程。
駐泊在詩中女子腦海裡那曠久不滅的愛，其間充滿幻想、對
愛情盼望的喜悅與憔悴同時存在。而最後現身卻驟忽而逝的
過客的戲劇性演出，則讓愛情所激盪出的語言火花更深植人
心。其實，「愛情」是個極奧妙的領域，尤具有一種玄妙與神
秘色彩。可以說，年輕時期的鄭愁予，既已體現詩的旨趣是
自然不扭捏的，也有音韻之美。此詩感情的表達使用白描
手法，不曲折隱晦，亦有真摯的追求特點，藉以描摹出
愛情的純真性與磨難的本質。除此之外，其呈現給我們的另
一個意象為「浪子深情」的詩人，引領我們體認發乎於心的
情感表現。

　　《邊界酒店》是詩人 32 歲所寫，有一種興發感動的質
素，也有聲韻之美：「秋天的疆土，分界在同一個夕陽下／
接壤處，默立些黃菊花／而他打遠道來，清醒着喝酒／窗外

是異國／／多想跨出去，一步即成鄉愁／那美麗的鄉愁，伸手可觸及／或者，就飲醉了也好／〈他是熱心的納稅人〉／／或者，將歌聲吐出／便不祇是立着像那雛菊／祇憑邊界立着」詩句以自己的語言敘寫，不因襲陳言。首先標示在一間酒店，再層層鋪展開來描寫；既淋漓盡致，又層次分明。詩人以男性口吻自寫離別故土，望故鄉渺邈之情，富真切情感。其對秋景之點染，感發得於情景相生，擁有一種興象高遠之意境，牽繫起對彼岸家鄉的想望。我們在細讀詩中的悲秋情懷時，彷彿可感悟到詩人心中蘊藏著雄渾矯健的歌聲，與殘照當樓之相互襯托的呼應，讓情感的層次逐漸拓展。思力沉摯之處，給人耳目一新的感覺。

這位旅美 37 年的詩人，毅然決定於 2005 年入籍金門縣金城鎮。其實在落籍以前，他已 5 度造訪金門，並寫下了五首詩：《金門集》、《飲酒金門行》、《煙火是戰火的女兒》、《八二三響禮炮》、《大膽島童謠》。其中，《煙火是戰火的女兒》是 2003 年中秋節前夕，70 歲的鄭愁予應邀參金門和廈門共度中秋活動後有感之作：「煙火是戰火的女兒，嚴父的火灼痛，女兒的火開花；花開在天空疑是星星也在撒嬌，彩光映在海上莫非波濤跟著巧笑……／哎，讓女兒自由地長大罷！讓她撒嬌，讓她巧笑，讓她／推開廣廈之門正是金色之門／洛陽兒女對門居呀！中秋月圓是歷史的舞臺，讓飲者演出那月老的浪漫，乾守望之杯！乾相助之杯！乾杯呀……／哎，兒女的自由長大不就是門當戶對了嗎？」鄭愁予的詩歌，雖然大部份非言志之作，但此詩具有恢宏博大的氣象，情緒是熱烈和昂揚的；他跳脫多數軍中詩人的悲壯抒情方式，改

而以一種重新尋根的心情書寫。表面來看是追懷過往戰火的點滴，實則更富有傷今感昔的期許與慨嘆。當兩岸中秋同步綻放煙火於夜空，對孤懸於海峽兩岸的「前線戰地」的金門人而言，心中自是五味雜陳的。於是，詩人內在心性的引發，用赤子之心看待兩岸關係，也對金門百姓有詳細深刻的描寫與關心。

回溯歷史，鄭成功是抗清名將，明朝時期被封為延平郡王。鄭成功籍貫福建泉州，父為海盜出身的南明將領鄭芝龍，母為日本人。他在父親投降清朝而被俘虜後，領軍和清朝對抗 15 年，是主要的抗清勢力之一，曾一度以大軍包圍金陵，但功敗垂成。事後，他率軍渡過台灣海峽，擊敗荷蘭東印度公司的軍隊並接收其領地，建立台灣第一個漢人政權。當年，鄭愁予的先祖鄭成功就是以金門為起兵反清復明的基地，但因鄭氏家族曾降清，集體遷移大陸，後被迫分派各地軍職。可惜的是，如今當地金門人對延平郡王祠多不熱衷。鄭愁予晚年積極於追溯鄭氏家族的歷史，希望能找回鄭成功應有的歷史定位及尊崇。在這種心情交織下，遂而寫下《飲酒金門行》：「飲者乃有俠者之姿，豪興起時，大口吞浪如鯨之嘯海／當懷思遠人，就閉目坐定，／輕啜芳冽猶吻之沾唇……」隨潮汐遠去，詩人在追緬的聯想中暗示自己與鄭成功及先祖的某種微妙關係。在看似品酒的雅興中，蘊藏著深刻的內涵，並把一種內在的使命感揭示出來了。

三、鄭愁予詩歌是華人卓越的藝術成就

　　鑒賞一首好詩，是必須運用自己的感官，透過感知與想像、理解與情感等心理機制；結合自己的生活經驗，經過思維反復提煉，從而形成的一種審美體驗的過程。這也是一個從藝術直覺到心靈頓悟的深化過程。其中，最具實際意義的美學問題應該是「美感生成」規律，尤為重要的是，鑒賞的同時也接受了詩人的藝術修養。因為義大利美學大師克羅齊（1866-1952）也提及：「一切藝術品只有對懂得他們的人，才顯得重要」《美學原理》〉。

　　歌德也曾說:「藝術的真正生命正在於對個別特殊事物的掌握和描述」。依我的看法，鄭愁予與生俱來即有一種本質上的審美觀，他喜歡旅遊，與大自然作近距離的接觸，並習慣於從自己的經驗中感悟。他把匠心融於詩中，是文人的理想自我的精神寫照；他的詩品和人品都為當今文藝界做出了榜樣，是整個華文詩歌不可缺少的精神財富。誠然，台灣自 1992 年 11 月 7 日解嚴後，時至今日，金門已轉而為兩岸觀光旅遊的新熱點，也是小三通的據點。他的另一首詩《偈》:「不再流浪了／我不願做空間的歌者／寧願是時間的石人／然而，我又是宇宙的遊子／／地球你不需留我／這土地我一方來／將八方離去」，正是晚年詩人心境的自然寫照，他是詩壇上一棵永不凋謝的青松。彷彿晚年的詩人常漫步在古寧頭海灘馳騁想像，金門的海水清澈、晨光如月光、百姓真樸豪爽，想必詩人的心情是恬靜的，也是歡樂的。他已找到自己安心之處了。

－2010.5.18 夜

作者林明理，女，法學碩士，曾任臺灣，屏東師範大學講師。

－刊於江蘇省一級期刊，中國人文社會科學引
文數據庫來源期刊，《世界華文文學論壇》，
2011 年第 2 期，總第 75 期，頁 49-51。

附錄六　香港詩人秀實主編《呦呦鹿鳴》

──我的朋 108 家精品詩辭典收錄

林明理詩作〈在每個山水之間〉

在每個山水之間

這一片憂鬱的草原啊永遠延續著
古老的疏林
當月亮模糊而遙遠之影
躲進了峻嶺，卻有個聲音
在每個山水之間飄蕩不停
那是鋪滿了泥草的神秘老城
在淒然的冬日
以蹲踞姿勢窺視
所有生物的流動之聲

我向所有的星宿裡探尋
它們深切目光使我心兒悲痛
每當冰和雪裹上了壘石的長徑
草原的歌聲便以它的柔波
使我在睡夢中恍惚清醒
啊那大地之詩啊已掠過微芒的東方

讓我不再佇足嘆息
愛情的幻變哀音

2011.11.27

－原刊臺灣《創世紀》詩雜誌，第 170 期，2012 年 3 月。
－香港名詩人秀實主編《呦呦鹿鳴》收錄林明理詩作〈在
　每個山水之間〉，頁 61，中國香港，紙藝軒出版，2019
　年 07 初版。

附錄七

臺灣，文訊雜誌社，「2019 文藝雅集」

青春昂揚《作家制服照片特刊》，2019 年 10 月出版，
刊林明理大學畢業照及作家簡介，頁 77。

附錄八　林明理文學著作22本書影（2008-2020）

附錄九　博士林明理攝影作品被收錄攝影學會，GOOGLE
＋BTP PRO FLOWER FEATURED COLLECTION

附錄九　博士林明理攝影作品被收錄攝影學會，GOOGLE ＋BTP PRO FLOWER FEATURED COLLECTION

後　記

　　這本書是我在 2019 年的文學力作，書中共收錄 150 篇作品，包括 68 篇散文及 82 首新詩，大多發表在臺灣及美國等報刊物。其中，由美國著名詩人非馬（馬為義博士翻譯了 11 首詩作）。我在此感謝各報刊主編及友人的支持，感謝臺灣的「國圖」特藏組將我的手稿作品及畫作列入「當代名人手稿典藏系統」的作家之一；當然還要感謝文史哲彭正雄先生、彭雅雲女士及讀者，因為，有您們的參與和鼓勵，我才更加努力以赴。

　　2019 年 12 月初，彭正雄社長前往上海出席一場由館長陳思和教授主持的典禮；他將珍藏無名氏的數十幅手跡、部分日記、長篇小說、往來書信等手稿悉數捐贈給復旦大學圖書館特藏中心，備受大陸媒體關注與尊敬。長久以來，彭社長把出版優秀的著作當成人生第一要務，為人恭謹樸素，溫文儒雅，也讓我深深體會到，他是位可貴的出版家，讓我由衷地佩服。

著者林明理寫於臺東市
2020 年 1 月 7 月深夜